‘In zijn vlot leesbare stijl
een link bloot tusse
verouderingsproces en o
voor iedereen die bewus
nadruk op prevent
beleidsvera...

– dr. Herman Becq, internist-endocrinoloog

‘Voeding is een belangrijke factor bij de preventie maar ook bij het ontstaan van kanker. Dit boek is een aanleiding om stil te staan bij ingeburgerde gewoontes en om na te denken over wat we eten.’

– dr. An Vandebroek, kankerspecialiste

‘De grootste verdienste van de auteur is dat hij meer dieptezicht creëert in de voedingsproblematiek algemeen, en vooral in het Westen. In klare taal brengt hij inzicht in een sterk gebanaliseerd en mediagericht onderwerp.’

– dr. Hans Decoster, cardioloog

‘Gezond eten is het beste medicijn, zoals dit boek aantoont. Worden de aanbevelingen van Verburgh opgevolgd, dan wordt de gezondheidszorg leuker en goedkoper. Aanbevolen!’

– Adjiedj Bakas, Trendwatcher van het Jaar en auteur van *De toekomst van gezondheid*

‘Overheden en gezondheidsinstanties die zich zorgen maken over trends als wereldwijde vergrijzing en een compleet onbetaalbare gezondheid zouden er goed aan doen *De voedselzandloper* te lezen: de simpele maar grondig onderbouwde oplossing ligt in gezonder eten en leven!’

– Reinier Evers, Trendwatcher van het Jaar, oprichter van Trendwatching.com

Kris Verburgh

De voedselzandloper

Over afvallen en langer jong blijven

2012 Uitgeverij Bert Bakker Amsterdam

Dit boek bevat ideeën en meningen van de auteur. De kennis in dit boek is niet bedoeld om bepaalde ziekten of aandoeningen te behandelen of genezen. De auteur noch de uitgever wil via dit boek professionele medische diensten, gezondheidsdiensten of andere diensten verlenen. Alvorens veranderingen in uw leefpatroon door te voeren, consulteer een arts of een andere professionele zorgverlener. De auteur en de uitgever zijn niet verantwoordelijk voor verlies of risico, persoonlijk of niet persoonlijk, dat is opgelopen door direct of indirect bepaalde inhoud van dit boek toe te passen.

Eerste druk maart 2012
Dertiende druk juli 2012

Bewerking illustraties binnenwerk Kirsten Quast
Omslagontwerp Robbie Smits
Omslagfoto's Getty Images
Foto auteur Bob Bronshoff
www.uitgeverijbertbakker.nl
ISBN 978 90 351 3758 5

Uitgeverij Bert Bakker is onderdeel van Uitgeverij Prometheus

Inhoud

Inleiding

Eigenlijk was ik nooit van plan een 'dieetboek' te schrijven. Sterker nog: het laatste wat ik wou doen als arts en wetenschapper was een dieetboek schrijven. Dieet en gewichtsverlies waren niet echt onderwerpen die me bezighielden. Bovendien had ik een zekere afkeer van al die dieetboeken en zelfuitgeroepen gezondheidsgoeroes die vaak de gekste diëten bedachten.

Wat me wel al vele jaren bezighield, was het verouderingsproces. Het hoe en waarom van veroudering is een mateloos fascinerend proces, vanuit filosofisch, evolutionair en biochemisch oogpunt. Al vanaf mijn jeugd verslond ik boeken en wetenschappelijke artikelen over veroudering. Een van de eerste dingen die ik leerde was het enorme belang van voeding in het verouderingsproces. Het tempo van veroudering wordt in grote mate bepaald door wat en hoe we eten.

Zo toont onderzoek aan dat het suikermetabolisme een belangrijke rol speelt bij veroudering. Suiker veroorzaakt niet alleen maar rimpels, staar (cataract) of stijve bloedvaten via *AGEs* (Advanced Glycation End products, zoals we verder zullen zien), maar speelt ook rechtstreeks een rol wat onze levensduur betreft. Wetenschappers kunnen wormpjes drie keer langer laten leven door de genen te wijzigen die een rol spelen bij het suiker- en insulinemetabolisme.[1,2] Als deze wormpjes dan ook nog eens op een speciaal dieet gezet worden, dan kan hun levensduur zes keer langer zijn. Ander onderzoek toont aan dat ratten die een caloriebeperkend dieet volgen, maar die toch optimaal gevoed worden, tot 1800 dagen oud kunnen worden. Dit is het menselijke equivalent van honderdvijftig jaar! Bovendien hebben deze dieren veel minder ouderdomgerelateerde ziekten zoals kanker, hartziekten of dementie. Nog ander onderzoek toont dan weer aan dat eiwitrijke diëten maken dat proefdieren heel wat sneller verouderen en sterven. Enzovoort.

Professor Michael Rose, een autoriteit op het vlak van veroudering (en die met zijn bekende experimenten fruitvliegjes dubbel zo lang kon laten leven), zegt over voeding en veroudering het volgende:

> Al het verouderingsonderzoek met wormen, fruitvliegen, knaagdieren en klinische onderzoeken [met mensen] tonen aan dat het metabolisme het verouderingsproces controleert. Voeding blijkt in al deze organismen een belangrijke regelaar te zijn van het verouderingsproces. [...] De manier waarop de energie uit voeding gebruikt wordt, bepaalt de snelheid van veroudering.

Dit is dus geen gewoon dieetboek. Het houdt rekening met het inzicht dat voeding een uiterst belangrijke rol speelt in het verouderingsproces. Dat is ook logisch, omdat voeding de motor van ons metabolisme is en het metabolisme al onze lichaamsprocessen aandrijft. Met deze kennis in het achterhoofd heb ik een dieet samengesteld (ik gebruik niet graag het woord 'dieet'; ik kom hier later op terug). In tegenstelling tot de meeste diëten heeft dit dieet niet als eerste doel gewicht te verliezen. Het – vaak drastische – gewichtsverlies is louter een aangename bijwerking. Het doel van dit dieet is in de eerste plaats veroudering afremmen. Het wil ervoor zorgen dat we minder snel verouderen en minder snel door verouderingsziekten getroffen worden. Nagenoeg alle populaire diëten worden bedacht om zo snel mogelijk gewicht te verliezen maar dat is een verkeerde instelling. Een echt goed dieet moet er primair voor zorgen dat je zo lang mogelijk gezond blijft leven. Het gewichtsverlies volgt dan automatisch. Met mijn achtergrond in de biogerontologie (de wetenschap die veroudering onderzoekt) heb ik heel wat kennis vergaard over de werking van het metabolisme en het verouderingsproces, zodat ik de meeste diëten doorzie en hun schadelijke en ongezonde invloed op lange termijn kan inschatten.

Wat ik tijdens mijn onderzoek naar het hoe en waarom van veroudering ontdekte, is dat de meeste ziekten die het Westen plagen in essentie verouderingsziekten zijn: hart- en vaatziekten, dementie, osteoporose, diabetes type 2, achteruitgang van het gehoor en zicht, het wegkwijnen van de spieren en het toenemen van het vetpercentage, hoge bloeddruk, staar enzovoort. Al deze verouderingsziekten zouden in één klap bestreden kunnen worden door het verouderingsproces *zelf* te onderzoeken, in plaats van telkens een bepaalde verouderingsziekte zoals diabetes of dementie.

De kans op veel van deze verouderingsziekten kan drastisch verminderd worden via een goed voedingspatroon. Ik heb dit goede voedingspatroon gegoten in een nieuw en gemakkelijk te gebruiken model: de 'voedselzandloper'. Ik stel deze voedselzandloper voor als alternatief voor de hedendaagse voedseldriehoek en de voedselschijf, die we overal aantreffen en volgens wetenschappelijk onderzoek achterhaald zijn (en dat eigenlijk altijd al waren).

Mijn voedingspatroon wil, behalve het bestrijden van verouderingsziekten, ook kwaliteit aan het leven toevoegen. Iemand met een gezond voedingspatroon vermindert niet alleen de kans op chronische ziekten in de toekomst, maar heeft op het moment zelf ook meer energie, een scherpere concentratie, een beter gemoed, meer ondernemingslust enzovoort. Ook heel wat medische kwaaltjes, zoals brandend maagzuur, prikkelbare darmen, vermoeidheid of een hoge bloeddruk zijn maar al te vaak een gevolg van een ongezond voedingspatroon.

Kortom, de voedselzandloper wil niet louter meer jaren aan uw leven toevoegen, maar ook meer leven aan uw jaren.

SAMENVATTING

De meeste diëten richten zich op **gewichtsverlies**, wat niet het voornaamste doel van een goed dieet moet zijn.

Een goed dieet richt zich op het in stand houden van de **gezondheid** en het afremmen van het **verouderingsproces**. Het gewichtsverlies volgt automatisch.

De voedselzandloper is een nieuw alternatief voor de voedseldriehoek en de voedselschijf.

De voedselzandloper streeft naar een gezond gewichtsverlies en het vertragen van het verouderingsproces.

I

Over geneeskunde, diëten en voeding

We hebben veel vertrouwen in de geneeskunde. Misschien te veel vertrouwen. We geloven dat als we ziek zijn, de dokter en een heel team verpleegkundigen en paramedici klaarstaan om ons te genezen. Klaar staan ze zeker, maar de moderne geneeskunde kan – ondanks duizenden soorten nieuwe medicatie, peperdure scanners en ultramoderne operatiekamers – de meeste aandoeningen niet genezen, of het nu een eenvoudige verkoudheid is, of een hartaanval, een beroerte, osteoporose, lage rugpijn door gewrichtsslijtage, dementie of een zenuwziekte zoals multiple sclerose (MS). In grote lijnen kunnen bijna alleen antibiotica, chemotherapeutica en sommige chirurgische ingrepen mensen echt van hun ziekte genezen. Er bestaat geen behandeling om ons van een hartaanval, hersenbloeding of dementie af te helpen. Zelfs een banale verkoudheid of bronchitis kan niet genezen worden. Een verkoudheid of bronchitis wordt in meer dan 90 procent van de gevallen door een virus veroorzaakt, en de enige reden waarom we herstellen van onze verkoudheid of bronchitis is omdat ons immuunsysteem het virus verslaat. Pijnstillers zoals paracetamol en aspirine onderdrukken hoogstens de symptomen van een verkoudheid. Ze verminderen de pijn door het immuunsysteem te onderdrukken waardoor deze middelen er juist voor zorgen dat de ziekte nog wat langer duurt.

Als jonge geneeskundestudent zag ik maar al te vaak patiënten hoopvol de consultatieruimte binnenstappen met hun aandoeningen om dan, meestal na enige tijd, erachter te komen dat net hun specifieke ziekte toch niet zo goed behandeld kan worden. En dan bleven ze zitten met hun ziekte van Crohn, met hun reuma, zenuwziekte of falend hart. Hierdoor zag ik al vlug in dat mensen te veel vertrouwen stellen in de geneeskunde. Ironisch genoeg stellen ze veel te weinig vertrouwen in hun eigen vermogen om ziekten te voorkomen en hun gezondheid op peil te houden. En het is ons voedingspatroon dat daarin de belangrijkste rol speelt.

Uiteraard weet nagenoeg iedereen dat voeding belangrijk is voor onze gezondheid. We worden met voedingsadviezen om de oren geslagen via magazines, tv en gezondheidsexperts die ons op het hart drukken dat een teveel aan suikers of een overdaad aan vetten ongezond zijn. Bovendien hebben we allemaal wel een moeder of oma gehad die zei dat we onze spruitjes moesten opeten omdat ze toch zo gezond zijn. Maar wat we niet allemaal hebben gehad, is een moeder of een gezondheidsexpert die ons precies vertelt hoe gezond groente zijn en hoe ongezond andere voedingsmiddelen zijn. En hoe belangrijk de invloed is van voeding op onze gezondheid, het verouderingsproces en onze levensduur. Ik haal kort enkele voorbeelden aan.

In Japan waar (voorlopig) nog een ander voedingspatroon bestaat dan in het Westen, komt prostaatkanker tienmaal minder voor dan in het Westen.[3] Dit enorme verschil ligt niet aan genetische verschillen tussen Japanners en westerlingen: Japanners die naar de VS emigreren en daar een meer westers voedingspatroon hebben, hebben evenveel kans op prostaatkanker als de gemiddelde Amerikaan; tien keer meer dus dan in hun oorspronkelijke thuisland. Prostaatkanker is de meest voorkomende en dodelijke kanker onder mannen: als een man maar oud genoeg wordt, krijgt hij het nagenoeg. Minstens 30 procent van de mannen in de leeftijdcategorie van 70 tot 79 jaar hebben een (al dan nog niet ontdekt) prostaatgezwel. Er bestaat geen enkel preventief geneesmiddel op de

Kankers bij vrouwen in het Westen

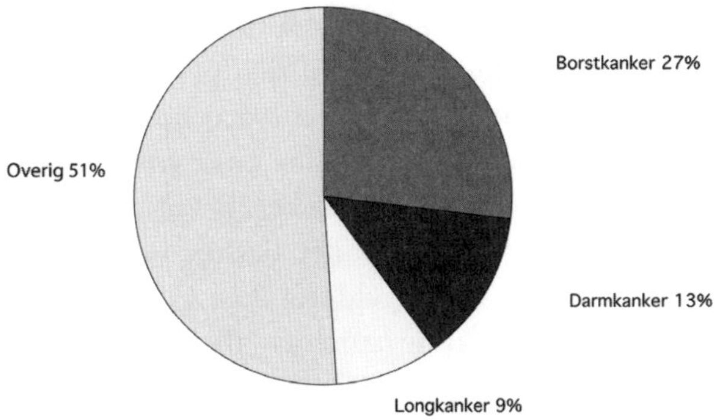

Kankers bij mannen in het Westen

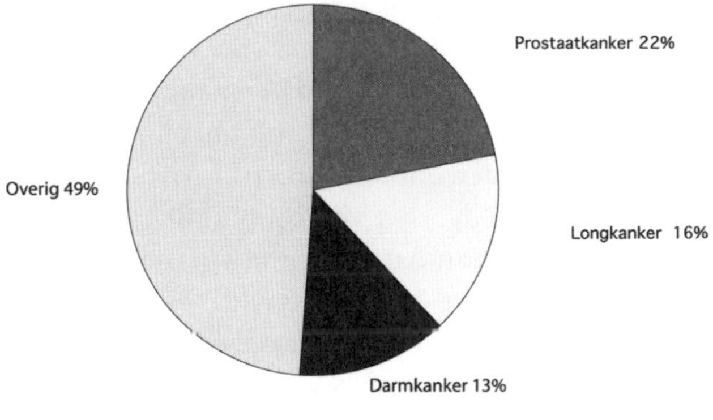

Prostaatkanker en longkanker zijn de meest voorkomende kankers bij mannen in het Westen. Twee veranderingen in de levensstijl (gezonder eten en minder roken) kan een grote vermindering in het aantal kankergevallen teweegbrengen. *Bron:* GLOBOCAN *2008, Wereldgezondheidsorganisatie*

markt dat de kans op prostaatkanker kan verminderen, laat staan met een factor tien. Gezonde voeding echter wel.

Kanker, een van de belangrijkste doodsoorzaken in het Westen, komt veel minder voor in bepaalde gebieden in Azië. We spreken over ordegroottes van vijf- tot tienmaal minder. Dat zijn medisch gezien enorme verschillen, omdat dokters meestal al heel enthousiast worden van een stofje dat de kans op of de groei van een kanker met vijf of tien procent vermindert. Voeding speelt de grootste rol in het risico op het krijgen van kanker. Als je niet rookt, dan bepalen onze voedingsgewoontes voor 50 procent het risico op kanker. Dit is niet zomaar een conclusie, maar is onder meer het besluit van het rapport (2007) van de Stichting Wereld Kanker Onderzoek Fonds (WCRF). Dit rapport bevat de inzichten afkomstig van duizenden gepubliceerde onderzoeken; het samenstellen ervan duurde vijf jaar en bevat de aanbevelingen van tien wereldexperts in samenwerking met 234 oncologen en wetenschappers – verschillende van hun bevindingen komen in dit boek aan bod.

Onze voeding bepaalt dus voor ruim de helft het risico op kanker. De overige vijftig procent van risicofactoren voor kanker omvat tal van andere en diverse oorzaken, zoals een genetische aanleg, infectieziekten, blootstelling aan de zon, vervuiling, seksuele gewoontes, beroep enzovoort.

Hoe kan voeding dan het risico op kanker verminderen? Onderzoeken tonen aan dat stoffen in voedsel zoals broccoli en kruiden over sterke kankerwerende eigenschappen beschikken. Een bepaald stofje in peterselie bijvoorbeeld is even werkzaam als het medicijn Gleevec om de bloedvatvorming rond tumoren af te remmen. Gleevec is een nieuw soort antikankermiddel gemaakt in laboratoria dat wetenschappers omschrijven als 'een wondermiddel' tegen kanker. Peterselie was de wetenschappers echter al jaren voor.

Laten we nu kijken naar de veelvoorkomende verouderingsziekte maculaire degeneratie. Hierbij sterven de netvliescellen in het oog af door oxidatieve schade, met als gevolg dat het zicht onherroepelijk achteruitgaat. Maculaire degeneratie is een van de voornaamste oorzaken van blindheid in het Westen (samen met diabetes, ook een 'versnelde verouderingsziekte' die in landen met een ongezond voedingspatroon aan een steile opmars bezig is). Minstens twintig procent van mensen ouder dan zestig heeft maculaire degeneratie, maar we kunnen stellen dat iedere oudere persoon in mindere of meerdere mate door de oxidatieve processen getroffen wordt die uiteindelijk maculaire degeneratie veroorzaken. Oogartsen hebben geen afdoende behandeling voor deze ziekte. Een onderzoek verschenen in het prestigieuze medische tijdschrift *The Journal of the American Medical Association* (JAMA) echter toont aan dat mensen die elke dag groente eten de helft minder kans hebben op deze oogziekte.[4] Als dit gecombineerd wordt met andere gezonde voeding zoals het eten van vette vis, dan daalt de kans op maculaire degeneratie nog meer. Een grote studie waaraan 681 tweelingen deelnamen en die verscheen in het vakblad van de oogartsen, *Archives of Ophtalmology*, toonde aan dat personen die voldoende vette vis eten, zomaar 45 procent minder kans hebben op maculaire degeneratie.[5]

De zeldzaamheid van prostaatkanker in Japan, krachtige kankerwerende stoffen in kruiden zoals peterselie en het belang van het eten van groente en vette vis in het voorkomen van maculaire degeneratie lichten enkele tipjes van een grote sluier op. Een sluier die al te lang een zeer belangrijk inzicht aan het oog onttrekt, namelijk dat via de juiste voeding tal van chronische ziekten uitgesteld of voorkomen kunnen worden. Ziekten die onze moderne geneeskunde maar met moeite kan behandelen wanneer we erdoor getroffen worden en wanneer het in feite al te laat is. We zouden dus minder vertrouwen in de geneeskunde moeten stellen en meer vertrouwen in een gezonde levensstijl.

In de toekomst zullen historici terugkijken op dit tijdperk. Als ze de twee belangrijkste medische ontdekkingen mogen opnoemen die in dit tijdperk gedaan werden, dan zouden ze volgens de Frans-Amerikaanse arts David Servan-Schreiber de volgende twee zaken kunnen opnoemen:

1 de ontdekking van de antibiotica;
2 de enorme impact die een gezonde levensstijl op het voorkomen van ziekten heeft.

Tal van wetenschappers en trendwatchers geloven dat in de komende decennia de overheid, ziektekostenverzekeraars en steeds meer artsen en patiënten het belang van voeding in het voorkomen van chronische ziekten zullen inzien. Verzekeringsmaatschappijen zullen zich steeds meer gaan concentreren op voeding en preventieve geneeskunde om de gigantische kosten die chronische ziekten veroorzaken, te kunnen drukken. Misschien zullen ze hogere premies aanrekenen voor mensen die roken, ongezond eten of geen sportabonnement hebben. Dit zal niet zomaar een manier zijn om mensen meer te laten betalen, maar een pure noodzaak, gezien de gezondheidskosten voor chronische ziekten steeds meer de pan uit rijzen en op een gegeven moment onbetaalbaar zullen zijn.

Een dergelijk scenario is zich reeds aan het ontvouwen in de Verenigde Staten. De VS geven het meest uit per hoofd van de bevolking aan gezondheidszorg, te weten het dubbele van de meeste westerse landen. De VS besteden meer dan 7000 dollar per inwoner per jaar aan gezondheidszorg, terwijl de meeste Europese landen ongeveer 3000 dollar per jaar per inwoner uitgeven. Hierdoor hebben de VS in 2011 2700 miljard dollar aan gezondheidszorg uitgegeven, wat overeenkomt met bijna 20 procent van de totale overheidsuitgaven. In 2019 zal dit ongeveer 4600 miljard dollar zijn. Ondanks deze gigantische uitgaven bevinden de VS zich in de middenmoot wat tal van gezondheidsindicatoren betreft, waaronder de levensduur. Kortom, meer geld stoppen in de gezondheidszorg leidt niet tot een gezondere bevolking. Dat begint de Amerikaanse overheid te beseffen, en tal van projecten worden nu in de VS opgezet om de kosten te drukken en tegelijk de algemene gezondheid van de bevolking te verbeteren. Een belangrijke peiler is preventieve geneeskunde, en dit door het belang van voeding te benadrukken in het voorkomen van chronische ziekten.

Wat is gezonde voeding?

Maar: wat is nu gezonde voeding? Elke dag worden we blootgesteld aan een tsunami van gezondheidsadviezen via populaire magazines, talkshows, documentaires en kookprogramma's. En dan hebben we het nog niet gehad over internet en de stortvloed van gezondheids- en dieetboeken. Vaak zijn deze boeken geschreven door zelfuitgeroepen 'experts' die hun methode als de enige ware methode aanprijzen. Meestal is deze methode belachelijk eenvoudig (het grote publiek moet deze immers dagelijks kunnen toepassen), zoals suikers laten vallen en veel eiwitten eten; een kaakslag in het gezicht van elke biochemicus die weet dat het metabolisme zich niet laat vangen door een Atkins-dieet of een paleodieet. Elke arts of wetenschapper weet dat het zeer moeilijk is om de natuur te slim af te zijn.

Bovendien staven deze dieetgoeroes hun dieet meestal met tal van pseudowetenschappelijke argumenten, of erger nog: met inzichten uit daadwerkelijk gepubliceerde wetenschappelijke studies. Zoals we zo meteen zullen zien, is het van groot belang te weten dat heel wat wetenschappelijk onderzoek niet correct uitgevoerd werd of foutief wordt geïnterpreteerd. Dit verklaart ook al die tegenstrijdige gezondheidsadviezen die in de media verspreid worden, zodat mensen op den duur ook niet meer weten wat nog gezond is en wat niet.

Maar het is mogelijk om door de bomen het bos te zien, en om te weten wat een gezonde levensstijl inhoudt. Dit is mogelijk door zich te baseren op grote, goed uitgevoerde studies die verschijnen in belangrijke wetenschappelijke tijdschriften. En door beroep te doen op degelijke kennis van de biochemie en de werking van het menselijk lichaam. En ook door rekening te houden met inzichten afkomstig uit andere vakgebieden, zoals de evolutionaire biologie. In dit boek ga ik proberen om u hierover zo goed mogelijk in te lichten, onder andere door te laten zien dat er tal van misverstanden in omloop zijn betreffende voeding en gezondheid. De volgende zaken wil ik onder meer aantonen:

- dat de meeste vetten geen rol spelen bij hart- en vaataandoeningen;
- dat melkproducten ongezond zijn;
- dat de meeste antioxidanten niet werken en op lange termijn gevaarlijk kunnen zijn;
- dat de hedendaagse voedseldriehoek en voedselschijf verouderd zijn;
- dat resveratrol, de befaamde anti-agingstof in rode wijn, ons niet langer doet leven;
- dat omega-3-vetten minder gezond zijn dan visolie;
- dat sporten om af te vallen geen goed idee is;
- dat de meeste diëten schadelijk voor de gezondheid zijn;
- dat producten zoals groene thee niet omwille van de antioxidanten gezond zijn;
- dat de enige wetenschappelijk bewezen methode die veroudering aanzienlijk afremt geen medicatie of een 'super-antioxidantenpil' is, maar een bepaalde voedingsgewoonte.

Sommige van deze inzichten zullen misschien voor sommige mensen onthullend zijn. We kunnen ons bijvoorbeeld afvragen waarom zo veel mensen geloven dat antioxidanten of melkproducten gezond zijn. Hiervoor zijn twee voorname redenen aan te voeren. Ten eerste hebben verspreiders van deze boodschappen meestal een verborgen agenda (zoals de anti-aginggoeroe die een bestseller wil schrijven, of de melkindustrie die melk wil verkopen). Zij kunnen vervolgens hun boodschappen daadwerkelijk staven met wetenschappelijke onderzoeken die aantonen dat antioxidanten of melkproducten gezond zijn. Wat veel mensen immers niet weten, is dat de meeste wetenschappelijke studies niet goed uitgevoerd worden (omdat ze bijvoorbeeld te weinig proefpersonen hebben, of omdat de proefpersonen niet gelijk verdeeld werden, of omdat er niet vergeleken werd met een placebo – een nepmedicijn – of met een controlegroep). Vaak worden wetenschappelijke studies ook verkeerd geïnterpreteerd door de populaire media. Hierdoor kunnen de gezondheidsgoeroes of de voedingsindustrie altijd wel wetenschappelijke studies ophoesten die hun agenda ondersteunen.

En juist daarom is het zo belangrijk dat bepaalde conclusies uit één studie heronderzocht en gereproduceerd worden door andere onderzoeksgroepen die meer ervaring hebben. Pas wanneer dezelfde conclusies door verschillende onderzoeksgroepen getrokken worden en deze conclusies verschijnen in gerenommeerde wetenschappelijke tijdschriften, dan kunnen bepaalde veronderstellingen inderdaad aangenomen worden. Neem bijvoorbeeld het rapport van de Stichting Wereld Kanker Onderzoek Fonds (WCRF). Voor dit rapport werden 500.000 onderzoeken over kanker en voeding verzameld. De studies die van slechte kwaliteit waren, werden weggegooid. Er bleven slechts 22.000 onderzoeken van goede kwaliteit over! En daarvan werden er uiteindelijk slechts 7000 onderzoeken geselecteerd die voldeden aan de strenge criteria van het WCRF. Kortom, slechts 1,4 procent van de studies over de oorzaken van kanker was kwalitatief goed genoeg om te dienen als inzicht betreffende het ontstaan en de preventie van kanker. Maar de meeste schrijvers van dieetboeken en gezondheidsboeken baseren zich op de overmaat van kleine, slecht uitgevoerde studies, die bijvoorbeeld aantonen dat stofje x toch beschermt tegen kanker of hart- en vaatziekten, terwijl dit helemaal nog niet aangetoond is in grote onderzoeken of 'meta-analyses'. Een gezondheidsgoeroe kan zich dus gemakkelijk baseren op duizenden slecht uitgevoerde studies en bijvoorbeeld verkondigen dat elke dag alkalisch water drinken of hoge doses vitamine C slikken het risico op kanker drastisch kan verminderen (we zullen later de mythes en wetenschap over vitamine C bespreken).

Hoe kunnen we nu achterhalen wat goede of slecht uitgevoerde studies zijn? Het is belangrijk om te weten dat er verschillende soorten medische en wetenschappelijke tijdschriften (*journals*) bestaan, namelijk tijdschriften met een hoge en met een lage 'impactfactor' – een maat voor de reputatie van het tijdschrift. Studies die verschijnen in tijdschriften met een hoge impactfactor zijn heel betrouwbaar, omdat ze goed uitgevoerd werden, vaak met veel proefpersonen en door onderzoekers die al veel ervaring hebben. De twee wetenschappelijke tijdschriften met de hoogste impactfactor zijn *Nature* en *Science*. Als je daarin als wetenschapper publiceert, dan is je academische naam gemaakt en rollen overal ter wereld universiteiten hun rode lopers voor je uit om je als onderzoeker binnen te halen. Tijdschriften in de geneeskunde met zeer hoge impactfactoren zijn: *The Lancet*, *New England Journal of Medicine*, *Journal of the American Medical Association* enzovoort. Elk medisch specialisme heeft ook zijn eigen gezaghebbende tijdschriften met een hoge impactfactor, zoals *Circulation* (hart- en vaatziekten), *Gastroenterology* (maag- en darmziekten), *Archives of General Psychiatry* (psychiatrie) enzovoort. Studies die in zulke *journals* verschijnen, zijn veel betrouwbaarder en beter uitgevoerd dan de overgrote meerderheid van onderzoeken die verschijnen in tijdschriften met een lage impactfactor. De meeste studies die in gezondheids- en dieetboeken aangehaald worden zijn verschenen in tijdschriften als deze.

Journals met een lage impactfactor zijn in de overgrote meerderheid. Het is immers veel gemakkelijker om daarin te publiceren. Nu is dat op zich niet zo'n probleem: als onderzoeker moet je ergens beginnen. Meestal zorgen zulke tijdschriften ervoor dat stofje x in de belangstelling komt te staan in de populaire pers. Ondertussen zal in de wetenschappelijke wereld dat stofje door andere wetenschappers getest worden. Met een betere studieopzet, met meer proefpersonen, betere statistische methodes en analyses enzovoort. We zijn dan vaak al enkele jaren (of decennia) verder en dan blijkt dat stofje x helemaal geen invloed heeft op hart- en vaatziekten of kanker.

Een gekend voorbeeld is vitamine E. Enige jaren geleden vermeldden verschillende studies (meestal verschenen in tijdschriften met een lage impactfactor) dat vitamine E het risico op hart- en vaatziekten vermindert. Maar uit grotere en beter uitgevoerde onderzoeken die verschenen in gerenommeerde tijdschriften, blijkt dat vitamine E níet helpt tegen hart- en vaatziekten. Maar nog steeds halen vandaag de dag tal van gezondheidsgoeroes in hun boeken aan wat voor een geweldige antioxidant vitamine E is: een superantixoidant die, al dan niet in combinatie met vitamine C, het risico op hart- en vaatziekten drastisch kan verminderen. Ongetwijfeld zullen deze goeroes talrijke studies citeren die dit inderdaad aantonen. Maar zo werkt het niet in de wetenschap.

Een ander voorbeeld is co-enzym Q10. Op internet en in veel dagbladen wemelt het van artikelen die beweren dat co-enzym Q10 veroudering kan afremmen. Vaak worden dan onderzoeken aangehaald die verschenen in tijdschriften met een lage impactfactor. Zoals het onderzoek van de wetenschapper Emile Bliznakov, dat aantoonde dat 17 maanden oude muizen die Q10 toegediend kregen gemiddeld nog 11 maanden leefden, terwijl muizen zonder co-enzym Q10-toediening slechts 5 maanden leefden:[6] een verdubbeling van de resterende levensduur dus! Dit onderzoek zorgde ervoor dat talloze gezondheidsboeken co-enzym Q10 aanprezen als een half-levenselixir; muziek in de oren van de co-enzym Q10-fabrikanten. De studie van Bliznakov verscheen in 1981, maar pas in de jaren negentig namen andere wetenschappers de moeite om dit verder te onderzoeken. Muizen werden volgepropt met co-enzym Q10: in hoge en lage doses, in tal van verschillende antioxidantencocktails. En wat bleek? Co-enzym Q10 verlengde de levensduur van muizen niet. Dr. Lonnrot, een van de co-enzym Q10-onderzoekers, is er daarom van overtuigd dat de door Bliznakov gebruikte muizen co-enzym Q10-deficiënte muizen waren. Dit zijn muizen die door een genetisch defect niet goed co-enzym Q10 kunnen aanmaken. Geen wonder dat het toedienen van co-enzym Q10 maakte dat Bliznakovs (zieke) muizen langer leefden. Hierbij moet ik wel vermelden dat enkele grote onderzoeken hebben aangetoond dat Q10 in zeer grote doses de ziekte van Parkinson kan afremmen, maar de boodschap blijft dezelfde: voor gezonde muizen en mensen heeft co-enzym Q10 geen enkele invloed op de levensduur. De moraal van dit verhaal: voordat je een handjevol pillen van een bepaald stofje begint te slikken omdat onderzoek aantoont dat muizen er langer door leven, is het van belang te wachten op beter uitgevoerde studies die verschijnen in tijdschriften met een grote impactfactor.

Een andere reden waarom we met zo veel tegenstrijdig gezondheidsadvies gebombardeerd worden is dat medische studies vaak verkeerd geïnterpreteerd worden door de populaire media. Stel dat een bepaalde studie aantoont dat stofje x de cholesterol verlaagt. Deze studie wordt door enkele journalisten opgepikt, snel doorgelezen en niet veel later verschijnt in alle kranten, weekbladen en feelgoodmagazines dat 'stof x hart- en vaatziekten bestrijdt'; een verkeerde conclusie.

Tot deze verkeerde conclusie wordt als volgt gekomen: stof x verlaagt de cholesterol. Dat is wat het onderzoek aantoonde. Bovendien is het algemeen bekend dat te veel cholesterol hart- en vaatziekten veroorzaakt. Zodoende redeneren veel mensen dat aangezien stof x de cholesterol verlaagt en een te hoge cholesterol hart- en vaatziekten veroorzaakt, stof x dús hart- en vaatziekten kan voorkomen. Dit is echter medisch gezien een grote denkfout. Het is niet omdat stof x de cholesterol verlaagt dat deze stof ook meteen goed is bij hart- en vaatziekten. Naast het verlagen van de cholesterol, kan stof x misschien andere stoffen in het lichaam verhogen die slecht zijn voor het hart en de bloedvaten. Stoffen die tijdens deze studie niet onderzocht werden. Elke stof kan immers inwerken op duizenden soorten enzymen en cellulaire mechanismen, en die kunnen allemaal een positieve of negatieve invloed hebben op hart- en vaatziekten. Daarom mag je niet zomaar concluderen – zolang een onderzoek niet aantoont dat stof x daadwerkelijk de kans op een hartaanval verkleint – dat x gezond is voor hart- en bloedvaten omdat het de cholesterol verlaagt.

Een voorbeeld van zo'n x-stofje zijn medicijnen die vallen onder de 'fibraten'. Fibraten worden gebruikt om de (slechte) cholesterol en de vetten in het bloed te verlagen. Inderdaad, fibraten verlagen de cholesterol en vetten in het bloed drastisch. Dat ziet er dus op het eerste gezicht goed uit voor hart- en bloedvaten. Maar fibraten verhogen ook het homocysteïnegehalte in het bloed, wat een risicofactor is voor hart- en vaatziekten. En wat blijkt: onderzoek toont aan dat fibraten niet de kans dat je sterft aan een hartaanval verminderen, hoewel ze de vetten en de cholesterol in het bloed spectaculair kunnen doen dalen. Op een gelijksoortige manier kunnen gezondheidsgoeroes bijna om het even welke stof in een goed daglicht plaatsen. Ze kunnen zelfs beweren dat roken gezond is, gezien onderzoek inderdaad aantoont dat roken de kans op parkinson vermindert. Maar uiteraard vergeten ze daarbij te melden dat roken niet alleen invloed heeft op de hersenen, maar ook op andere organen, zoals de niet onbelangrijke longen.

Een andere denkfout die vaak voorkomt bij het interpreteren van wetenschappelijke studies is de volgende. Stel dat een studie aantoont dat een tekort aan stof Y bepaalde gezondheidsproblemen veroorzaakt. Sommige mensen redeneren dan maar al te vaak dat *veel* innemen van stof Y dan ook deze gezondheidsproblemen kan voorkomen. Maar zo werkt het menselijk lichaam niet. Zo kan een seleniumtekort kanker veroorzaken, maar een teveel aan selenium (wat snel bereikt wordt omdat het een vrij toxische stof is), kan juist kanker veroorzaken, samen met heel wat andere gezondheidsproblemen. En dit geldt ook voor antioxidanten en zelfs vitamines.

Kortom, als ik de gezondheidsgoeroe wil uithangen, dan kan ik een boek volschrijven over hoe vitamine E gezond is voor hart- en bloedvaten en hoe de antioxidant co-enzym Q10 de levensduur kan verlengen. Ik kan dit zelfs staven met referenties naar tal van wetenschappelijke onderzoeken die dit daadwerkelijk aantonen en zwijgen over de andere studies die geen effect aantonen. Gezondheidsgoeroes komen vaak weg met bovengenoemde praktijken, omdat ze profiteren van een van de grote problemen van deze tijd: een overaanbod aan informatie.

Een echt dieet is geen dieet

Iedereen die dieet is verkeerd bezig. Diëten veronderstelt immers dat iemand gedurende een zekere periode een extra inspanning levert om minder te eten. Dat is compleet belachelijk. Waarom zou je gedurende een zekere periode proberen gewicht te verliezen, als je weet dat na die periode dat gewicht er gewoon weer aanzit wanneer je weer 'normaal' eet? Een echt goed en gezond dieet is een dieet dat nooit eindigt. Het is een levensgewoonte die aangeleerd wordt en die het hele leven volgehouden wordt, zodat langetermijngezondheidseffecten zich ook daadwerkelijk kunnen voordoen. Bovendien mag afvallen geen inspanning zijn, want als het een inspanning is, houd je het niet vol. Ook is het verkeerd om te veronderstellen dat je 'minder moet eten' om af te vallen. Als je voeding gezond is, dan mag je er zoveel van eten als je wilt: je gaat er sowieso van afvallen als je te zwaar bent.

Het enige goede dieet is een voedingspatroon dat een levenswijze wordt. En dat niet als doel heeft om gewicht te verliezen, maar om langer gezond te blijven. Omdat mensen gewoontedieren zijn, kan het in het begin moeilijk zijn om een dergelijk nieuw voedselpatroon – voor het leven – aan te leren. Een extra motivatie om dit voedselpatroon te volgen is dan dat het niet alleen zorgt voor gewichtsverlies, maar dat het ook veroudering afremt.

Gelukkig kan het menselijk lichaam zich zeer goed aanpassen aan nieuwe gewoontes, dus als de oude gewoontes doorbroken zijn en er nieuwe aangeleerd werden, dan zitten deze gezonde gewoontes er meestal voor altijd in verankerd. Een nieuw aangeleerd voedselpatroon lijkt na enkele maanden dan de normaalste zaak van de wereld. Bovendien gebeuren er andere dingen in het lichaam: een gezondere voeding maakt dat je andere smaaksensaties gaat ontwikkelen. Druiven of aardbeien bijvoorbeeld worden ineens overheerlijke zoetigheden. Ook krijg je een ander soort hongergevoel. Niet meer dat pseudohongergevoel, dat vooral een gevoel van zwakte inhoudt en concentratiestoornissen en een sterke drang naar suiker, omdat het suikerpeil in je bloed weer naar beneden is gekelderd na je laatste *sugar rush* – maar 'echte honger' die gepaard gaat met een drang naar gezond eten.

Mijn voedingspatroon, een voedingslevenswijze die ik in dit boek wil voorstellen, heb ik in een model gegoten dat ik de 'voedselzandloper' noem, naar analogie van de voedseldriehoek of de voedselschijf. Het voedingspatroon dat ik hier beschrijf, is een combinatie van inzichten uit de medische en wetenschappelijke literatuur. Ik heb niet het ultieme gezondheidsdieet uitgevonden, maar ik bouw voort op de 'schouders van reuzen'; schouders van gereputeerde artsen en onderzoekers die bepaalde voedingspatronen aanbevelen omdat de werking ervan in de medische literatuur is aangetoond. Enkele van deze 'diëten' zijn bijvoorbeeld het CRON-dieet (Calory Restriction under Optimal Nutrition) van dr. Walford, het dr. Furhman-dieet of het Japanse Okinawadieet. Hoewel deze voedingswijzen al zeer gezond zijn, kan het op sommige vlakken nog gezonder en soms comfortabeler. Het CRON-dieet bijvoorbeeld is bijzonder gezond, in die zin dat het de levensduur aanzienlijk kan verlengen, maar is voor veel mensen moeilijk vol te houden. Het dr. Furhman-dieet is dan weer te vegetarisch. Vegetariërs leven gemiddeld langer, maar hun maximale levensduur is niet verhoogd. Dit omdat vlees tal van stoffen bevat die we nodig hebben en die veel minder of zelfs niet voorkomen in planten, zoals zink, carnosine, ijzer, carnitine en creatine. Deze stoffen zijn onontbeerlijk voor het lichaam, en een tekort kan zorgen voor versnelde veroudering. Vandaar dat vegetariërs niet allemaal honderd jaar of meer worden.

Wat deze voedingspatronen alleszins met elkaar gemeen hebben is dat ze door wetenschappelijke argumenten onderbouwd worden. Wanneer we deze wetenschappelijke inzichten als maatstaf nemen, dan blijven er van de rijkelijke overmaat aan bestaande diëten eigenlijk nog maar weinig echt gezonde diëten over.

Waarom de meeste diëten ongezond zijn

Zoals reeds gezegd worden we constant om de oren geslagen met nieuwe diëten en tegenstrijdig voedingsadvies. Volgens het ene weekblad is koffie gezond, volgens het andere magazine veroorzaakt het hartritmestoornissen. Vette vis is volgens expert A gezond, terwijl expert B zegt dat vette vis vol kwik zit. Groene thee veroorzaakt blaaskanker volgens de ene studie, terwijl een andere studie zegt dat groene thee juist beschermt tegen kanker. Volgens dieet X mogen we veel suikers eten, zolang we maar vetarm eten, terwijl dieet Y zegt dat vetten mogen, maar vooral de suikers de boosdoeners zijn. En ga zo maar door.

Ik kan u nu alvast één tip geven: haal nooit uw dieetadvies

uit de populaire media! Sommige voedingsadviezen en diëten zijn gewoonweg absurd, zoals het 'bloedgroepdieet', waarbij je moet eten volgens je bloedgroep. Dit is een lacher van formaat, hoewel al miljoenen boeken over de toonbank zijn gegaan. Veel diëten die iets zinniger lijken, zijn ronduit ongezond. Neem het beroemde Atkins-dieet. Dr. Atkins beval aan om zo weinig mogelijk suikers (koolhydraten) te eten en zo veel mogelijk proteïnen en vetrijke producten. Hij geeft er dan een heel medische uitleg aan waarom dat zo is, en ergens heeft hij inderdaad gelijk: suikers zijn bijzonder ongezond. Maar – ik blijf hierop hameren – je moet altijd het hele plaatje bekijken. Elke medische student leert dat een overmaat aan proteïnen ook ongezond is, onder meer omdat het voor de lever en nieren moeilijk is om de bouwstenen van proteïnen af te breken. Vanaf ons dertigste jaar vermindert de werking van onze nieren met 10 procent per decennium, en dit komt in grote mate omdat we veel proteïnen innemen. In ziekenhuizen worden mensen met lever- of nierfalen op proteïnearme diëten gezet.

Atkins heeft wel een punt wat betreft dat suikers ongezond zijn. Maar zelfs op dat punt zit hij nog verkeerd met zijn aanpak. Ik verklaar me nader. Suikers zijn ongezond, onder meer omdat suikers ons sneller doen verouderen. Suikermoleculen in het lichaam zijn plakkerig; ze zorgen ervoor dat proteïnen gemakkelijker aan elkaar kleven. Hierdoor worden onze weefsels starrer en verliezen ze hun elasticiteit. Dit is een reden waarom we rimpels krijgen en waarom onze bloeddruk met het klimmen der jaren stijgt (de wanden van de bloedvaten worden harder). Atkins doet er op het eerste gezicht goed aan om suikers zoveel mogelijk te bannen. Maar wanneer iemand zeer weinig suikers eet, zoals het Atkins-dieet voorschrijft, dan gaat het lichaam in 'ketose'. Ketose is een toestand waarbij het lichaam zelf grote hoeveelheden 'suiker' aanmaakt. En niet zomaar suiker, maar methylglyoxal, een 'supersuiker'. Methylglyoxal is 40.000 keer actiever dan gewone suiker en doet eiwitten aan elkaar kleven als een op hol geslagen Pritt-stift. Onderzoek toont aan dat personen die het Atkins-dieet volgen dubbel zoveel methylglyoxal in hun lichaam hebben, leidend tot hoeveelheden van deze stof die 'enkel voorkomen bij slecht gecontroleerde diabetici'. Dr. Aubrey de Grey, een van 's werelds specialisten op het gebied van veroudering, noemt het Atkins-dieet een 'recept voor versnelde veroudering, in plaats van een uitstel ervoor'.[7]

Maar waarom kon het Atkins-dieet dan zo populair worden? Ik noem enkele redenen:

1 Het Atkins-dieet zorgt er inderdaad voor dat je gewicht verliest. Het werkt dus, wat voor veel mensen volstaat. Maar het gewichtsverlies gebeurt op een ongezonde manier.
2 Het dieet speelt in op wat mensen willen geloven: dat je gewicht kan verliezen en toch lekker vetrijk en proteïnerijk kan blijven eten.
3 Het dieet heeft enkele wetenschappelijke argumenten, die heel aannemelijk klinken voor personen die niet het volledige biochemische plaatje kennen.
4 Het ligt nu eenmaal in de menselijke natuur dat hypes snel kunnen ontstaan (en overgaan).

Buiten het Atkins-dieet zijn er nog tal van andere populaire diëten, zoals het Zone-dieet of het Beverly Hills-dieet. Deze diëten zijn een zodanig amalgaam van onwetendheid, marketing en pseudowetenschappelijk gezwets dat ik hier geen inkt aan ga verspillen.

SAMENVATTING

Heel wat **verouderingsziekten**, zoals prostaatkanker, hart- en vaatziekten of maculaire degeneratie, kunnen voorkomen of vertraagd worden door gezonde voeding.

De **kosten van chronische ziekten** zullen in de toekomst onbetaalbaar zijn voor de gezondheidszorg. Preventieprogramma's, met nadruk op gezonde voeding, kunnen deze kosten drastisch drukken.

Er bestaan veel **tegenstrijdige voedseladviezen** omdat:
- heel wat medische studies te kleinschalig zijn of niet correct uitgevoerd werden, bijvoorbeeld omwille van een slechte verdeling van de proefpersonen, geen gebruik van een nepmedicijn (placebo) ter vergelijking, geen 'blindering' van de onderzoekers, een slechte statistische analyse, enzovoort;
- heel wat medische studies in de populaire media te naïef of verkeerd geïnterpreteerd worden.

De meeste **diëten** zijn ongezond en **gezondheidsgoeroes** kunnen hun beweringen met wetenschappelijke studies staven omdat:
- ze zich baseren op kleinschalige of niet correct uitgevoerde studies die gepubliceerd worden in wetenschappelijke tijdschriften met een lage impactfactor;
- ze te verregaande conclusies trekken (niet elk cholesterolverlagend middel beschermt automatisch tegen hartaanvallen);
- ze enkel studies aanhalen die hun stellingen bevestigen en de studies negeren die hun stellingen ontkrachten;
- ze zich concentreren op één biochemisch mechanisme en het volledige biochemische plaatje negeren ('ongezonde' suikers vervangen door 'gezonde' eiwitten volgens het Atkins-dieet);
- ze zich vooral concentreren op gewichtsverlies en geen rekening houden met de gevolgen op lange termijn, zoals verkorting van de levensduur. Een dieet of voedingswijze vanuit het standpunt van de biogerontologie, de wetenschap van de veroudering, houdt hier echter rekening mee.

2

Driehoeken, cirkels en zandlopers

U kent ze waarschijnlijk wel: de voedseldriehoek of de voedselschijf die ons vertellen wat we moeten eten. In België en de VS wordt vooral de voedseldriehoek gebruikt (recentelijk is in de VS de voedseldriehoek – de *food pyramid* – vervangen door een schijf); in Nederland en Groot-Brittannië zegeviert de voedselschijf.

De voedseldriehoek ziet er meestal als volgt uit:

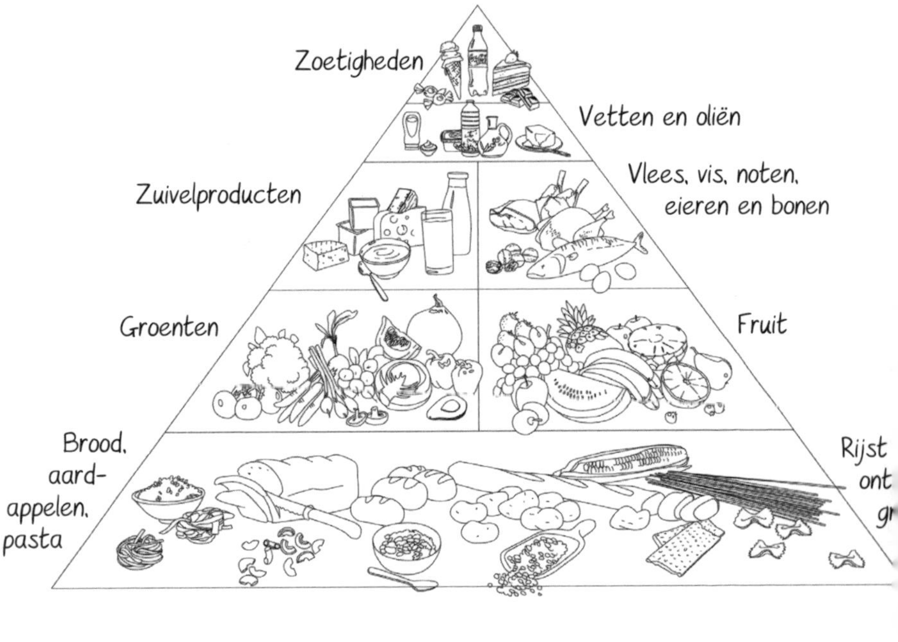

De basis van de voedseldriehoek bestaat uit zetmeelproducten (brood, pasta, rijst en aardappelen). Een trede hoger staan groente en fruit, in ongeveer gelijke hoeveelheden. Daarboven bevinden zich onder andere de vlees- en melkproducten. In de top horen de smeer-en bereidingsvetten en de restgroep (gevuld met suikers en ander snoepgoed).

De voedselschijf (schijf van vijf) lijkt qua inhoud in grote mate op de voedseldriehoek:

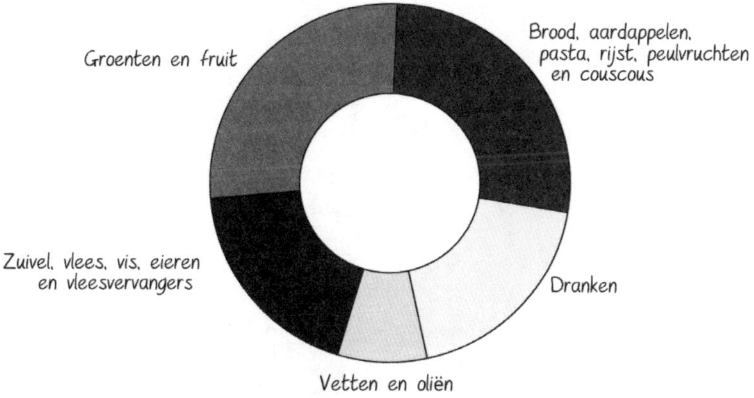

Groente en fruit nemen een even groot gedeelte van de schijf in als graanproducten (brood, aardappelen en pasta); verder zijn er dan nog vlees, vis, melkproducten en tofoe, allemaal op een hoopje gegooid. Vetten moeten met mate ingenomen worden en krijgen maar een klein plekje op de schijf.

Wat de vorm betreft ben ik helemaal geen voorstander van de voedseldriehoek en nog minder van de schijf. Een driehoek is tenminste nog overzichtelijk. Als ik daarentegen naar de voedselschijf kijk, dan zie ik een hoop voedsel op elkaar gegooid. Een driehoek is hiërarchisch opgebouwd, met tredes en dergelijke, zodat het belang van bepaalde voedingsmiddelen tenminste nog benadrukt wordt door deze boven of onder elkaar te plaatsen.

Maar van groter belang is de inhoud van de driehoek of

schijf. En die inhoud is volgens wetenschappelijk onderzoek volledig achterhaald. Beide figuren vinden we vandaag de dag echter nog steeds in alle kantines en bedrijfsrestaurants, in talloze gezondheidsmagazines en op websites.

De universiteit van Harvard is niet bij de pakken blijven neerzitten en hun departement Voedingsleer heeft een nieuwe voedselpiramide voorgesteld. De bedoeling van hun piramide is om een beter en gezonder alternatief aan te bieden dan de standaard driehoek en schijf.

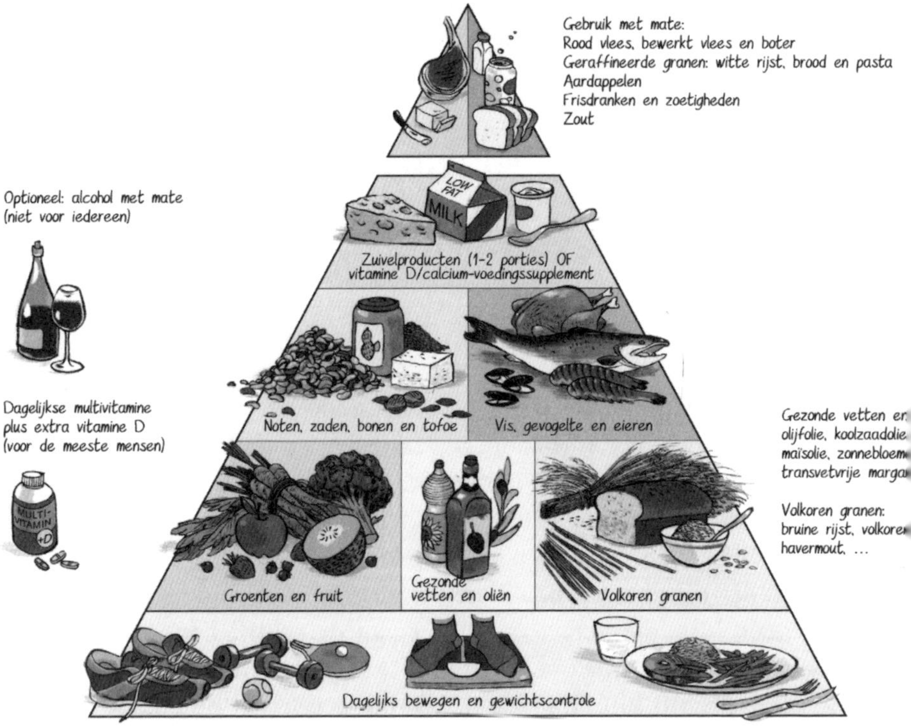

© 2008 Harvard University. Voor meer informatie over The Healthy Eating Pyramid ga naar The Nutrition Source, Departement van Voeding, Harvard School van Volksgezondheid, www.thenutritionsource.org, en *Eat, Drink, and Be Healthy* van Walter C. Willett M.D. en Patrick J. Skerrett (2005), Free Press/Simon & Schuster Inc.

Wat valt op? De basis van de driehoek is anders: in plaats van enkel graanproducten wordt de basis nu gedeeld met groente, fruit en... vetten – die laatste kunnen immers ook gezond zijn. Opvallend is dat aardappelen, witte rijst, witbrood en niet-volkorenpasta helemaal naar boven verhuisd zijn: ze bevinden zich in de 'verboden' top van de driehoek en worden in hetzelfde ongezonde hoekje geduwd als chips, frisdranken en suikerwafels. Ook rood vlees is naar de verboden top verhuisd. De ongezonde vetten blijven in de top; de gezonde vetten staan in de basis. Nieuw is dat er ook aangeraden wordt om voedingssupplementen te nemen. Vreemd toch, heb je niet genoeg aan vitamines en dergelijke als je divers en gezond eet? – ook hierover later meer. Wellicht ook opvallend is dat de onderzoekers van Harvard melkproducten als niet al te gezond beschouwen.

De hedendaagse voedseldriehoek en schijf zijn verouderd. U vraagt zich nu misschien af waarom overal nog altijd de voedseldriehoek en -schijf aanbevolen en verspreid worden. Voor mij, opgegroeid en 'echt' volwassen geworden in de medische wereld, is dit niet verwonderlijk. Tegen de tijd dat nieuwe concepten ingeburgerd raken, zijn er vaak al heel wat jaren (of decennia) verstreken. Inzichten vanuit de wetenschappelijke wereld druppelen meestal bedroevend traag de maatschappij binnen.

Bovendien zijn er grote belangen gemoeid bij datgene wat u dagelijks op uw bord krijgt. Een van de redenen waarom de oude voedseldriehoek en -schijf nog altijd en overal te vinden zijn, is dat de landbouw, vlees- en melkindustrie sterk lobbyen bij de overheid om de driehoek en de schijf in hun huidige vorm te behouden: een vorm met een sterke nadruk op graan-, vlees- en zuivelproducten – producten van deze industrieën. Het is dus geen toeval dat deze voedingsmiddelen een flinke portie uitmaken van de voedseldriehoek en schijf. De graan-, vlees- en zuivelindustrieën bewaken niet enkel de driehoek en schijf, ze hebben ook een belangrijke invloed gehad op de

Voedselschijf en voedseldriehoek	**Harvard Healthy Eating Pyramid**
Aardappelen zijn basisvoedsel. Er wordt niet nadrukkelijk gewezen op het gevaar van witte rijst, witbrood en niet-volkorenpasta.	Aardappelen maken geen deel meer uit van de basis, maar bevinden zich in de 'verboden' top, samen met witte rijst, witbrood en niet-volkorenpasta, te midden van meer opvallende ongezonde voeding zoals boter, zout, zoetigheden en frisdranken.
Zetmeelproducten (o.a. brood, pasta, rijst) vormen de basis van de voedseldriehoek en de schijf.	Zetmeelproducten vormen samen met groente, fruit en gezonde oliën de basis.
Zuivelproducten (o.a. kaas, yoghurt, melk) worden aanbevolen.	Zuivelproducten mogen volledig vervangen worden door een voedingssupplement met vitamine D en calcium.
Voedingssupplementen worden niet besproken.	Voedingssupplementen worden aanbevolen.
Rood vlees wordt aanbevolen.	Rood vlees wordt afgeraden en in de 'verboden' top geplaatst. Vis en wit vlees zoals kip worden aanbevolen.
Vetten en oliën zijn ongezond.	Gezonde vetten en oliën behoren tot de basis.
Er wordt weinig aandacht besteed aan noten, bonen en tofoe.	Noten, bonen en tofoe dienen als belangrijke vleesvervangers.
Er wordt geen aandacht besteed aan alcoholische dranken.	Matig gebruik van alcohol wordt aanbevolen.

creatie ervan. De Belgische voedseldriehoek en Nederlandse voedselschijf zijn gebaseerd op de Amerikaanse voedseldriehoek. De landbouw, vlees- en melkindustrie hebben in de vs al vele decennia een behoorlijke invloed op overheidsinstel-lingen. Zo bepaalden ze in grote mate hoe de Amerikaanse voedseldriehoek eruitzag; niet voor niets werd deze gecreëerd door het Department of Agriculture en niet het Department of Health. Als hij was gecreëerd door het Department of Health, dan had hij er wellicht heel wat gezonder uitgezien en hadden granen, vlees en melk niet zo'n prominente positie gekregen. Je zou kunnen stellen dat de huidige driehoek en schijf vooral de agrarische sector dienen en niet de algemene gezondheid.

Dit gelobby is overigens ook een niet te onderschatten fenomeen in de gezondheidssector en de wetenschappelijke wereld. Neem bijvoorbeeld professor Meir Stampfer, een vermaard professor in de voedingskunde aan Harvard. Hij heeft enkele bekende studies gepubliceerd over de funeste invloed van suiker op hart- en bloedvaten (zie hierna). In een interview in *Scientific American* vertelt hij duidelijk hoe 'de frisdrankindustrie zeer hard aan het lobbyen is om zijn studies in twijfel te trekken'.[8] Wat hebben frisdrankfabrikanten zich te bemoeien met wetenschappelijk onderzoek? Laat staan het in twijfel trekken van professoren en medische studies die de gezondheid van miljoenen mensen kunnen beïnvloeden.

Uiteraard zijn er nog andere redenen waarom de oude voedseldriehoek en -schijf blijven standhouden. Zo denken overheidsinstellingen die voedingsadvies verstrekken vaak nogal laagdunkend over het grote publiek (iets waar ik mij als arts enorm aan erger). De voedseldriehoek en -schijf kunnen volgens hen maar beter niet te veel veranderd worden, omdat ze anders moeilijk te begrijpen zouden zijn voor het grote publiek en om ze toe te passen. Aan Robert Post, een hoge functionaris bij de Amerikaanse overheid en codirecteur van het Center for Nutrition Policy and Promotion, werd gevraagd of hij het publiek ging inlichten over enkele belangrijke nieuwe inzichten betreffende vetten en suikers. Hij zei van niet, aangezien boodschappen naar de consument toe 'kort en simpel' en '*to the point*' moeten zijn.[8] Echter: ons lichaam zit niet 'simpel' in elkaar. Plus: advies betreffende onze gezondheid moet niet 'kort' zijn. Het moet in de eerste plaats degelijk zijn. Kortom, overheidsinstanties spelen met onze gezondheid omdat ze van mening zijn dat sommige wetenschappelijke inzichten te moeilijk zijn voor het grote publiek.

Maar ook in ziekenhuizen komt men overal posters tegen met de oude voedseldriehoek en -schijf. Weten artsen dan niet dat deze al lang niet meer deugen? Wel, de meeste artsen houden zich niet veel bezig met voeding. Aan voeding wordt tijdens de medische opleiding amper aandacht besteed. Artsen worden vooral opgeleid in acute geneeskunde; ze worden in de eerste plaats opgeleid om ziekten te herkennen wanneer het feitelijk al te laat is. Wanneer een tumor dus na twintig jaar groei doorbreekt, of wanneer een bloedvat na dertig jaar dichtslibben eindelijk vol zit en er een hartaanval optreedt – een proces dat in grote mate beïnvloed wordt door ons voedingspatroon. Aan preventieve geneeskunde wordt tijdens de opleiding van artsen amper aandacht besteed.

Professor dr. Richard Smith van het gezaghebbende *British Medical Journal* zegt het volgende over voeding en artsen:

> De kennis omtrent voeding van de meeste dokters is rudimentair. De meeste artsen voelen zich meer comfortabel met medicijnen dan met voedsel, en de 'voedsel-als-medicijn'-filosofie van Hippocrates werd lange tijd vooral genegeerd. Maar dat zou wel eens kunnen veranderen. Bezorgdheid omtrent obesitas beroert de politieke agenda's en een groeiende interesse in de wetenschap van *functioneel voedsel* opent de deur voor vele therapeutische mogelijkheden. (*British Medical Journal*, 2004)

Het gelobby van industrieën, de traagheid waarmee medische inzichten gemeengoed worden en de nadruk op acute geneeskunde in plaats van preventieve geneeskunde zijn enkele voorname redenen waarom we nog met een ouderwetse driehoek en schijf opgezadeld zitten.

Naast de inhoud kunnen we ook een woordje spreken over de vorm van deze voedselfiguren. Ik zei eerder al dat ik een schijf onoverzichtelijker vind dan een driehoek. Een driehoek is beter, maar waarom gebruiken de meeste landen nog steeds een driehoek of een schijf? Bestaat er geen beter alternatief? Het probleem met de huidige driehoek en schijf is dat die vooral zeggen wat je het best kan eten, maar ze zeggen niet duidelijk wat je níet mag eten. Bij de driehoek trachtten ze dit probleem nog op te lossen met een 'verboden' top, een piepklein stukje van de driehoek waarin al die verboden en ongezonde voedingsmiddelen gestopt worden. Maar in de wereld zijn er veel meer ongezonde voedingsmiddelen dan dat er gezonde voeding is! Goed voedingsadvies moet eruit bestaan om duidelijk weer te geven wat ongezond voedsel is, zodat je weet wat je moet vermijden. Al die verschillende soorten ongezond voedsel wegstoppen in een minuscule top of zelfs negeren zoals in de schijf zorgt ervoor dat mensen niet duidelijk weten waarop ze moeten letten. Om gezond te eten, is het even belangrijk om te weten wat ongezond en wat gezond voedsel is.

Een ander probleem is dat de driehoek en schijf amper alternatieven aanbieden. Zo zeggen ze bijvoorbeeld dat je minder vlees moet eten dan fruit en groente. Dat is duidelijk. Maar dat is ook alles. Door wat vervang je dat vlees dan? Er valt nergens duidelijk te lezen dat bijvoorbeeld tofoe, bonen of quorn goede vleesvervangers kunnen zijn, of dat rood vlees vervangen kan worden door gevogelte en vette vis. Er wordt met het vingertje gewezen, maar er worden niet echt oplossingen aangereikt.

Nog een ander probleem zijn de hoeveelheden. De driehoek en de schijf worden onderverdeeld in tredes of in stukken cirkel die je een idee geven van hoeveel je van een bepaalde voedingsstof mag eten. Zo bevat de schijf een klein onderdeeltje met vetten, wat duidelijk maakt dat je maar beter niet te veel 'ongezonde vetten' tot je neemt. Maar er bestaan heel wat voedingsmiddelen waarvan je kleine hoeveelheden nuttigt die wél gezond zijn, zoals sommige voedingssupplementen en zwarte chocolade. Kortom, de kleine 'ongezonde' top van de driehoek en dat kleine gedeelte van de schijf kunnen net zo goed gevuld worden met gezonde dingen die je ook in kleine hoeveelheden eet.

Over deze problemen begon ik na te denken en ik liep al enige tijd rond met het idee om een nieuw soort voedseldriehoek samen te stellen, die in overeenstemming zou zijn met de nieuwe inzichten uit de biogerontologie en het menselijk metabolisme. Op een dag was ik een boek aan het lezen over voeding, waarin dr. Roy Walford zijn versie van de voedseldriehoek voorstelde – de zoveelste voedseldriehoek (elke wetenschapper of arts die een boek schrijft heeft wel zijn eigen versie). Ik was nog steeds niet tevreden over die driehoek. Dit kon beter. Plots kreeg ik een idee. Ik tekende een figuur die voor mij niet alleen de meest gezonde voedingswijze voorstelde die ik kon bedenken, maar ook duidelijkheid verschafte over wat ongezond en gezond is, en hoe het ongezonde voedsel vervangen kan worden door gezondere alternatieven. Deze figuur was de 'voedselzandloper'.

Slimme voedingssupplementen: vitamine D, jodium, magnesium, selenium, B-vitamines.

Gezonde suikervervangers: stevia, tagatose, agavenectar.
Gezonde smaakversterkers: kruiden (curcumine, peterselie, tijm, rozemarijn, basilicum, oregano, marjolijn of munt), knoflook, ajuin, citroensap, azijn (balsamico, frambozenazijn, tomatenazijn), kalium.
Gezonde oliën: olijfolie, lijnzaadolie, walnootolie, Canola-koolzaadolie, sojaolie, perillaolie.
Omega-6-rijke oliën: maisolie, zonnebloemolie, palmolie, sesamzaadolie.

Vette vis: zalm, makreel, haring, ansjovis, sardines.
Vleesvervangers: tofoe (afkomstig van soja) en quorn (afkomstig van een fungus).
Biologisch vlees en zuivelproducten (afkomstig van runderen en kippen die gras als voedsel krijgen) bevatten 20 maal meer gezonde omega-3 dan ongezonde omega-6-vetzuren.

Peulvruchten: bonen, erwten, linzen, sojabonen.

Water kan op smaak worden gebracht met citroen, salie of tijm.
Plantaardige melk: sojamelk, amandelmelk, rijstmelk, ...
Rode wijn: maximaal 2 consumpties per dag.
Koffie: maximaal 3 consumpties per dag.

Calorierestrictie: 30 % minder eten verlengt de levensduur met 30 %.
Beweging: niet de intensiteit is van belang, maar wel de regelmaat.
Relaxatie: meditatie, yoga, zelfhypnose, ademhalingscursussen.
Sociale contacten: besteed tijd aan familie, vrienden, verenigingen, vrijwilligerswerk.

* Medicatiewijzigingen altijd overleggen met een arts.

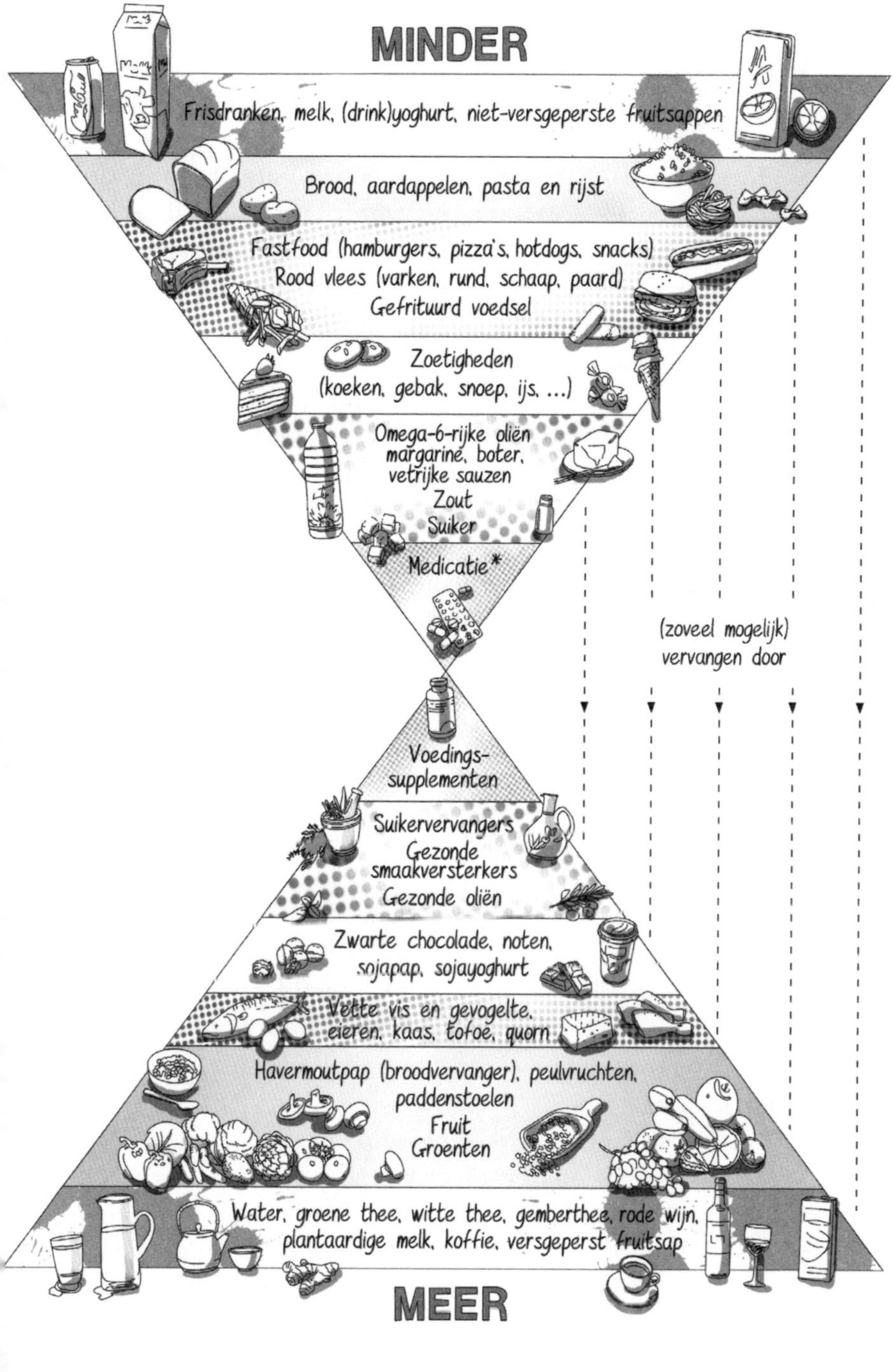
MINDER
Frisdranken, melk, (drink)yoghurt, niet-versgeperste fruitsappen
Brood, aardappelen, pasta en rijst
Fastfood (hamburgers, pizza's, hotdogs, snacks)
Rood vlees (varken, rund, schaap, paard)
Gefrituurd voedsel
Zoetigheden
(koeken, gebak, snoep, ijs, ...)
Omega-6-rijke oliën
margarine, boter,
vetrijke sauzen
Zout
Suiker
Medicatie*
(zoveel mogelijk)
vervangen door
Voedings-
supplementen
Suikervervangers
Gezonde
smaakversterkers
Gezonde oliën
Zwarte chocolade, noten,
sojapap, sojayoghurt
Vette vis en gevogelte,
eieren, kaas, tofoe, quorn
Havermoutpap (broodvervanger), peulvruchten,
paddenstoelen
Fruit
Groenten
Water, groene thee, witte thee, gemberthee, rode wijn,
plantaardige melk, koffie, versgeperst fruitsap
MEER

Uit de voedselzandloper volgen automatisch de volgende zeven basisregels:

1 Geen (of zo weinig mogelijk) brood, aardappelen, pasta en rijst.
2 Havermoutpap (gemaakt met sojamelk) als broodvervanger. Aardappelen, pasta en rijst worden vervangen door (extra) groente, peulvruchten, paddenstoelen, tofoe of quorn.
3 Geen melk of yoghurt. Deze vervangen door plantaardige melk (zoals sojamelk) en sojayoghurt of sojapap. Kaas en eieren mogen.
4 Weinig rood vlees (varken, rund, schaap, paard), en vooral vette vis (zalm, makreel, haring, ansjovis en sardines) en gevogelte (kip, kalkoen).
5 Groente en fruit zijn de basis van de voedselzandloper.
6 Veel water, enkele koppen groene thee per dag en minstens één glas vruchten- of groentesap. Koffie (maximum drie koppen per dag) en alcohol mogen (maximum twee glazen per dag).
7 Het innemen van 'intelligente' voedingssupplementen (jodium, magnesium, vitamine D, selenium, B-vitamines).

Een voordeel van de voedselzandloper is dat die duidelijk weergeeft wat de ongezonde voedingsmiddelen zijn zodat je weet waarop je moet letten. Bovendien is meteen te zien hoe je de ongezonde voedingsmiddelen door gezonde alternatieven kunt vervangen. Een ander verschil is dat in de 'top' van de onderste driehoek geen ongezonde, te mijden voeding staat, maar juist gezonde voeding die in de top staat simpelweg omdat je er minder van moet innemen, zoals voedingssupplementen of kruiden.

De voedselzandloper is gebaseerd op degelijk uitgevoerd wetenschappelijk onderzoek en komt overeen met inzichten uit diverse vakgebieden, zoals de endocrinologie (de wetenschap van het metabolisme), de biogerontologie (de wetenschap van veroudering) en de preventieve geneeskunde. De voedselzandloper is ook gebaseerd op onze evolutionaire voorgeschiedenis. Zo hebben onze verre voorouders gedurende meer dan 99,9 procent van de prehistorische geschiedenis nooit melkproducten of brood genuttigd, hebben onze hersenen zo groot kunnen worden omdat we ook omega-3-vetten gingen gebruiken en aten onze voorouders relatief weinig vlees, in tegenstelling tot wat het paleodieet beweert en in tegenstelling tot prentenboeken over de oertijd waarin onze voorouders weer een mammoet neerhalen voor het avondmaal.

Zoals gezegd is het doel van de voedselzandloper niet zozeer om gewicht te verliezen, als wel om het verouderingsproces af te remmen en het risico op verouderingsziekten te verminderen. Een echt gezond dieet heeft geen gewichtsverlies als doel, maar wel het verminderen van het risico op chronische (verouderings)ziekten. Het gewichtsverlies is automatisch een gevolg.

De zandlopervorm symboliseert ook de tijd en hoe we met voeding vat kunnen hebben op die tijd; hoe we onze biologische klok trager kunnen laten tikken. Net zoals het zand dat door een zandloper heen loopt het verstrijken van de tijd symboliseert, is het voedsel dat door ons lichaam gaat een indicatie van hoe snel we verouderen. Wie gezond eet, leeft langer.

Enkele praktische zaken

De twee driehoeken van de voedselzandloper zijn elkaars spiegelbeeld. De bovenste, omgekeerde driehoek bevat alle stoffen die we het best zo weinig mogelijk eten, de onderste driehoek die stoffen die we het best zoveel mogelijk eten.

De voedselzandloper bestaat tegelijkertijd uit twee *symmetrische* driehoeken. Dat wil zeggen dat de onderverdelingen of treden elkaars tegenpolen zijn. Zo valt van elke trede duidelijk af te lezen welke ongezonde voedingsmiddelen je kunt vervangen door gezondere alternatieven.

Laten we beginnen met de basis van de onderste driehoek, de onderste trede. Die stelt de gezondste dranken voor die we kennen, bijvoorbeeld groene thee, witte thee, gemberthee, water of een glaasje rode wijn. De basis van de bovenste driehoek, de hoogste trede, is haar tegenpool en bestaat op haar beurt dan uit die dranken die ongezond zijn, zoals frisdranken en melk.

Hetzelfde geldt voor de toppen van de driehoeken, die ook elkaars tegenpolen zijn. In het puntje van de onderste 'gezonde' driehoek staan voedingssupplementen. De punt van de onderste driehoek bevat dus geen 'verboden' voedingsmiddelen die afgeraden worden omdat ze zich in de 'verboden top' bevinden. Hier bevinden zich vooral de voedingsstoffen die we in de kleinste hoeveelheden tot ons nemen. De paar capsules met voedingssupplementen zijn immers veel minder dan de twee liter water en groene thee, of de verschillende porties groente die we elke dag tot ons moeten nemen.

De kleuren tonen aan welke voedingsstoffen elkaars tegenpolen zijn. Zo komt de rode trede in de bovenste driehoek, die onder meer rood vlees bevat, overeen met de rode trede in de onderste driehoek. We kunnen dus rood vlees vervangen door de gezonde alternatieven in het rode gedeelte van de onderste driehoek, namelijk vette vis, wit vlees (gevogelte), eieren of kaas.

Hoe streng is de voedselzandloper nu als 'dieet' of voedingswijze? Zo streng als je zelf wilt. De ongezonde voedingsmiddelen in de bovenste driehoek kunnen het best zoveel mogelijk vermeden worden. De gezonde voedingsmiddelen in de onderste driehoek kunnen het best zoveel mogelijk genuttigd worden. Mensen die een indrukwekkend gewichtsverlies willen bewerkstelligen of die het verouderingsproces aanzienlijk willen afremmen, kunnen ertoe besluiten om de adviezen van de voedselzandloper strikt op te volgen. En bijvoorbeeld geen brood, aardappelen, rood vlees of melkproducten meer te nuttigen. Voor de meeste mensen zal de voedingszandloper vooral een richtlijn zijn, die hen in één oogopslag vertelt hoe een gezond voedingspatroon eruitziet. Een voedingspatroon dat in het achterhoofd gehouden kan worden bij het bereiden van een maaltijd, maar dat niet tot op de letter opgevolgd hoeft te worden. De voedselzandloper dient om in te lichten en als leidraad, niet om te gebieden en verbieden.

SAMENVATTING

De **voedseldriehoek** en de **voedselschijf** zijn niet optimaal omdat:

- ze heel wat af te raden voedingsmiddelen bevatten (zoals rood vlees, melkproducten en aardappelen);
- ze een te eenvoudige voorstelling van zaken geven (te weinig onderscheid tussen goede en slechte vetten, rood en wit vlees, witte rijst en volle rijst, gewone thee en groene thee of omega-6- en omega-3-rijke oliën);
- ze gebaseerd zijn op de Amerikaanse voedselpiramide, die sterk beïnvloed werd door de melk-, vlees-en graanindustrie en die het product is van het Amerikaanse departement van Landbouw (en niet van Gezondheid).

De **voedselzandloper**:

- maakt een belangrijk onderscheid tussen goede en slechte vetten, rood en wit vlees, gewone thee en groene thee, omega-6- en omega-3-rijke oliën, enzovoort;
- geeft duidelijker weer wat ongezonde voeding is (en propt de ongezonde voeding niet in een kleine 'verboden top');
- biedt alternatieven waardoor ongezonde voeding vervangen kan worden (via de symmetrische vorm en kleursamenstelling van de zandloper);
- is niet alleen gebaseerd op inzichten uit de voedingsleer, maar ook uit de geneeskunde, biogerontologie (de wetenschap van veroudering), biochemie en biologie (de evolutie van de mens);

- is vooral gericht op het voorkomen van chronische ziekten en verouderingsziekten, terwijl het gewichtsverlies automatisch volgt.

Wat is nu, in een notendop, gezonde voeding? Gezonde voeding is volgens mijn definitie voeding die maakt dat we een optimaal gewicht verkrijgen én langer kunnen leven, niet alleen omdat we fitter en gezonder zijn, maar ook omdat tal van biochemische en metabolische mechanismen worden geactiveerd die maken dat we minder snel verouderen. In het volgende hoofdstuk worden de drie grote soorten voedingsstoffen (suikers, eiwitten en vetten) besproken en wat hun invloed is op het lichaam, het metabolisme en het verouderingsproces.

Een afbeelding van de voedselzandloper (in kleur) kan gedownload worden op de website www.voedselzandloper.com.

3

De drie basisprincipes

Principe 1: Suikers (koolhydraten) zijn niet ongezond: ze zijn zeer ongezond

Dat suiker ongezond is, weet iedereen. Suiker is echter nog heel wat ongezonder dan we denken. Gaatjes in tanden of gewichtstoename zijn eigenlijk de minst erge zaken om zich zorgen over te maken wanneer we te veel suikers (koolhydraten) eten. Suiker zorgt immers voor:

1 versnelde veroudering;
2 een verhoogde kans op kanker.

Toch kunnen we niet zonder suiker. Het is een beetje zoals zuurstof; we hebben zuurstof nodig om in leven te blijven, maar zuurstof zorgt er tevens voor dat we vanbinnen verroesten en verouderen. Idem voor suiker: we halen onze energie uit suiker en we kunnen niet zonder dit kleverige goedje, maar koolhydraten versnellen ook het verouderingsproces en verhogen de kans op kanker.

Laten we eerst professor Cynthia Kenyon van de Universiteit van Californië aan het woord laten. Professor Kenyon is een van 's werelds toponderzoekers op het gebied van veroudering. Ze doet genetische experimenten met wormpjes (*Caenorhabditis elegans*) en heeft een cellulair mechanisme ontrafeld dat een belangrijke rol speelt in het verouderingsproces: het suikermetabolisme. Kenyon is door dit onderzoek een legendarische figuur geworden in de moleculaire biologie. Haar onderzoeken zijn in de meest gezaghebbende wetenschappelijke tijdschriften verschenen en ze is een veelgevraagd spreker op internationale conferenties en congressen. In een interview zegt Kenyon over suiker (koolhydraten) en voeding het volgende:

'Er bestaan een heleboel van deze [gezonde] diëten en wat ze allemaal met elkaar gemeen hebben is dat ze weinig koolhydraten bevatten – of preciezer: ze bevatten *lage glycemische-index*-koolhydraten. Dat wil zeggen dat je niet de koolhydraten eet die zeer snel in het bloed worden opgenomen [en zo de productie van insuline stimuleren].'

Dat wil zeggen: geen desserts. Geen zoetigheden. Geen aardappelen. Geen rijst. Geen brood. Geen pasta. 'Wanneer ik "geen" zeg, dan bedoel ik "geen, of niet veel". Ik doe dit omdat ik onze wormen glucose voedde en het verkortte hun levensduur. Ik heb een geweldig bloedprofiel. Mijn *triglyceridelevel* is slechts 30, en alles onder de 200 is goed.'

Kenyon is geërgerd door het algemene tekort in kennis over voeding: 'Het is een beetje beschamend dat wetenschappers niet weten wat je zou moeten eten... We kunnen die bepaalde oncogenen viseren [oncogenen zijn genen betrokken bij het ontstaan van kanker, KV], maar we weten niet wat we zouden moeten eten. Waanzin.'

Is haar dieet een voorbeeld van wetenschappers die op zichzelf experimenteren? 'Ik denk van niet – je moet sowieso iets eten, en je moet zelf je beste oordeel vellen. Dit is mijn beste oordeel. Bovendien: ik voel me veel beter. Ik ben slank – ik weeg evenveel als toen ik op de universiteit zat. Ik voel me geweldig – je voelt je alsof je weer een kind bent. Het is ongelooflijk.' (*Bron: In Methuselah's Mould*, PLoS Biology, *2004*)

Het is duidelijk: professor Kenyon houdt niet van suiker. Ze heeft dankzij haar onderzoek met eigen ogen de belangrijke rol gezien die suiker speelt in het verouderingsproces. Maar alvorens verder te gaan moeten we meer in detail bespreken wat suikers precies zijn, en vooral alle verschillende vermommingen die suikers kunnen aannemen, van suikerklontjes tot brood.

Om te weten wat suikers of koolhydraten precies zijn (en ook vetten en proteïnen) moet je kennis hebben van atomen, de bouwblokken van alle materie om ons heen. De briljante natuurkundige Richard Feynman vond de meest wonderbaarlijke ontdekking dat alles opgebouwd is uit atomen. Heel de wereld om ons heen bestaat uit deze piepkleine deeltjes, waarvan er in de natuur maar 92 soorten bestaan (er zijn ook nog een twintigtal zeldzame atoomsoorten die kortstondig in kernreactoren ontstaan maar die tellen we niet mee). Met die 92 soorten bouwblokjes worden bomen, waterdruppels, verkeerslichten, lichamen en suikers opgebouwd. Al deze 92 soorten atomen worden gerangschikt volgens 'zwaarte', gaande van het lichtste atoom 'waterstof' (H, element nummer 1) tot het loodzware en gigantische atoom 'uranium' (U, element nummer 92). Een blok ijzer is opgebouwd uit ijzeratomen, een blok goud uit goudatomen en levende organismen zijn vooral een mengelmoes van koolstof- (C), zuurstof- (O), stikstof- (N) en waterstofatomen (H).

Atomen rijgen zich als bouwstenen aan elkaar om moleculen te vormen. Een molecule is dus elke structuur opgebouwd uit twee of meer atomen. En nu kunnen we verdergaan met suikers, omdat die uiteraard ook opgebouwd zijn uit atomen.

De wetenschappelijke naam voor suikers is 'koolhydraten'. Suikers bestaan uit één of meer *monosachariden*. 'Mono' is Grieks voor 'één' en sacharide is Grieks voor 'suiker'. De monosachariden zijn de bouwstenen van alle suikers. Er bestaan verschillende soorten monosachariden. Een monosacharide is meestal een zeshoekige of vijfhoekige molecule. Een monosacharidemolecule bestaat dus vooral uit een zeshoekige of vijfhoekige ring van koolstofatomen (C), met enkele zuurstofatomen (O) en waterstofatomen (H) die uit de hoekige ring steken. De bekendste monosachariden zijn glucose en fructose.

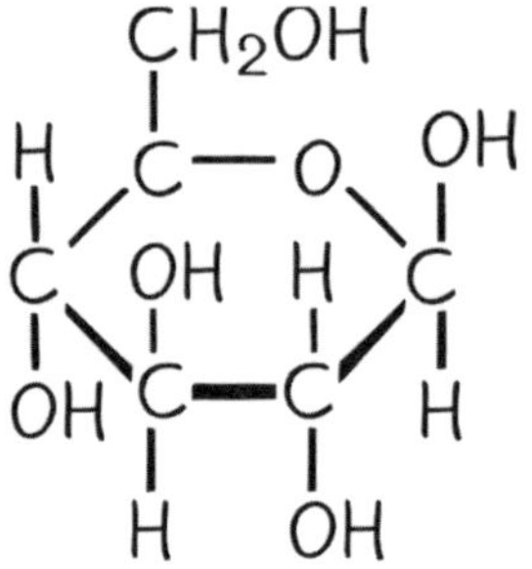

Glucose (een monosacharide). C staat voor een koolstofatoom; H voor een waterstofatoom; O voor een zuurstofatoom.

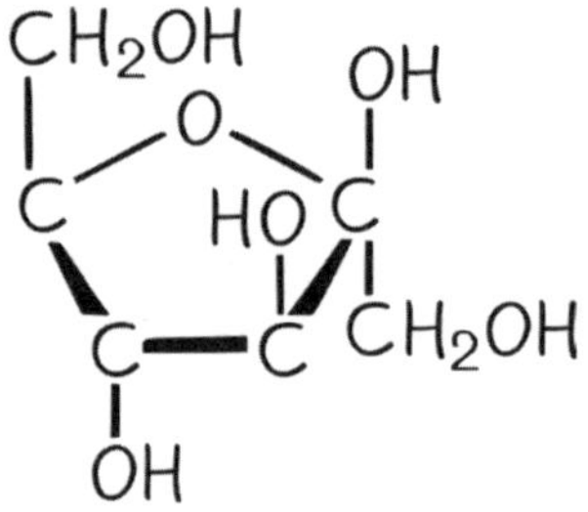

Fructose (een monosacharide). C staat voor een koolstofatoom; H voor een waterstofatoom; O voor een zuurstofatoom.

Druivensuiker is opgebouwd uit glucose, uit losse monosachariden dus. Ook uw bloedsuiker bestaat uit glucose: wanneer een dokter uw bloedsuiker meet, dan worden het aantal glucosemoleculen in een milliliter bloed geteld. Omdat fructose veel voorkomt in fruit wordt het ook *fruitsuiker* genoemd.

Deze eenvoudige monosachariden kunnen zich aan elkaar koppelen. Wanneer een fructose- en glucosemolecule met elkaar een verbinding aangaan, dan vormen ze een *disacharide*. Tafelsuiker (of kristalsuiker) bijvoorbeeld is een disacharide dat opgebouwd is uit een glucose- en een fructosemolecule. De witte tafelsuiker waarvan je een lepeltje in je koffie doet of op je pannenkoek strooit is gemaakt van dit soort disachariden. De wetenschappelijke naam voor tafelsuiker is *sucrose*.

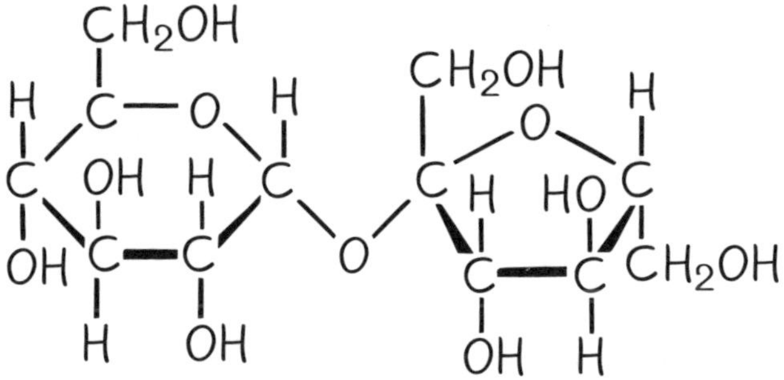

Twee monosachariden (glucose links en fructose rechts) verbonden met elkaar vormen een disacharide, namelijk sucrose, de witte tafelsuiker.

Glucosemoleculen kunnen zich ook met vele duizenden aan elkaar rijgen, net zoals wagons een lange trein vormen. Wanneer vele duizenden monosachariden zoals glucose zich aan elkaar koppelen, dan krijgen we lange kettingen van glucosemoleculen: *zetmeel*.

Rijst, aardappelen, pasta en brood zijn allemaal gemaakt van zetmeel en bestaan dus voornamelijk uit lange ketens van glucosemoleculen. Rijstkorrels en spaghettislierten bestaan dus vooral uit suiker!

Tot zover onze les in de atomaire keuken. Dan is het van belang nog een ding te weten, en dat is hoe het lichaam suikers opneemt. Darmcellen kunnen alleen maar monosachariden opnemen. Ze kunnen slechts aparte glucose- of fructosemoleculen opnemen en afgeven aan het bloed. Dat vormt

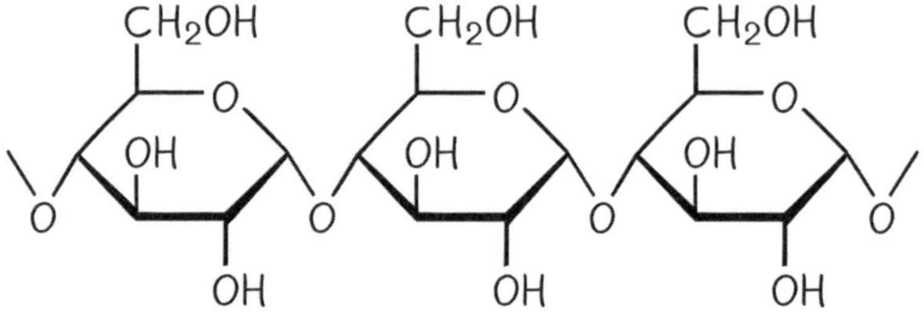

Vele duizenden glucosemoleculen koppelen zich aan elkaar en vormen zetmeel. (Een kleine opmerking: waar de lijnen elkaar kruisen, aan de hoekpunten dus, bevindt zich telkens een koolstofatoom (C), dat niet wordt weergegeven volgens de standaard wetenschappelijke notatie.)

geen enkel probleem wanneer u een tablet druivensuiker opzuigt, want die is volledig opgebouwd uit aparte glucosemoleculen en deze worden dus direct via de darmcellen in het bloed opgenomen. Daarom wordt druivensuiker ook gegeven aan sportlui of personen die zich wat flauwtjes voelen en een snelle opkikker nodig hebben.

Maar dit gebeurt niet wanneer je een boterham eet, want die bestaat uit zetmeel. Zetmeel kan niet zomaar meteen door de darmcellen opgenomen worden: zetmeel bestaat immers uit lange ketens van glucosemoleculen. Hiervoor heeft de natuur spijsverteringsenzymen bedacht. Enzymen zijn proteïnen (eiwitten), minuscule moleculaire machientjes die de glucoseketens in stukken knippen tot er afzonderlijke glucosemoleculen overblijven, die wel door de darmcellen opgenomen worden. In mond, maag en darmen wordt het zetmeel dus versnipperd tot aparte glucosemoleculen die opgenomen kunnen worden.

Wetenschappers spreken in dit verband van *snelle* en *trage suikers*. Snelle suikers zijn koolhydraten zoals druivensuiker. Omdat ze opgebouwd zijn uit aparte glucosemoleculen, kunnen deze suikers meteen geabsorbeerd worden door de darmcellen en in de bloedbaan terechtkomen. Producten zoals brood of rijst, bestaande uit vooral zetmeel, bevatten trage suikers. Het zetmeel moet eerst nog afgebroken worden tot de afzonderlijke glucosemoleculen in het spijsverteringsstelsel. Hierdoor duurt het langer alvorens de glucosemoleculen waaruit het brood of de rijst bestaat opgenomen worden en daarom spreken wetenschappers dus van trage suikers. De gewone tafelsuiker, die bestaat uit een aan elkaar gekoppelde glucosemolecule en fructosemolecule, is ook een vrij snelle suiker, omdat er maar één 'knipje' van een spijsverteringsenzym nodig is om de disacharidemolecule te splitsen in de afzonderlijke componenten glucose en fructose die dan meteen door de darm opgenomen kunnen worden. Als u dus een flinke hap uit uw suikerwafel neemt (die veel sucrose bevat), dan zal vrij snel het glucosegehalte in uw bloed stijgen.

Daarmee zijn we er nog niet. We weten nu dat er verschillende soorten koolhydraten bestaan (monosachariden zoals glucose, disachariden zoals tafelsuiker en polysachariden zoals zetmeel). En dat spijsverteringsenzymen nodig zijn om de meeste suikers in stukjes te hakken voordat de glucosemoleculen opgenomen kunnen worden. Maar wat gebeurt er dan? Zo'n anderhalf uur na een suikerrijke maaltijd drijven er ontelbaar veel glucosemoleculen in het bloed rond. Deze glucosemoleculen moeten door de cellen opgenomen worden, zodat ze 'verbrand' kunnen worden en omgezet worden in energie om de cellulaire mechanismen draaiende te houden. De glucosemoleculen kunnen pas door de cellen opgenomen worden als er ook een andere stof in de bloedbaan aanwezig is: insuline.

Insuline zorgt ervoor dat cellen glucose kunnen opnemen. Insuline is de stof die de deuren van de cel wijd openzet zodat de glucosemoleculen opgenomen kunnen worden. De alvleesklier (pancreas) scheidt insuline af. De alvleesklier doet dat zodra ze een gestegen suikergehalte in het bloed detecteert (wat al tijdens de maaltijd gebeurt). Samenvattend: elke keer wanneer je een suikerrijke maaltijd eet, dan stijgt het glucosegehalte in het bloed, en vervolgens het insulinegehalte, zodat de glucose door de cellen opgenomen kan worden.

Maar de kettingreactie gaat verder. Belangrijk om te weten is dat een stijgend glucose- en insulinegehalte in het bloed ook op hun beurt ervoor zorgen dat het lichaam meer *insulin-like growth factor* (IGF) vrijstelt. IGF is een belangrijke stof die weefsels doet groeien, een soort 'groeihormoon'. Het groeihormoon, dat je in tal van online internetwinkels kan kopen als een half wondermedicijn tegen veroudering, zorgt ervoor dat het lichaam meer IGF afscheidt, zodat allerlei lichaamsweefsels gaan groeien en zich ontwikkelen. Kortom, IGF voert de productie van eiwitten op, zowel in de spieren als in tal van andere weefsels, zodat we dikkere en sterkere spieren krijgen, een meer strakkere huid enzovoort.

Het is logisch dat glucose het IGF-gehalte verhoogt. Immers, een stijging van het glucosepeil in het bloed wil zeggen dat de persoon in kwestie zich goed aan het voeden is met suikerrijk en energierijk voedsel. Wat wil zeggen dat er voldoende voedsel voorhanden is om te kunnen groeien. Vandaar dat een suikerrijke maaltijd zorgt voor een toegenomen IGF-productie, zodat het lichaam goed kan groeien en zijn lichaamsprocessen op volle toeren kan laten draaien.

In schema:

> Zetmeel, tafelsuiker of druivensuiker → glucose in het bloed stijgt → insuline → *insulin-like growth factor* (IGF) → meer groei en ontwikkeling van weefsels.

Waarom vertel ik u dit nu allemaal? Ten eerste omdat uit onderzoek naar veroudering is gebleken dat dieren sneller verouderen naarmate ze meer glucose binnenkrijgen of veel insuline en IGF produceren. Professor Kenyon heeft haar wormpjes zelfs zodanig genetisch kunnen manipuleren dat de insuline- en IGF-schakelaars van de cellen minder goed werken. Zo lijkt het voor het lichaam van de wormpjes alsof er minder insuline en IGF aanwezig zijn. Hierdoor is hun levensduur drie- tot zesmaal langer dan normaal.[1] Ook bij gistcellen, fruitvliegjes en muizen kan de levensduur verlengd worden door de insuline- en IGF-receptoren minder gevoelig te maken.

Uit dit onderzoek blijkt ook dat een van de meest geprezen antiverouderingsmiddelen ooit, namelijk groeihormoon, níet veroudering tegengaat, maar juist versnelt. Groeihormoon zorgt er immers voor dat meer IGF afgegeven wordt, wat veroudering versnelt. Elke arts die een beetje op de hoogte is van onderzoek naar veroudering weet dat groeihormoon ongezond is. Google echter eens op 'groeihormoon' en meteen krijg je honderdduizenden sites die dit hormoon aanprijzen als een wondermiddel tegen veroudering. Dit toont eens te meer aan hoe verwrongen gezondheidsadvies kan zijn. De negatieve rol van groeihormoon in het verouderingsproces verklaart ook waarom de levensduur van kleinere dieren gemiddeld langer is dan die van grotere dieren (binnen dezelfde soort natuurlijk). Kleinere honden leven gemiddeld langer dan grotere honden, en ook kleinere mensen leven gemiddeld langer dan grotere personen.[9] Dit omdat kleine dieren gemiddeld aan minder groeihormoon werden blootgesteld (waardoor ze ook minder groeien en dus kleiner zijn).

Natuurlijk, als iemand groeihormoon inneemt, dan gaat die persoon zich vaak ook beter voelen en er beter uitzien. Hij zal meer spiermassa ontwikkelen, zijn huid zal strakker staan, hij zal zich minder vermoeid voelen, zijn libido kan toenemen enzovoort. Maar hij verhoogt tevens zijn kans op versnelde veroudering, kanker, diabetes, spierpijn en vochtophoping.[10] Met groeihormoon zie je er wel beter uit, maar verouder je sneller. Vergelijk het met een wagen. Groeihormoon zorgt ervoor dat de motor in een oud Kevertje vervangen wordt door een Ferrari-motor die op volle toeren draait, en de hele wagen sneller doet verslijten en uiteindelijk in de vernieling rijdt.

Wetenschappelijke studies vertellen ons dat hoe sneller of meer iemand groeit, hoe sneller die persoon veroudert. Dat is ergens logisch. Groeihormoonachtige stoffen zoals IGF zorgen ervoor dat het metabolisme krachtiger draait, waardoor het lichaam ook sneller verslijt. Maar wat misschien minder voor de hand lag, is dat suiker daar een belangrijke rol in speelt. Wanneer iemand suikerrijke producten eet, laten we zeggen een goede Brusselse wafel, dan stijgt het IGF, wat maakt dat die persoon ook sneller veroudert. Vandaar dat hoe meer suiker dr. Kenyon haar wormpjes gaf, hoe sneller ze doodgingen.

Suiker, AGEs en diabetes

Maar activatie van insuline en IGF zijn niet de enige mechanismen waardoor suiker zorgt voor versnelde veroudering. Glucose heeft ook een rechtstreeks effect op onze weefsels, waardoor deze sneller verouderen. Glucosemoleculen hebben immers de neiging om te plakken aan de proteïnen (eiwitten) in ons lichaam, waardoor deze proteïnen ook meer aan elkaar gaan plakken. Proteïnen zijn de bouwstenen van onze weefsels. Spiercellen, maagcellen of huidcellen: ze krijgen allemaal hun specifieke vorm en functie dankzij de proteïnen waaruit ze opgebouwd zijn.

Net zoals suiker op macroschaal in de keuken plakkerig is, is suiker op microscopisch niveau ook plakkerig. In de keuken zorgt suiker ervoor dat onze vingers aan elkaar plakken, in het lichaam maakt suiker dat eiwitten aan elkaar plakken. Wetenschappelijker gezegd vormt glucose *crosslinks*, verbindingen, tussen eiwitten. Crosslinks zijn dus verbindingen bestaande uit glucose die zich vormen tussen twee eiwitten, wat maakt dat de afzonderlijke eiwitten dus meer aan elkaar kleven. Als deze eiwitten een bepaald weefsel opbouwen, dan wordt dit weefsel 'stijver'. Zo zorgen deze suikerverbindin-

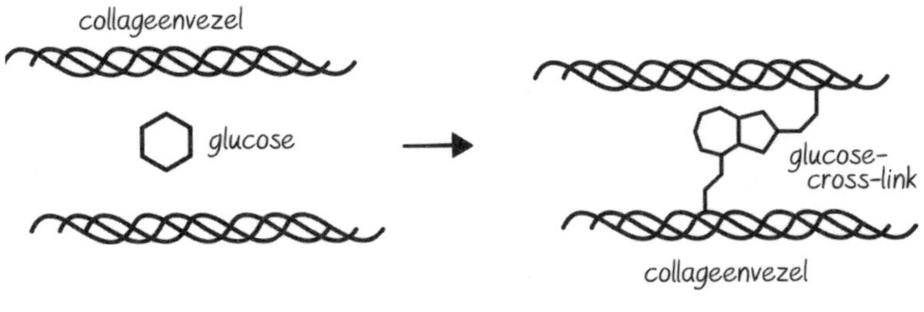

Glucose (suiker) gaat kleven aan eiwitten en vormt zo verbindingen ('crosslinks') tussen verschillende eiwitstrengen, zodat weefsels meer stijf of rimpelig worden. *Bron: Johan Svantesson Sjöberg*

gen tussen bijvoorbeeld de collageeneiwitten in onze huid ervoor dat de huid minder soepel wordt, waardoor we rimpels krijgen. Vandaar dat mensen die gedurende enkele weken een laag-suikerdieet volgen ook een minder rimpelige huid hebben.[11] Wanneer er suikerverbindingen gevormd worden tussen de collageen en elastine-eiwitten waaruit onze bloedvatwanden opgebouwd zijn, dan worden de bloedvaten stijver. Hierdoor stijgt onze bloeddruk, een veelvoorkomend verschijnsel bij het ouder worden. Stijvere bloedvaten hebben meer kans om te scheuren. Wanneer dit gebeurt in de hersenen spreken artsen van een hersenbloeding of een beroerte, nog zo'n ziekte waar oudere mensen mee te kampen krijgen.

Deze suiker-crosslinks worden overal in het lichaam gevormd: tussen de proteïnen in onze nieren, zodat onze nierfunctie langzaam maar zeker achteruitgaat bij het ouder worden. De suikerverbindingen zetten zich af op de wanden van onze lichaamscellen waardoor ons immuunsysteem onze eigen cellen minder goed kan herkennen en deze meer als lichaamsvreemd en vijandig gaat beschouwen, met een verhoogde kans op auto-immuunziekten zoals reuma als gevolg. Suikerverbindingen worden gevormd in de cellen waaruit het hoornvlies in onze ogen is opgebouwd, waardoor de eiwitten daar gaan samenklitten en staar (cataract) ontstaat. Enzovoort. Nierproblemen, reuma, staar, maar ook rimpels, een hoge bloeddruk en beroertes zijn niet toevallig allemaal verouderingsverschijnselen.

Wat voor een ravage suiker kan aanrichten in het lichaam valt duidelijk te zien bij personen die diabetes (suikerziekte) hebben. Bij diabetici is het glucosegehalte in het bloed te hoog, zeker na de maaltijden. Diabetici hebben daarom te kampen met tal van 'versuikeringsziekten', die tevens ook veelvoorkomende verouderingsziekten zijn, zoals een sterk verhoogde kans op hart- en vaatziekten, achteruitgang van het zicht, nierproblemen, erectiestoornissen, polyneuropathie (veralgemeende zenuwpijnen), een tragere maaglediging en een verminderde darmwerking omdat de zenuwen die deze organen besturen door de suiker beschadigd raken. Diabetes is de belangrijkste oorzaak van blindheid, amputaties en nierfalen en niertransplantaties in het Westen. De amputaties zijn soms nodig omdat bij diabetici wonden minder goed genezen, vooral ter hoogte van de voeten (omdat de suiker de bloedvaten beschadigt, waardoor de voeten minder goed doorbloed worden). Deze wonden kunnen ook gemakkelijker ontsteken omdat de versuikerde witte bloedcellen minder goed bacteriën kunnen bestrijden, met alle gevolgen van dien.

Personen met suikerziekte hebben een vijf keer hoger risico op hart- en vaatziekten. Dit komt omdat de suiker in het bloed aan de circulerende cholesterolpartikels plakt. Hierdoor gaat de cholesterol gemakkelijker kleven aan de wanden van de bloedvaten, waardoor zich cholesterol*plaques* opbouwen die zodanig verder groeien dat ze het hele bloedvat verstoppen. Als dit gebeurt in een grote slagader in het hart, dan spreekt men van een hartaanval. Als een slagader in de hersenen zo verstopt raakt, dan krijgt men een beroerte. Bovendien gaan ook suikermoleculen plakken op de stollingseiwitten die continu in onze bloedbaan circuleren. Hierdoor worden deze stollingseiwitten ook plakkeriger, gaan ze sneller aan elkaar kleven en sneller de stollingscascade in werking zetten, stolt het bloed gemakkelijker en slibben bloedvaten sneller dicht. Kortom, het teveel aan glucose in de bloedbaan verklaart waarom zomaar eventjes 80 procent van personen met diabetes sterft aan hart- en bloedvataandoeningen.

Diabetes wordt dus niet voor niets door artsen een versnelde verouderingsziekte genoemd. Deze ziekte illustreert op een dramatische manier de invloed die suiker heeft op het lichaam, van verhoogde rimpelvorming tot nierfalen en hartaanvallen.

Suiker en kanker

Buiten het versnellen van het verouderingsproces speelt suiker ook een belangrijke rol bij kanker.

Onderzoek toont aan dat personen die veel suikerrijk voedsel eten meer kans op kanker hebben. Hoe is dit mogelijk? Ook hier speelt IGF weer een belangrijke rol. Bij het eten van een suikerrijke maaltijd stijgt het glucosegehalte in het bloed. Hierop scheidt het lichaam insuline en IGF af. Zoals eerder werd gezegd doet IGF de weefsels groeien. Dat is nu precies wat kanker graag doet: groeien. Kanker ontstaat wanneer bepaalde cellen te snel en ongecontroleerd groeien. Wat eerst één kankercel was, worden er miljarden, die samen gezwellen of tumoren vormen. Stoffen zoals IGF doen cellen sneller groeien, waardoor ze meer kans lopen te ontsporen in kanker. IGF is dus een kankerbevorderende stof. Onderzoek toont dit ook aan. Vrouwen met hoge concentraties IGF in het bloed hebben zevenmaal meer kans om borstkanker te krijgen dan vrouwen met een lage IGF.[12] Mannen die veel IGF afscheiden hebben negen keer meer kans op prostaatkanker.[13, 14]

Ook experimenten met dieren tonen dergelijke resultaten. Een bekend experiment was het volgende. Muizen werden ingespoten met een bepaalde hoeveelheid kankercellen. De onderzoekers verdeelden de muizen vervolgens in twee groepen. Eén groep kreeg veel suiker toegediend, de andere groep weinig suikerrijk voedsel. Na twee maand was 66 procent van de muizen die veel suiker aten overleden, terwijl slechts 5 procent van de muizen die weinig suiker aten waren overleden.[15] De muizen die weinig suiker aten, hadden dus tegen het einde van de studie dertien keer minder kans om te sterven.

Het verband tussen IGF en kanker verklaart ook waarom personen met dwerggroei bijna nooit kanker krijgen. Omdat ze zo klein zijn scheiden ze minder IGF en groeihormoon af, zodat hun kans op kanker bijna nul is.[16] Het omgekeerde geldt ook: grotere mensen hebben meer kans op kanker. Een onderzoek dat in *The Lancet* verscheen, toonde aan dat voor elke tien centimeter dat iemand groter is (beginnende vanaf 1,52 meter) de kans op kanker met 16 procent verhoogde.[17] En uiteraard verhoogt het erg gehypete anti-aginggroeihormoon de kans op kanker, wat ook in de bijsluiter valt te lezen.

Een verhoogd IGF-gehalte is echter niet de enige reden waarom suiker de groei van kankercellen bevordert. Kankercellen zijn bijzonder afhankelijk van suiker om te groeien. Kankercellen verbruiken veel meer suiker dan een gewone cel. Dit omwille van het *Warburg-effect*, dat eruit bestaat dat kankercellen hun eigen *mitochondriën* uitschakelen. Mitochondriën zijn de energiecentrales van de cel. In deze mitochondriën worden suikers en vetten verbrand en energiemoleculen zoals ATP gecreëerd die allerlei eiwitten in de cel in gang zetten, en zo nagenoeg alle processen in de cellen onderhouden. Maar de mitochondriën creëren ook *vrije radicalen*, zeer reactieve stoffen die allerlei celonderdelen beschadigen. De mitochondriën in kankercellen creëren extra veel vrije radicalen, omdat de mitochondriën door de kankercellen niet goed onderhouden worden. Kankercellen besteden immers al hun aandacht en energie aan groeien en delen, en schenken veel minder aandacht aan het onderhoud van hun mitochondriën. Kankercellen hangen als het ware met haken en ogen aan elkaar en zo ook hun mitochondriën, die daarom veel vrije radicalen produceren. Kankercellen hebben daar een oplossing voor gevonden: ze schakelen hun defecte mitochondriën gewoon uit, net zoals je een defecte broodrooster ook niet meer wilt gebruiken wegens brandgevaar. Maar waar moeten kankercellen dan hun energie vandaan halen? Deze cellen kunnen hun suikers immers niet meer verbranden in de mitochondriën, en gaan dat dus buiten de mitochondriën doen, via een andere weg: *glycolyse*. Via glycolyse worden suikermoleculen ook omgezet in energie. Dit proces is echter veel minder efficiënt dan wanneer de suiker verbrand wordt in de mitochondriën. Dat wil zeggen dat per suikermolecule die in de glycolyse-*pathway* terechtkomt er veel minder energie uit geperst kan worden dan wanneer de suikermolecule in de mitochondriën verwerkt wordt. Het gevolg is dat kankercellen zeer veel suiker moeten consumeren om toch te kunnen blijven voortbestaan. Kankercellen zijn dus dol op suiker.

PET-scanners maken gebruik van dit gegeven om kankers in het lichaam op te sporen. Patiënten worden ingespoten met suikermoleculen met een licht radioactieve merker, voordat ze in de scanner worden gelegd. Via de scanner, die de radioactiviteit van de gemerkte suikermoleculen meet, kan gevolgd worden waar de suiker in het lichaam naartoe gaat en waar deze zich ophoopt. De weefsels die het meeste suiker verbruiken lichten dan op en dat is – als de patiënt pech heeft – een kankergezwel.

Omdat suiker een belangrijke rol speelt bij het ontstaan en onderhouden van kanker, zijn wetenschappers bezig medicijnen tegen kanker te ontwikkelen die het suikermetabolisme afremmen. Deze stoffen remmen bijvoorbeeld de zojuist besproken glycolyseverbranding af,[18] zodat in de eerste plaats vooral de kankercellen getroffen worden.

Nog een andere reden waarom suiker de kans op kanker verhoogt is dat suiker het immuunsysteem onderdrukt. Elke dag worden er in het lichaam duizenden kankercellen gevormd. De meeste van deze kankercellen worden door het immuunsysteem opgeruimd, maar als het lot je niet gunstig gezind is dan kan een kankercel overblijven en na vele jaren uitgroeien tot een kanker. Het immuunsysteem, en vooral de witte bloedcellen die de soldaten van het immuunsysteem zijn, speelt een uiterst belangrijke rol in het voorkomen van kanker. Suikermoleculen plakken echter aan de witte bloedcellen, waardoor deze minder goed hun functie kunnen uitoefenen. Deze onderdrukking van het immuunsysteem verhindert trouwens niet alleen het bestrijden van kankercellen, maar ook van bacteriën. Een normale glucosespiegel bedraagt tussen de 75 en 110 milligram per deciliter bloed. Wanneer de glucosespiegel stijgt tot boven de 120 mg/dl dan zijn witte bloedcellen de helft minder goed in het bestrijden van bacteriën.[15] Ander onderzoek toont aan dat mensen met een hoge suikerspiegel (rond de 190 mg/dl) dubbel zoveel kans hebben om te overlijden aan een bloedvergiftiging dan diegenen van wie de suikerspiegel laag is (100 mg/dl).[19] Een bloedvergiftiging wordt veroorzaakt door bacteriën en de toxines die bacteriën afscheiden en is een gevreesde complicatie in ziekenhuizen.

SAMENVATTING

Proefdieren en mensen **verouderen sneller** en hebben een hoger risico op **kanker** als ze veel **glucose** innemen:

- glucose **activeert IGF**, dat zorgt voor snellere groei en zo snellere veroudering en tevens voor een hogere kans op kanker omdat IGF de groei van cellen bevordert;
- glucose is de belangrijkste **brandstof voor kankercellen;**
- glucose creëert **verbindingen tussen eiwitten** en zorgt zo voor verouderingssymptomen zoals:
  - rimpels;
  - stijvere bloedvaten (en een verhoogde bloeddruk);
  - staar;
  - toegenomen stolbaarheid van het bloed;
  - schade aan zenuwen;

- gedaalde nierfunctie;
- een minder goed functionerend immuunsysteem;
- ...

Dit zijn allemaal symptomen die ook voorkomen bij **diabetes**, een 'versnelde verouderingsziekte' genoemd waarbij verhoogde suikerspiegels voorkomen, vooral na de maaltijd.

Bovenstaande inzichten verklaren ook waarom:
- personen met **veel IGF** in het bloed verschillende malen meer kans hebben op kanker;
- proefdieren die **veel suiker** nuttigen sneller sterven aan kanker;
- personen met **dwerggroei** bijna nooit kanker krijgen;
- hoe **groter** iemand is, hoe meer kans hij heeft op kanker;
- **groeihormoon** zorgt voor versnelde veroudering en een groter risico op kanker en diabetes;
- proefdieren veel langer kunnen leven door **genen** te wijzigen die een rol spelen in het insuline- en IGF-metabolisme;
- kleinere dieren en mensen langer leven dan grotere.

Over brood, aardappelen, pasta en rijst

Suiker speelt een belangrijke rol in onze gezondheid. Niet zozeer omdat suiker zorgt voor gaatjes in onze tanden, als wel omdat het veroudering versnelt en de groei van kanker bevordert. Het is belangrijk om de hoeveelheid suiker in ons dieet te beperken, maar ook niet te veel, zoals bij het befaamde Atkins-dieet het geval is. In dit dieet wordt het gebruik van koolhydraten afgeraden, maar dit zorgt er ironisch voor dat er nog toxischere suikerproducten gevormd worden. We hebben suiker net zoals zuurstof nodig. Als we dus suikerproducten nuttigen, is het van belang om producten te nuttigen die traag hun suikers afgeven aan de bloedbaan, zodat hoge suiker-, insuline- en IGF-pieken worden vermeden. Producten die lage suikerpieken veroorzaken zijn producten met een *laag-glycemische index* (zoals we verder zullen zien). Zo heeft volkorenbrood een veel lagere glycemische index dan witbrood omdat het minder sterke suikerpieken in het bloed veroorzaakt.

Ik kom terug op het interview met professor Kenyon. Op een gegeven moment zegt Kenyon dat ze geen desserts of zoetigheden meer eet. Dat is ergens logisch, omdat deze vol met suiker zitten. Ze eet echter ook geen brood, aardappelen, rijst of pasta meer. Deze laatste vier ingrediënten bevatten immers ook suiker, in de vorm van zetmeel. Het zijn weliswaar trage suikers, dus ze zijn al gezonder dan de snelle suikers in een wafel of een taartje, maar het zijn en blijven suikers.

Nu ben ik op een belangrijk punt beland: als je op een spectaculaire manier gewicht wilt verliezen en heel gezond wilt leven, dat moet je geen brood, aardappelen, rijst of pasta meer eten. De gevolgen hiervan zijn indrukwekkend; het is zo zelfs mogelijk om van type-2-diabetes te 'genezen'. Type-2-diabetes, ook wel ouderdomsdiabetes genoemd, is de meest voorkomende vorm van diabetes. Deze ziekte ontstaat in de eerste plaats door overgewicht en ouderdom. Vooral overgewicht zorgt ervoor dat de cellen in het lichaam minder gevoelig worden voor insuline. Ze worden *insulineresistent*, zoals artsen het noemen. Hierdoor wordt de suiker in het bloed minder opgenomen door de lever-, spier- en vetcellen, die normaal de suiker in grote hoeveelheden opnemen en opslaan. Hierdoor blijft de suiker circuleren in de bloedbaan en beschadigt deze zenuwcellen, oogcellen, niercellen, de wanden van de bloedvaten enzovoort. Type-1-diabetes daarentegen is een heel andere ziekte. Type-1-diabetes is veel zeldzamer dan type 2 en komt vooral voor bij jonge en dunne mensen. Deze ziekte ontstaat omdat het immuunsysteem de lichaamseigen bètacellen in de alvleesklier aanvalt. De bètacellen produceren insuline. Hierdoor kunnen personen met type-1-diabetes geen eigen insuline aanmaken. Wanneer ze een maaltijd eten, dan blijft de suiker in de bloedbaan rondhangen omdat er geen insuline is om de poorten van de cellen open te zetten zodat de suikers opgeslagen kunnen worden.

Het is de type-2-diabetes die het Westen en veel opkomende ontwikkelingslanden plaagt. En dit vooral door slechte voedingsgewoontes, zoals te veel suikers. Er zijn mensen die beweren dat suiker eten geen diabetes veroorzaakt. Dat is natuurlijk zowel waar als onwaar. Een magere persoon die suiker eet zal geen diabetes ontwikkelen. Maar als hij continu veel suiker eet en daardoor dik wordt, dan kan hij wel diabetes ontwikkelen omdat overgewicht de belangrijkste risicofactor voor type-2-diabetes is. Dus op lange termijn zijn suikers gevaarlijk om type-2-diabetes te ontwikkelen.

Veel mensen denken dat die 'dikmakende' suikers vooral afkomstig zijn van koeken, taart, frisdranken en cake, maar ze zien de belangrijkste bron van dagelijkse suikers over het hoofd, een bron die de meeste mensen twee- of driemaal per dag nuttigen – en dit in grote hoeveelheden, namelijk via brood, aardappelen, pasta en rijst. Door deze producten dus niet meer te eten verlies je niet enkel spectaculair gewicht, maar vertraag je het verouderingsproces en kun je zelfs van type-2-diabetes 'genezen'.

Ik heb als arts altijd geleerd dat diabetes type 2 een chronische ziekte was: eenmaal diabetes, altijd diabetes. En dat mensen, wanneer ze beginnen insuline te spuiten, voor altijd moeten blijven spuiten. Groot was mijn verbazing toen ik de eerste rapporten las van diabetespatiënten die geen brood, aardappelen, pasta en rijst meer aten en aanzienlijk vermagerden. Na enkele weken waren ze niet alleen spectaculair afgevallen, ze moesten bovendien geen insuline meer spuiten.

Van alle diëten die deze diabetespatiënten hadden geprobeerd, was dit het enige dieet dat een dergelijk verregaand effect had. Gelijksoortige resultaten heb ik gezien bij eigen diabetespatiënten. De eerste was een oom van me, toen ik nog student geneeskunde was. Ik raadde hem aan brood, aardappelen, pasta en rijst te laten vallen. Hij spoot zich al vele jaren drie keer per dag in met insuline en ondanks talloze verwoede dieetpogingen bleef zijn gewicht maar toenemen, evenals zijn bloeddruk en oogproblemen. Uiteraard moest hij steeds meer insuline spuiten. Maar door geen brood, pasta, rijst en aardappelen meer te eten, verloor hij niet alleen spectaculair veel gewicht, na enkele weken moest hij geen insuline meer gebruiken: zijn bloedsuikerspiegels bleven normaal.

Dat patiënten door dit dieet hun insulinegebruik drastisch kunnen afbouwen, is bijzonder interessant. Hoewel ze niet zonder kunnen, is insuline immers een tweesnijdend zwaard voor diabetici. Insuline heeft net zoals IGF een groeihormoonachtige werking. Insuline zorgt ervoor dat lichaamsweefsels meer groeien en dat geldt vooral voor het vetweefsel. Inderdaad, insuline zorgt ervoor dat mensen dikker worden. Maar overgewicht is net de grootste risicofactor voor type-2-diabetes. Kortom, elke diabetespatiënt die insuline spuit zit in een vicieuze cirkel: door de insuline wordt hij dikker, zodat hij nog meer last krijgt van zijn diabetes zodat hij nog meer insuline moet spuiten en nog dikker wordt. Enzovoort. Onderzoek toont dit ook aan: insuline spuiten draait de klok terug voor een paar jaar, maar uiteindelijk krijgen patiënten steeds meer last van hun diabetes. Op grafieken is dat mooi te zien onder de vorm van twee evenwijdige rechten: de diabetes neemt even snel toe bij diegenen die wel of geen insuline spuiten, alleen ligt de rechte van de insulinepatiënten wat lager op de grafiek omdat ze de klok even terugdraaien. Maar ondertussen blijft de klok wel even hard doortikken.[20]

Het niet meer (of heel weinig) eten van brood, aardappelen, rijst of pasta is een voedingspatroon dat nog niet algemeen bekend is. Maar al tijdens mijn stage als geneeskundestudent kwam ik patiënten tegen die een sterk gelijkend dieet hadden ontdekt. Ze waren in de minderheid, maar ze waren bijzonder tevreden over hun gewichtsverlies en hun sterk verbeterde gezondheid. Gezien de schade die suiker op het lichaam kan aanrichten, is dat niet verwonderlijk.

Deze voedingswijze is dus nog niet overal bekend, ook niet in de geneeskunde. Het standaarddieet in veel ziekenhuizen op de afdeling diabetologie is nog steeds een proteïnerijk dieet (een beetje zoals het Atkins-dieet dus). Op de korte termijn zorgt dit proteïnerijke dieet voor een groot gewichtsverlies, wat bij een kortdurende ziekenhuisopname een wenselijk resultaat geeft. De keerzijde is echter dat het een ongezond dieet is, dat patiënten bovendien niet op lange termijn kunnen volhouden. In plaats van het volgen van een proteïnerijk dieet zou patiënten geleerd moeten worden brood en aardappelen door andere voedingsmiddelen te vervangen. Deze voedingswijze kan bovendien – in tegenstelling tot het proteïnedieet – levenslang gevolgd worden en kan ervoor zorgen dat vele patiënten zelfs geen insuline meer moeten spuiten. Het is een voedingswijze waarvan wetenschappelijk onderzoek aantoont dat het zelfs bij gezonde organismen de levensduur verlengt.

Sommigen zullen zich misschien afvragen of het laten staan van brood, aardappelen, pasta en rijst geen *ketogeen* dieet is. Een ketogeen dieet is een dieet dat ervoor zorgt dat het lichaam *ketonen* gaat aanmaken. Ketonen zijn stoffen die het lichaam produceert wanneer het te weinig suikers binnenkrijgt via de voeding. De hersenen, die veel suiker nodig hebben om te kunnen functioneren, gaan dan de ketonen gebruiken als voornaamste voedingsbron. Ook het Atkins-dieet is een soort van ketogeen dieet, omdat in dit dieet koolhydraten nagenoeg verboden zijn, zeker in de beginfase.

Maar het voedingspatroon beschreven in de voedselzandloper is geen ketogeen dieet. Producten als brood, aardappelen, pasta of rijst worden inderdaad afgeraden. Maar fruit, zelfgeperste vruchtensappen en zetmeelrijke producten zoals bonen of erwten of sommige groente daarentegen niet. Via deze bronnen krijg je nog tal van suikers binnen – op een veel gezondere manier, zoals we verder zullen zien.

Ik hoor u al denken: geen brood, aardappelen, pasta of rijst meer. Wat moet ik dan nog eten? Zetmeelproducten vormen immers de basis van bijna al onze gerechten. Geen brood meer? Geen aardappelen meer bij een warme maaltijd? Onmogelijk! Maar toch, in veel andere culturen dan in het Westen worden veel minder zetmeelproducten genuttigd. Bovendien zijn brood, aardappelen, pasta en rijst een zeer recente uitvinding. Ze worden nog sinds maar een paar duizend jaar genuttigd. In de 180.000 jaar ervoor moest de mens het zonder brood, aardappelen, rijst of pasta doen. De aardappel, vandaag het hoofdbestanddeel van nagenoeg elke warme maaltijd, werd zelfs pas halverwege de zestiende eeuw in Europa geïntroduceerd. Onze lichamen zijn met andere woorden evolutionair gebouwd om het zonder deze 'hedendaagse' zetmeelproducten te doen. Dat neemt echter niet weg dat u zich wellicht afvraagt wat je dan nog wel kunt eten nu deze producten wegvallen. We gaan verderop in dit boek nog uitgebreid op deze vraag in. Het volstaat nu om te zeggen dat je tijdens het ontbijt geen brood meer eet, maar dit vervangt door havermoutpap met bijvoorbeeld een kom aardbeien, blauwe bessen, een peer, gedroogd fruit, walnoten of een stukje zwarte chocolade.

Heerlijk! En bijzonder gezond. Ik stel één uitzondering voor op de 'geen zetmeel-regel' en dat is havermoutpap. Havermoutpap is gemaakt van havermout, een graan dus, en melk. Van belang is om plantaardige melk te gebruiken, zoals sojamelk. Deze havermoutpap kan aldus dienen als vervanger van het brood 's morgens. Voor warme maaltijden kunnen de aardappelen, pasta of rijst vervangen worden door een extra portie gekookte of gestoomde groente, of door erwten, bonen of paddenstoelen. Er bestaan onnoemelijk veel gerechten om heerlijke maaltijden te maken zonder aardappelen of pasta. Zowel de oermens als de Europeanen van begin zestiende eeuw als professor Cynthia Kenyon konden het. U ook.

In dit boek komt ook nog ter sprake hoe we suiker zelf kunnen vervangen door gezondere alternatieven. Wie de voedselzandloper al grondig bestudeerd heeft, heeft gezien dat suiker vervangen kan worden door stevia of agavenectar. Kortom, er bestaan tal van alternatieven voor het teveel aan suiker dat we vandaag de dag consumeren.

Voordat we die echter bekijken, moeten we aandacht besteden aan proteïnen en vetten.

Principe 2: Kijk uit met proteïnen (en proteïnerijke diëten)

Proteïnen zijn naast suikers en vetten de derde vorm van calorieën. Een andere naam voor proteïnen is 'eiwitten'. Proteïnen zijn fascinerende structuurtjes. Ze voeren nagenoeg alle functies in de cel uit en ze vormen de bouwstoffen van onze weefsels. Proteïnen zijn zowel de werkpaarden als de bouwstenen van de cel. Proteïnen zijn eigenlijk piepkleine klontertjes van enkele honderden tot vele tienduizenden atomen, meestal tien nanometer in doorsnede (een nanometer is een miljoenste van een millimeter).

Alle proteïnen zijn opgebouwd uit aminozuren, de bouwstenen van de proteïnen. Net zoals bij suikers rijgen aminozuren zich aan elkaar tot lange strengen. Een aminozuurketting heet een proteïne of eiwit. Zo'n lange streng vouwt zich op een bepaalde manier op en krijgt hierdoor een specifieke vorm.

De basisstructuur van elk aminozuur bestaat uit negen atomen die altijd op dezelfde manier gerangschikt zijn (zie afbeelding).

De R-groep bestaat telkens uit een bepaalde groep van atomen. Die groep bepaalt het type aminozuur. In het lichaam komen 20 verschillende aminozuren voor en dus 20 soorten R-groepen. Een R-groep kan uit 1 atoom bestaan, zoals waterstof (H). Dan heet het aminozuur glycine. Een R-groep kan ook uit een twintigtal atomen bestaan, zoals *tryptofaan*, het

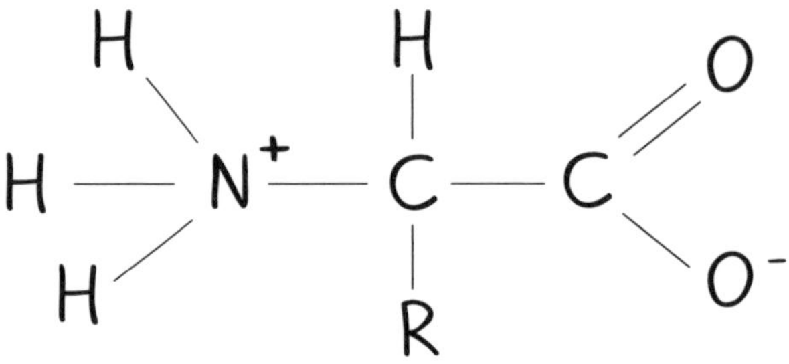

De basisstructuur van een aminozuur, de bouwsteen van alle proteïnen in ons lichaam. De H staat voor een waterstofatoom; de C voor een koolstofatoom; de O voor een zuurstofatoom; de N voor een stikstofatoom.

grootste aminozuur. Hieronder zie je de twintig verschillende aminozuren die kunnen voorkomen in het lichaam en die al onze eiwitten opbouwen.

De volgorde waarin aminozuren aan elkaar worden geregen bepaalt het soort eiwit. Het ene eiwit bestaat bijvoorbeeld uit glycine-arginine-tryptofaan-..., het andere eiwit begint met tryptofaan-tryptofaan-arginine-... enzovoort. Uiteraard kun je zo gigantisch veel combinaties krijgen. Met drie aminozuren kun je 27 verschillende soorten ketens vormen, met tien aminozuren heb je al tien miljard mogelijke combinaties.

Met de 20 bovenstaande soorten aminozuren worden de ongeveer 100.000 verschillende soorten eiwitten in ons lichaam opgebouwd. Sommige eiwitten zijn maar opgebouwd uit enkele tientallen aminozuren, zoals insuline, dat een ketting is van 51 aminozuren. Andere eiwitten zijn gigantisch, zoals *titine*, dat uit 30.000 aminozuren bestaat en een belangrijk spiereiwit is.

De volgorde en soort van aminozuren bepaalt de vorm van het eiwit. Sommige atomen in de aminozuren zijn positief of negatief geladen; hierdoor trekken bepaalde aminozuren el-

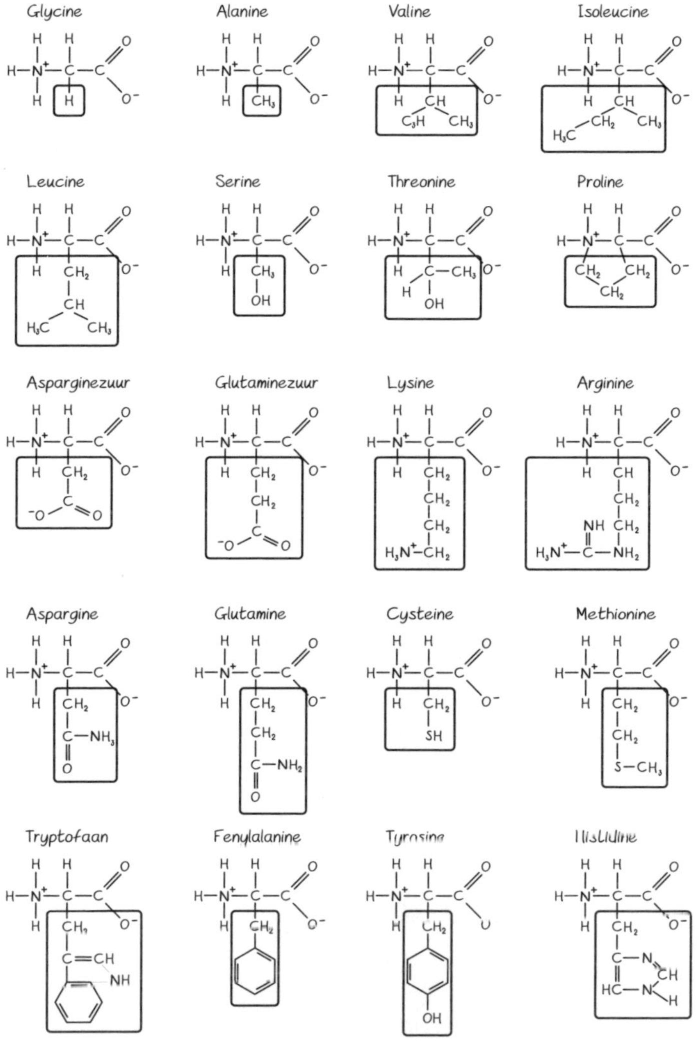

De 20 verschillende soorten aminozuren die in het lichaam voorkomen en onze eiwitten opbouwen. De R-groepen, die het type aminozuur bepalen, zijn omkaderd.
Legenda: waterstofatoom (H), koolstofatoom (C), zuurstofatoom (O), stikstofatoom (N), zwavelatoom (S).
Opgelet: op de hoekpunten van de zeshoeken bevindt zich ook telkens een koolstofatoom (dit atoom wordt niet weergegeven volgens de standaard wetenschappelijke notatie).

kaar aan of stoten ze elkaar af. De sliert aminozuren zal zich dan op zichzelf beginnen te vouwen en een bepaalde vorm krijgen. Elke soort eiwit heeft hierdoor zijn eigen specifieke vorm en die vorm bepaalt de functie van het eiwit. Sommige eiwitten zien er op moleculair niveau uit als een holle cilinder. Ze kunnen dus dienen als 'poort' of 'deur' in de wand van onze cellen:

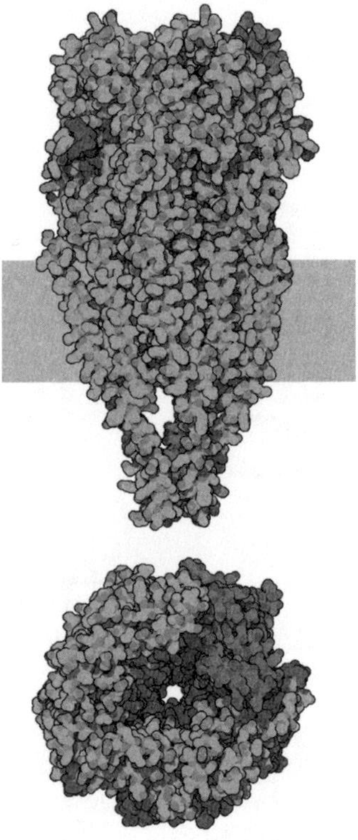

Dit kanaaleiwit laat bepaalde geladen atomen, zoals natrium, door zodat ze van buiten de cel naar binnen kunnen. Elk bolletje stelt een atoom voor. *Bron: David S. Goodsell,* RCSB *Protein Data Bank*

Er zijn ook eiwitten die eruitzien als een korfje. Ze kunnen dienen als opslagplaats voor metalen, zoals ijzer:

Een ferritine-eiwit is een soort ronde bal, waarin ijzeratomen opgeslagen worden. Elk bolletje is een atoom. Ferritine is een soort korf waarin ijzer opgeslagen wordt. *Bron: David S. Goodsell, RCSB Protein Data Bank*

Andere eiwitten zijn lange strengen die korter kunnen worden: dit maakt het mogelijk dat onze spiercellen zich samentrekken en we met onze arm kunnen zwaaien. Nog andere eiwitten zorgen voor de opbouw van onze weefsels, zoals collageen. Collageen zijn lange eiwitstrengen die zich tussen onze cellen bevinden, zoals de huidcellen. Ongeveer een kwart van alle eiwitten in het lichaam zijn collageeneiwitten.

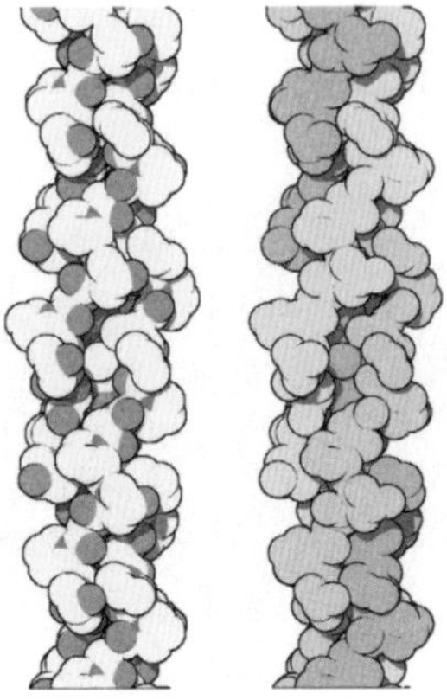

Twee collageeneiwitten. Elk bolletje stelt een atoom voor. *Bron: David S. Goodsell, RCSB Protein Data Bank*

Dan is er nog één ding dat belangrijk is om te weten, en dat is hoe het lichaam proteïnen verteert en opneemt. Dit gebeurt op dezelfde manier als met de suikers, namelijk door de ketens in stukken te hakken. Wanneer we proteïnen eten, dan worden deze door spijsverteringsenzymen in stukjes gehakt totdat er enkel nog losse aminozuren overblijven. De aminozuren worden door de darmcellen opgenomen en aan de bloedbaan afgegeven en zo getransporteerd naar de cellen in ons lichaam. Die nemen de aminozuren op en rijgen ze terug aan elkaar tot de benodigde eiwitten. De darm kan dus enkel aparte aminozuren opnemen.

Proteïnen zijn de bouwstenen en werkpaarden van het lichaam. Onze cellen bevatten allemaal een 'skelet' dat bestaat uit lange strengen proteïnen. Onze spiercellen zitten vol lange evenwijdige ketens van proteïnen die samentrekken zodat onze spieren kunnen samentrekken en we kunnen lachen, dansen of applaudisseren. Alle functies in het lichaam worden uitgevoerd door proteïnen: ze zijn de poorten in onze celwanden, de opslagplaatsen van de cel, de enzymen die stoffen afbreken of juist nieuwe stoffen aanmaken.

Vooral vlees (spieren dus) bestaat uit proteïnen. Vandaar dat bodybuilders ook proteïnedrankjes of aminozuurshakes drinken, zodat ze veel grondstoffen (aminozuren) opnemen om volop proteïnen in het lichaam te produceren en zo sterkere en grotere spieren te ontwikkelen.

Het lijkt misschien op het eerste zicht gezond om veel proteïnerijke maaltijden te eten, vooral als je er sterk of stevig wilt uitzien. Maar dat is niet het geval: te veel proteïnen zijn niet gezond. En hoe meer proteïnen of aminozuren je eet, hoe sneller je veroudert.

Fruitvliegjes die veel aminozuren krijgen toegediend leven minder lang,[21] vooral als dit de essentiële aminozuren betreft, de meest broodnodige aminozuren dus die het lichaam niet zelf kan maken. Muizen die op een proteïnearm dieet gezet worden, worden minder snel oud en leven langer. Maar waarom zou dat zo zijn?

Proteïnen betekenen groei. Zoals we al eerder gezien hebben, betekent groei veroudering. Immers, al de proteïnen die aangemaakt worden, raken na verloop van tijd beschadigd. Er gaan suikermoleculen aan kleven, of vrije radicalen beschadigen of 'oxideren' de proteïnen, zodat ze van structuur veranderen en minder goed hun functie kunnen uitvoeren. Deze 'oude' beschadigde proteïnen moeten door de cel afgebroken worden. Maar dat lukt niet altijd. Sommige versleten proteïnen klitten aan elkaar en kunnen niet meer afgebroken worden. De opstapeling van proteïnen in het lichaam vormt uiteindelijke onze ondergang. Veel verouderingsziekten zijn in essentie ziekten waarbij samengeklitte proteïnen in en rond de cel rondhangen en deze cel verstikken zodat deze uiteindelijk bezwijkt. Een standaardvoorbeeld is de ziekte van Alzheimer. Bij deze ziekte klitten eiwitten binnen in de cel en buiten de cel samen, zodat de hersencellen zodanig verstopt en verstikt geraken dat ze afsterven. Een andere verouderingsziekte is *amyloïdose*. Dit is de ziekte waar 100-plussers aan bezwijken, zelfs nadat ze kanker en hart- en vaatziekten overleefd hebben.

Amyloïdose ontstaat omdat proteïnen in en rond organen en bloedvaten neerslaan zodat deze broos en zwak worden zodat ze uiteindelijk bezwijken.

Te veel proteïnen is dus ongezond. Een experiment dat aantoont hoe ongezond, is een studie die in *Nature* verscheen waarin ratten verschillende diëten kregen toegediend met een oplopende hoeveelheid proteïnen. De ene groep ratten kreeg een dieet dat 10 procent proteïnen bevatte, de andere groep voedsel dat 22 procent eiwitten bevatte en de derde groep kreeg een dieet dat voor 51 procent uit proteïnen bestond. De ratten die het dieet van 51 procent proteïnen nuttigden, hadden vier keer meer kans op hartziekten en dubbel zoveel kans op nierziekten en prostaatproblemen.[22] Vooral de nieren zijn kwetsbaar voor proteïnen. Proteïnen worden immers in het lichaam afgebroken tot aminozuren en deze worden afgebroken tot stikstofverbindingen die uitgescheiden worden door de nieren. Dit belast de nieren behoorlijk, vandaar dat nierpatiënten vaak op proteïnearme diëten worden gezet.

Ziekte	**Percentage proteïne in het dieet**			**Vrije keuze van proteïne-inname**
	10	**22**	**51**	
Hartziekte	11	42	48	67
Nierziekte	38	56	73	90
Kanker	26	29	28	62
Prostaatziekte	5	10	12	62
Totaal	**80**	**137**	**161**	**281**

Bron: Dietary preference and diseases of age. Nature, *1974*

Interessant aan dit onderzoek is ook dat er nog een vierde groep ratten was. Zij werden niet op een dieet gezet met een strikt percentage proteïnen. Ze mochten 'kiezen' hoeveel proteïnen ze naar binnen werkten. De kans op hartziekten, kanker en nierziekten schoot bij deze ratten omhoog. Ook hadden deze ratten dubbel zoveel kanker, bijna drie keer zoveel nierziekte en zes keer meer hartziekten vergeleken met de ratten waarvan het dieet uit slechts 10 procent proteïnen bestond.

Personen die het beroemde proteïnerijke Atkins-dieet volgen, 'weten dus wat ze te wachten staat', om het met de woorden van dr. Roy Walford te zeggen, een expert in voeding en veroudering.[23] Volgens het Atkins-dieet moet je immers veel proteïnerijke maaltijden eten, ter vervanging van de koolhydraten (suikers). Gewicht verliezen deze mensen zeker, maar ook gezondheid. Iets dergelijks gebeurt ook met het populaire paleodieet. Volgens dit dieet moeten we meer eten zoals onze voorouders toen ze nog als holbewoners rondzwierven. Dit dieet houdt in dat je veel vlees eet. Het paleodieet kenmerkt zich door schotels met een gigantisch stuk vlees in het midden met aan de zijkant wat groentjes.

Ik sta volledig achter de redenering van het paleodieet, namelijk dat we vooral moeten eten zoals onze voorouders honderdduizenden jaren aten. De lichamen waarin we vandaag de dag rondlopen zijn immers nog dezelfde als toen. Onze spijsvertering en ons metabolisme zijn door de natuur gemaakt om voeding te verteren zoals deze honderdduizenden jaren lang genuttigd werd. Het probleem met het paleodieet is dat proteïnen onder de vorm van vlees de basis vormen van de paleo-voedseldriehoek. Vlees als basis van een voedseldriehoek! Buiten dat dit bijzonder ongezond is, is er weinig paleo aan het paleodieet, gezien onze voorouders vroeger niet zo veel vlees aten. Het was niet makkelijk om elke dag een mammoet te vellen of een snelle gazelle te vangen of zelfs maar een schichtig konijntje aan het spit te rijgen. Het 'echte' paleodieet bestond vooral uit veel groente, fruit en noten, met wat vlees; een dieet waarop de voedselzandloper gebaseerd is.

We zagen dat ratten, muizen en fruitvliegjes minder lang leven en vatbaarder zijn voor tal van ziekten wanneer ze veel proteïnerijk voedsel eten. Ander onderzoek toont aan dat een teveel aan proteïnen ook niet gezond is voor mensen. Proteïnen vormen een zware belasting voor lever en nieren, zodat personen met nier- en leverfalen op proteïnearme diëten worden gezet. Proteïnen van dierlijke oorsprong verzuren het bloed en verhogen zo de kans op *osteoporose* (botontkalking).[24]

Personen die veel vlees eten, hebben ook een verhoogde kans op kanker. Een studie waaraan 91.000 vrouwen deelnamen, toonde aan dat vrouwen die elke dag vlees eten dubbel zoveel kans hebben op borstkanker vergeleken met vrouwen die minder dan drie keer per week vlees eten.[25] Volgens een studie in het *New England Journal of Medicine* blijkt dat personen die elke dag rundvlees, varkensvlees of lamsvlees eten, tweeënhalf meer kans hadden op darmkanker vergeleken met personen die minder dan één keer per maand vlees eten.[26] Opvallend is ook dat uit interviews met honderdjarigen is gebleken dat deze eeuwelingen vaak weinig vlees aten.[27]

Daarnaast worden proteïnen niet altijd goed afgebroken in de darm, zeker als je grote hoeveelheden inneemt via vlees. Deze onverteerde stukjes proteïne (peptides) dwalen rond in de uithoeken van de darmen en omdat ze willekeurig geknipt werden door onze spijsverteringsenzymen, herkent het immuunsysteem van onze darmen deze stukjes eiwit vaak als vreemd. Hierdoor kan het immuunsysteem overgeactiveerd geraken, zodat we kans lopen op (auto)immuunziekten zoals coeliakie (glutenallergie), astma, eczeem, ontstekingsziekten van de darm enzovoort.[28]

En dan is er nog *rapamycine*, een stof die daadwerkelijk de levensduur kan verlengen door de eiwitproductie in het lichaam af te remmen. Rapamycine zorgde in de zomer van 2009 voor heel wat ophef omdat deze stof de levensduur van muizen daadwerkelijk verlengt. Deze studie verscheen in *Na-*

ture, en niet in een of ander obscuur medisch tijdschrift waarin een onderzoek aantoont dat een antioxidant het leven van een al dan niet zieke muis kan rekken. Volgens deze *Nature*-studie kon de levensduur van (reeds oude!) muizen aanzienlijk verlengd worden, met ongeveer 38 procent voor de vrouwtjesmuizen en 28 procent voor de mannetjes.[29] Rapamycine is dus een van de weinige stoffen die echt de levensduur kon verlengen. Hoe doet rapamycine dat? Rapamycine remt mTOR (mamalian Target of Rapamycin) af, een belangrijk eiwit dat zich in al onze cellen bevindt en dat zorgt voor de aanmaak van proteïnes. mTOR activeert de productie van eiwitten in de cel. Hoe meer mTOR geactiveerd wordt, hoe meer eiwitten in onze cellen gemaakt worden, en hoe meer en sneller we kunnen groeien, hoe dikker onze spieren worden... en hoe sneller we verouderen. Rapamycine remt de proteïneproductie af en zorgt er zo voor dat muizen heel wat ouder kunnen worden. Daarbij is het interessant te vermelden dat mTOR niet alleen geactiveerd wordt door aminozuren, maar ook door suiker en insuline in het bloed. Kortom, suikers en aminozuren (en proteïnen) zijn stoffen die de groei bevorderen, maar de levensduur verkorten.

Een overmaat van wetenschappelijk onderzoek toont aan dat een teveel aan proteïnen niet gezond is. En dat vlees de kans op kanker en osteoporose kan verhogen, evenals het risico op hartziekten en zelfs diabetes.[30] Personen die elke dag vlees eten hebben vier keer meer kans op een hartaanval vergeleken met personen die de helft minder vlees aten.[31]

Wil dit alles nu zeggen dat we geen vlees meer moeten eten en vegetariërs moeten worden? Neen. Vegetariërs worden wel ouder dan de gemiddelde westerling, maar het is niet zo dat vegetariërs allemaal 120 jaar worden. Dit omdat er in vlees ook tal van stoffen zitten die we nodig hebben, zoals zink, vitamine B12, carnitine, carnosine, ijzer enzovoort. We moeten dus vlees eten, maar veel minder dan in onze samenleving de gewoonte is. Eet bijvoorbeeld niet meer vlees dan een stukje zo groot als wanneer je het topje van je duim op het topje van de wijsvinger plaatst om een cirkeltje te vormen. Of eet deze hoeveelheid niet om de dag, maar om de twee dagen.

Maar natuurlijk mag je ook niet te weinig proteïnen eten, want dan verzwakt het immuunsysteem, waardoor je vatbaarder wordt voor infecties. En mensen met een zeer zwaar tekort aan proteïnes krijgen zwakke spieren en hartproblemen. Het is dus van belang om voldoende proteïnes binnen te krijgen, maar liever iets minder dan wat algemeen als voldoende wordt geacht. Ik kom hier later nog op terug wanneer we de voedselzandloper in detail bespreken.

SAMENVATTING

Een **teveel aan eiwitten** versnelt veroudering:

- eiwitten zorgen voor meer **groei**, wat zorgt voor snellere veroudering;
- eiwitten **klonteren** continu **samen** in en rond onze cellen, zodat de cellen 'verstropt' en beschadigd geraken. Dit proces speelt een rol in:
  - de ziekte van Alzheimer;
  - de ziekte van Parkinson;
  - amyloïdose (een algemene eiwitneerslag-ziekte);
  - algemene veroudering (zoals achteruitgang van het zicht, gehoor, gedaalde hart-, nier- en leverfunctie, omdat de cellen verstropt raken met samengeklonterde eiwitten);
- medicatie zoals **rapamycine** doet proefdieren langer leven omdat deze stof de eiwitproductie afremt;
- muizen, fruitvliegjes en andere proefdieren die minder proteïnen of aminozuren te eten krijgen **leven langer**;
- mensen die een **hoge leeftijd** bereiken eten vaak weinig proteïnerijk voedsel zoals vlees.

Een **verhoogde eiwit- of vleesconsumptie** zorgt tevens voor:

- een hogere kans op **osteoporose**;

- een belasting voor **lever en de nieren**;
- een verhoogde kans op niet-darmgebonden **kankers**, zoals borstkanker;
- **minder goede vertering** in de darmen, waarbij het 'rotten' van proteïnerijke producten in de darmen toxische stoffen doet vrijkomen (hogere kans op darmkanker) en stukjes onverteerd eiwit het immuunsysteem kunnen activeren (hogere kans op auto-immuunziekten zoals glutenallergie).

Ondanks het feit dat het een heel populaire dieetvorm is, zijn **eiwitrijke diëten** ongezond. Ze zorgen wel voor gewichtsverlies.

Een (zwaar) **tekort aan eiwitten** kan echter de gezondheid ondermijnen.
Vlees bevat ook **noodzakelijke stoffen** zoals zink, ijzer en carnosine die belangrijk zijn voor de gezondheid.

Principe 3: Vetten zijn gezonder dan gedacht

Het is een paradox. Sinds de laatste dertig jaar eten Amerikanen steeds minder vetten maar worden ze steeds dikker. Via tal van gezondheidscampagnes werd het Amerikaanse volk gezegd dat de consumptie van vetten ongezond is: het maakt je dik, verstopt bloedvaten en veroorzaakt hartaanvallen. De campagnes hadden effect: sinds 1970 eten Amerikanen steeds minder vetten, en deze tendens zet zich vandaag de dag nog altijd voort. Maar sinds 1970 is het aantal personen met overgewicht verdubbeld, het aantal diabetici verdrievoudigd en staan hart- en vaatziekten nog steeds nummer één wat sterfte betreft.[8] Laat ik u daarom iets vertellen wat wellicht ingaat tegen al het gezondheidsadvies dat u ooit gekregen heeft over vetten: de meeste vetten spelen geen belangrijke rol in hart- en vaatziekten. Jazeker, u leest het goed. Een meta-analyse van 350.000 mensen bevestigde nog maar eens het vermoeden van vele onderzoekers dat zelfs de beruchte *verzadigde vetten* geen belangrijke rol spelen in hart- en vaatziekten (verderop komt ter sprake wat verzadigde vetten zijn).[32] Maar verhogen verzadigde vetten niet de cholesterol? Zeker, maar er bestaat zowel goede cholesterol als slechte cholesterol. Vetten verhogen beide, zodat de balans in evenwicht blijft.

Bovendien is de rol van vetten bij overgewicht veel minder belangrijk dan die van suiker. Wat op het eerste zicht vreemd kan lijken, omdat dikke mensen toch meer vet hebben? Omdat dikke mensen meer vet hebben, moeten vetten immers de boosdoener zijn. Maar zo eenvoudig is het niet.

In een studie die verscheen in *The New England Journal of Medicine* werden meer dan driehonderd proefpersonen op drie verschillende diëten gezet: een vetarm dieet, een mediterraan dieet (met veel groenten en weinig rood vlees, maar uiteraard de obligatoire pastaproducten) en een laag-suikerdieet. Wat bleek: niet de personen van het vetarme dieet hadden de beste cholesterolverhoudingen in hun bloed. Het waren de personen die het laag-suikerdieet volgden. Dat is interessant, omdat cholesterol altijd in verband wordt gebracht met vetten, terwijl het verband tussen suiker en cholesterol veel minder bekend is. Bovendien verloren de personen met het laag-suikerdieet twee keer zoveel gewicht als diegenen met het vetarme dieet.[33] Wat een klap voor al die diëten die zeggen dat je vetinname moet verminderen om af te vallen (want 'vetten bevatten toch o zo veel calorieën'). Wat deze studie ook aantoont is dat het befaamde en de hemel ingeprezen mediterraan dieet nog veel gezonder kan. Het bevat immers nog te veel koolhydraten in de vorm van brood en pasta.

De conclusie is dat suiker een belangrijker rol bij hart- en vaatziekten speelt dan vetten. Niet alleen hebben diabetici vijf keer meer kans op hart- en vaatziekten, ook voor gezonde proefpersonen is er een sterk verband tussen de suikerinname en hartaanvallen. Volgens een onderzoek waaraan 15.000 vrouwen deelnamen, bleek dat de vrouwen die maaltijden aten met een hoge glycemische index (met veel suikerproducten die grote suiker- en insulinepieken in het bloed veroorzaken), 80 procent meer kans hadden op hart- en vaatziekten dan vrouwen die maaltijden met weinig snelle suikers aten.[34] Of, om het te zeggen met de woorden van professor David Ludwig, directeur van het obesitasprogramma in het Children's Hospital te Boston: 'De volgende keer als u een toastje met boter eet, beschouw de boter dan maar als het meest gezonde bestanddeel.'

Wat veel onderzoek ons vertelt is dat vooral suikers een belangrijke rol spelen bij hart- en vaatziekten. Toch baat het om een verschil te maken tussen gezonde en ongezonde vetten. *Transvetten* zijn namelijk zeer ongezonde vetten die wel de kans op een hartaanval verhogen. Deze vetten bevinden zich vooral in gefrituurde gerechten en fabrieksmatig geproduceerde zoetigheden zoals koeken, wafels of gebak. De andere 'ongezonde' vetten, de beruchte *verzadigde vetten*, zouden echter geen belangrijke rol spelen bij hart- en vaatziekten, in tegenstelling tot wat vroeger gedacht werd (suiker blijkt immers een veel belangrijke boosdoener te zijn). En dan zijn er nog de gezonde vetten, zoals de *omega-3-vetzuren*, die juist extra bescherming tegen hart- en vaatziekten kunnen bieden. Bovendien verminderen deze gezonde vetten niet alleen de kans op een hartaanval, maar ook de kans op ontstekingsziekten en depressies, terwijl de ongezonde vetten dit niet doen. Om te weten wat die gezonde vetten zijn, moeten we vetten meer in detail bekijken. Elke keuken is immers een klein laboratorium, waarin de moleculaire structuur van de voeding een doorslaggevende rol speelt in onze gezondheid. Het komende stukje over de moleculaire structuur van vetten is het laatste wat moeilijkere gedeelte in het boek.

Vetologie
Wat is een vet? Een vet is iets piepklein, namelijk een molecule. Triljarden en triljarden van deze vetmoleculen vormen samen boter of olie. Maar de basiseenheid van deze stoffen, het vet, is dus een moleculair structuurtje.

Een vetmolecule bestaat uit enkele tientallen atomen en heeft altijd een welbepaalde structuur, namelijk een 'kop' met meerdere (twee of drie) 'armen', de *vetzuren*. Zo'n arm of vetzuur bestaat uit een lange keten van koolstofatomen (C) waaraan waterstofatomen (H) kleven. De kop bestaat uit een groep atomen die samen *glycerol* genoemd wordt. Eigenlijk kunt u zich een vet het best voorstellen als een gehandicapte inktvis met slechts twee of drie armen, afhankelijk van het soort vet. De kop is de glycerolgroep, de armen zijn de vetzuren.

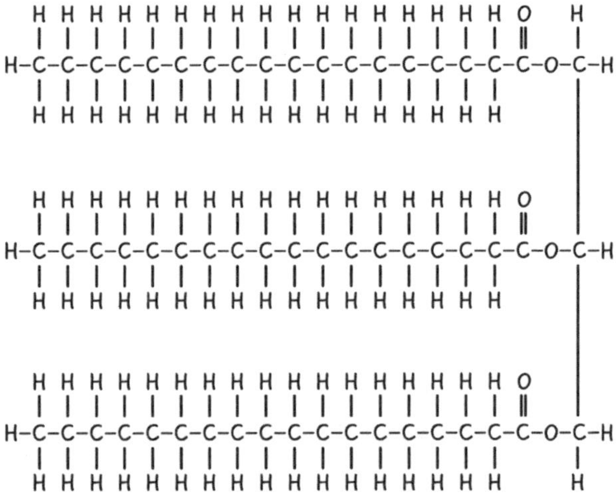

De moleculaire structuur van een vet. De drie armen (vetzuren) van het vet bevinden zich links. De kop van de vetmolecule bevindt zich rechts en bestaat uit 3 koolstofatomen (C) en enkele zuurstofatomen (O) en waterstofatomen (H).Veel vetten in ons lichaam hebben slechts twee in plaats van drie armen. *Bron: Kimball's Biology Pages (http://biology-pages.info)*

Wanneer we vetten eten, dan moeten die in stukjes worden geknipt door spijsverteringsenzymen, omdat vetten in hun geheel te groot zijn om door onze darmcellen opgenomen te worden. Deze spijsverteringsenzymen (die de mooie naam 'lipases' dragen) knippen de vetten altijd op dezelfde manier in stukjes: de kop wordt gescheiden van de twee of drie armen. Kortom, de spijsverteringsenzymen amputeren als het ware de inktvis, zodat de kop en de armen vrij ronddrijven.

De armen, de vetzuren dus, zijn klein genoeg om door de darmcellen opgenomen te worden en langs de andere kant afgegeven te worden aan de bloedbaan en vandaar verder aan de lichaamscellen. In de cellen worden de vetzuren weer aan elkaar gezet tot een volwaardige inktvis, oftewel een vet. Vooral vetcellen zijn hierin gespecialiseerd. Ze nemen grote hoeveelheden vetzuren (armen) op uit het bloed en zetten deze om in vetten (inktvissen).

Van groot belang voor onze gezondheid is om te weten dat er zowel *verzadigde* en *onverzadigde* vetten bestaan. De naam 'verzadigd' of 'onverzadigd' slaat op de moleculaire structuur van de vetzuren. Om zaken niet te gecompliceerd te maken, zullen we vanaf nu vooral spreken over vetzuren (de armen) in plaats over vetten (de armen én de kop). Het zijn immers de vetzuren die circuleren in onze bloedbaan.

Wat zijn nu overzadigde en verzadigde vetzuren? De onverzadigde vetzuren hebben één of meerdere dubbele bindingen tussen hun koolstofatomen (C), waardoor ze een knikje maken. De verzadigde vetzuren hebben geen dubbele binding tussen hun koolstofatomen (C), waardoor deze volledig 'recht' zijn.

De dubbele binding tussen twee koolstofatomen maakt dat deze koolstofatomen (C) sterker met elkaar verbonden zijn. Normaal gezien zouden deze twee koolstofatomen slechts één binding (een enkel streepje) met elkaar hebben en verder nog een binding met waterstofatomen (H). Maar door een chemische reactie zijn deze waterstofatomen (H) verloren ge-

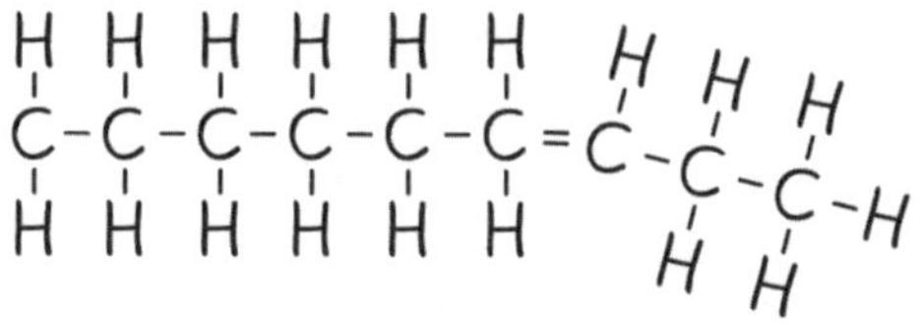

Een onverzadigd vetzuur heeft één (of meer) dubbele bindingen tussen twee koolstofatomen (C) (weergegeven door twee streepjes boven elkaar). Hierdoor maakt dit vetzuur een knik.

gaan en hebben de koolstofatomen besloten zich nog steviger aan elkaar te binden in plaats van aan die vluchtige waterstofatomen. (Voor diegenen die echt het fijne ervan willen weten: de bindingen (streepjes) tussen atomen bestaan uit elektronen, die de moleculaire lijm vormen die atomen aan elkaar lijmen.)

Omdat er twee waterstofatomen (H) minder zijn op de plaats van de dubbele binding, zijn deze vetzuren dus niet volledig verzadigd met waterstofatomen (H); het zijn dus *on*verzadigde vetzuren. Ofwel: vetzuren zijn onverzadigd omdat ze niet volledig verzadigd zijn met waterstofatomen omdat ze een dubbele binding hebben.

Bij de verzadigde vetzuren zijn er geen dubbele bindingen. Alle koolstofatomen (C) zijn netjes verbonden met waterstofatomen (H). Deze vetzuren zijn dus volledig verzadigd met waterstofatomen.

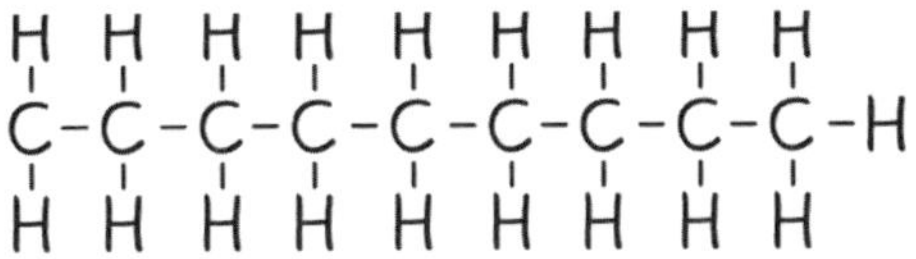

Een verzadigd vetzuur heeft geen dubbele binding tussen de koolstofatomen en bestaat dus slechts uit enkelvoudige bindingen. Hierdoor is dit vetzuur kaarsrecht.

Waarom vertel ik dit allemaal? Omdat ter hoogte van een dubbele binding het vetzuur een knikje maakt. De koolstofatomen aan weerszijden van de dubbele binding zitten zo sterk aan elkaar gebonden, dat het hele vetzuur als het ware 'doorbuigt'. Dat moleculair 'knikje' in onverzadigde vetzuren heeft het volgende te maken met onze gezondheid: het maakt dat deze vetzuren minder gemakkelijk tegen elkaar aan kunnen liggen en dus minder aan elkaar klitten. Er bevindt zich immers altijd wat ruimte tussen deze moleculen omwille van het knikje. Vergelijk het met een houtstapel. Als de takken allemaal een knik hebben, dan is de houtstapel ontstabiel: hij zal gemakkelijk uit elkaar vallen. Maar is de houtstapel opgebouwd uit kaarsrechte stokken (zoals het geval is bij de verzadigde vetzuren), dan kunnen al die takken zeer dicht bij elkaar liggen en is de houtstapel veel steviger.

Verzadigde (rechte) vetzuren kunnen zich dus beter naast elkaar stapelen, en kunnen zo gemakkelijker samenklonteren. Op die manier klitten ze eenvoudig samen in het binnenste van onze slagaders, wat *atherosclerose* kan veroorzaken. Als deze vetachtige ophopingen in onze slagaders groot genoeg worden, dan kunnen ze de hele slagader verstoppen. We spreken ook dan weer van een hartaanval of beroerte. We hebben in dit boek al gezien dat suiker de belangrijkste rol speelt in dit proces, maar ook de verzadigde vetzuren kunnen hierbij een rol spelen, en niet de onverzadigde vetzuren. Verzadigde vetzuren kunnen ook gemakkelijker samenklonteren in onze vetcellen, wat maakt dat we sneller dik worden. Verzadigde vetzuren kunnen zelfs overal in het lichaam samenklonteren en ontstekingen veroorzaken en zo bijvoorbeeld cellen in de lever of de hersenen beschadigen.

Kortom, dat belachelijke kleine moleculaire knikje maakt soms het verschil uit tussen gezondheid en ziekte, tussen goede vetten en slechte vetten die overal kunnen samenklitten in het lichaam.

SAMENVATTING

Verzadigde vetzuren (of vetten):

- volledig verzadigd met waterstofatomen (H);
- hierdoor is de molecule recht (ze maakt geen 'knikje');
- hierdoor kunnen deze vetzuren dichter bij elkaar liggen, zodat stoffen overal in het lichaam makkelijk kunnen samenklonteren en ook 'stroperiger' en harder van structuur zijn (zoals boter in plaats van olie).

Onverzadigde vetzuren (of vetten):

- de koolstofketen is niet volledig verzadigd met waterstofatomen omdat er één of meer dubbele bindingen zijn;
- hierdoor maakt de molecule een knikje;
- hierdoor kunnen deze moleculen niet dicht tegen elkaar aansluiten. Ze liggen losser van elkaar, waardoor onverzadigde vetten vloeibaarder zijn (olie in plaats van boter).

Het knikje, of liever de afwezigheid ervan, kan ook verklaren waarom *transvetzuren* (of transvetten) ongezond zijn. Transvetzuren kwamen nog niet ter sprake. Transvetzuren hebben net als de gezonde onverzadigde vetzuren een dubbele binding. Maar in tegenstelling tot de gewone onverzadigde vetzuren met een dubbele binding maken de transvetzuren geen knikje,

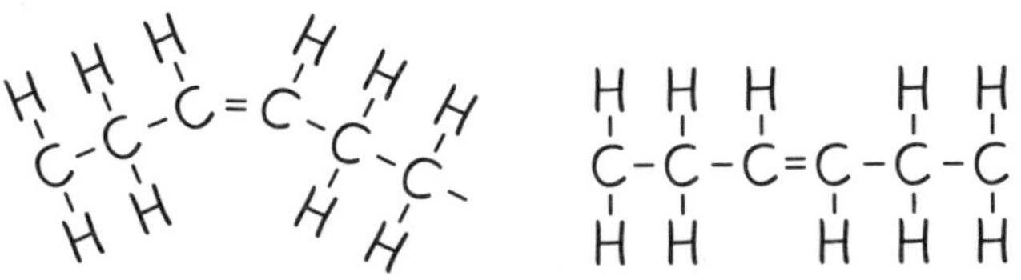

Links bevindt zich een gewone dubbele binding. Omdat de waterstofatomen (H) zich ter hoogte van de dubbele binding aan dezelfde kant bevinden, kan de molecule een knikje maken (er zit geen waterstofatoom (H) in de weg). Rechts bevindt zich een transvetzuur. De waterstofatomen (H) bevinden zich aan beide kanten van de dubbele binding, waardoor de staart recht blijft.

hoewel ze een dubbele binding hebben. Dit komt omdat bij de transvetzuren de waterstofatomen (H) ter hoogte van de twee koolstofatomen (C) met de dubbele binding zich aan de tegenovergestelde kant bevinden (vandaar de naam 'trans', Latijn voor 'aan de overkant'). Bij de gewone onverzadigde vetzuren met een dubbele binding bevinden de waterstofatomen (H) zich aan dezelfde kant, zodat deze vetzuren toch een knikje maken. De meeste transvetzuren die we eten komen normaal gesproken niet in de natuur voor. Het is immers zo dat Moeder Natuur de gewoonte heeft om bij een dubbele binding de waterstofatomen (H) aan dezelfde kant te plaatsen, zoals het geval is bij onverzadigde vetzuren. De bekende en gezonde omega-3-vetzuren zijn allemaal dergelijke vetzuren.

Omdat transvetzuren zulke vreemde vetzuren zijn, kunnen de meeste eiwitten in ons lichaam deze vetzuren niet goed verwerken. Transvetzuren stapelen zich op of vormen vreemde afbraakproducten die bijzonder ongezond kunnen zijn. Omdat ze net zoals verzadigde vetzuren een rechte structuur hebben, kunnen ze bovendien gemakkelijker samenklonteren en slagaderverkalking en micro-ontstekingen veroorzaken. Talloze studies tonen wel een invloed aan van de onnatuurlijke transvetzuren bij het ontstaan van hart- en vaatziekten. Transvetzuren ontstaan wanneer vetzuren industrieel bereid worden (denk bijvoorbeeld aan koekjes, cakes, gebak, margarine, frietjes, kroketten enzovoort).

Spelen met vetten: margarine en transvetten

Interessant is dat de structuur van een vet of vetzuur op moleculair vlak (geen of wel dubbele bindingen) bepaalt hoe de vetzuren zich gedragen op macroscopisch vlak, zoals op het keukenaanrecht. Hoe meer knikken in een vetzuur, hoe vloeibaarder deze vetzuren zijn. Immers, de knikken zorgen ervoor dat de vetzuurketens minder gemakkelijk naast elkaar kunnen liggen en kleven. Dit verhindert de vorming van een hardere, meer vaste structuur. Net zoals gebogen takken ook geen stevige vaste houthoop kunnen vormen dus. Vetzuren met verschillende dubbele bindingen (veel knikjes dus), vormen de vloeibare oliën, zoals olijfolie of lijnzaadolie.

Nu is het niet makkelijk om olie op je boterham te smeren. Daarom heeft de industrie een procedé bedacht om plantaardige onverzadigde vetzuren met hun knikjes om te zetten in verzadigde vetzuren zonder knikjes, zodat deze oliën 'harder' zijn, waardoor je ze bijvoorbeeld op brood kunt smeren: margarine. Het probleem is echter dat bij het creëren van verzadigde verbindingen uit onverzadigde verbindingen er ook transvetten worden gevormd. Margarine bevatte dus oorspronkelijk heel wat transvetzuren, die bijzonder ongezond waren voor de bloedsomloop. Het duurde vele tientallen jaren alvorens de voedingsindustrie dit probleem erkende, ondanks de talrijke publicaties in gerenommeerde medische tijdschriften. Uiteindelijk ontwikkelde de margarine-industrie een procedé om margarine te maken met aanzienlijk minder transvetzuren; toch bevatten verschillende margarines nog steeds ongezonde transvetten.

Margarine heeft de naam gezonder te zijn dan boter, maar dat is slechts schijn; allebei zijn ongezond. Boter bestaat voornamelijk uit verzadigde dierlijke vetzuren, terwijl margarine afkomstig is van plantaardige onverzadigde vetzuren die chemisch worden omgevormd tot verzadigde vetzuren waartussen zich ook transvetzuren bevinden.

Margarine	**Boter**
Bestaat voornamelijk uit onverzadigde vetzuren van plantaardige oorsprong die 'chemisch bewerkt' worden zodat ze verzadigde vetzuren en transvetzuren bevatten.	Bestaat voornamelijk uit verzadigde vetzuren van dierlijke oorsprong.

De margarinefabrikanten weten natuurlijk ook wel dat de transvetzuren en verzadigde vetten in hun product niet gezond zijn. Dus om hun product een gezond imago te geven voegen sommige bedrijven *plantensterolen* toe; plantaardige vormen van cholesterol. Plantensterolen zouden de cholesterol doen dalen. Grote reclamecampagnes worden dan opgezet om het publiek ervan te overtuigen hoe gezond hun margarine is via tv-spotjes met mooie computeranimaties van glimmend gele cholesterolbolletjes en sportieve, bekende landgenoten die al glimlachend een boterhammetje met margarine besmeren, of via websites waar je met pseudowetenschappelijke vraagjes je 'hartgezondheid' kan inschatten.

In de medische wereld zijn wetenschappers niet zo overtuigd van die plantensterolen. Er zijn geen overtuigende studies die aantonen dat plantensterolen het risico op hart- en vaatziekten verminderen. Sterker nog, een recent overzichtsartikel in het *European Heart Journal* besluit zelfs als volgt: 'Studiegegevens suggereren dat plantensterolen mogelijk negatieve cardiovasculaire effecten veroorzaken.'[35] Bovendien speelt de totale cholesterol, die plantensterolen zouden verlagen, geen belangrijke rol bij hart- en vaatziekten, zoals we later zullen zien. Desondanks worden er volop plantensterolen in margarine geduwd en de marketingmachine doet dan de rest. Wat dubieuze plantensterolen stoppen in een substantie die zowel verzadigde vetten als transvetten bevat kan natuurlijk kritische vragen oproepen.

Ongezonde vetzuren zoals transvetzuren bevinden zich vooral in gefritureerd voedsel en industrieel bereide zoetigheden zoals gebak, koeken, cake, enzovoort. Dit voedsel kunt u dus het best zoveel mogelijk vermijden. Niet alleen omwille van wat dit voedsel bevat, maar ook omwille van wat het niet bevat. Zo bevat al dit junkfood nagenoeg geen vitamines, mineralen en andere gezonde voedingsstoffen, wat misschien nog ongezonder is.

SAMENVATTING

Zeer ongezonde vetzuren (of vetten):

Transvetzuren: bevinden zich in margarine, gefritureerd voedsel en commerciële zoetigheden (gebak, koeken, snoeprepen, cake, ...)

Ongezondere vetzuren (of vetten):

Verzadigde vetzuren: bevinden zich vooral in dierlijke producten, zoals (rood) vlees, melk, boter, kaas, ijscrème en ook in (witte) chocolade.

Nota: niet alle producten met verzadigde vetzuren zijn ongezond (zo kan chocolade gezond zijn voor hart en bloedvaten).

Onverzadigde vetzuren:

A Poly-onverzadigde vetzuren (hebben meerdere dubbele bindingen en worden daarom ook *meervoudig* onverzadigd genoemd):

– omega-6-vetzuren: maïsolie, zonnebloemolie, palmolie.

Nota: zoals we verderop zullen zien, kan een voedingspatroon dat te veel omega-6-vetzuren bevat zorgen voor toegenomen ontsteking in het lichaam.

Gezonde vetzuren (of vetten):

Onverzadigde vetzuren:

A Mono-onverzadigde vetzuren (hebben één dubbele binding en worden daarom ook *enkelvoudig* onverzadigd genoemd): olijfolie.

B Poly-onverzadigde vetzuren (hebben meerdere dubbele bindingen en worden daarom ook *meervoudig* onverzadigd genoemd):

- omega-3-vetzuren: in vette vis, walnoten, lijnzaad et cetera.

Omega-3-vetzuren: een hype in de media, maar ze werken wel

Vetten zijn niet altijd kommer en kwel. Er bestaan ook gezonde vetzuren; dit zijn vooral de onverzadigde vetzuren. Afhankelijk van hoeveel dubbele bindingen een onverzadigd vetzuur heeft spreken wetenschappers van *mono-onverzadigde* of *poly-onverzadigde vetzuren*. Een andere term voor mono-onverzadigd is *enkelvoudig onverzadigd* en een andere benaming voor poly-onverzadigde vetzuren zijn *meervoudig onverzadigde vetzuren.*

Als het vetzuur één dubbele binding bevat, is het een mono-onverzadigd vet. Als het meerdere dubbele bindingen bevat, spreken we van een poly-onverzadigd vet. Olijfolie bevat veel mono-onverzadigde vetzuren. De befaamde omega-vetzuren zijn poly-onverzadigde vetzuren. Omega-3-vetzuren bevatten dus verschillende dubbele bindingen (die beginnen vanaf het derde koolstofatoom, geteld vanaf het uiteinde van de staart, voor de chemici onder ons). Omega-6-vetzuren bevatten dubbele bindingen (die beginnen vanaf het zesde koolstofatoom, geteld vanaf het uiteinde van de staart). En omega-9-vetzuren bevatten dubbele bindingen (die beginnen vanaf het negende koolstofatoom, geteld vanaf het uiteinde van de staart). Vetologie is een heel logische wetenschap.

Wetenschappelijk onderzoek toont duidelijk aan dat omega-3-vetzuren tal van gezonde effecten hebben op het lichaam. Hetzelfde geldt niet voor de meeste omega-6- of omega-7-vetzuren; veel van deze vetzuren zijn ongezond. Omega-6-vetzuren zoals linolzuur of arachidonzuur zijn bijvoorbeeld ontstekingsbevorderend. Toch worden nu tal van voedingssupplementen verkocht met omega-6-, omega-9- en zelfs omega-7-vetzuren.

Maar laten we ons nu concentreren op de gezonde omega-3-vetzuren. Er bestaan drie vormen van omega-3-vetzuren:

Omega-3-vetzuren	**Voornaamste bron**
Eicosapentaeenzuur (*eicosapentaneoic acid*, EPA)	vette vis
Docosahexaeenzuur (*docosahexaneoic acid*, DHA)	vette vis
Alfa-linoleenzuur (*alpha linolenic acid*, ALA)	noten (walnoten), lijnzaad

Meer visueel voorgesteld zien de omega-3- (en omega-6-) vetzuren er zo uit:

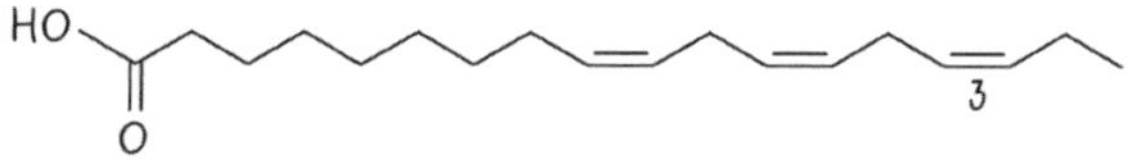

Alfa-linoleenzuur (omega-3 vetzuur)

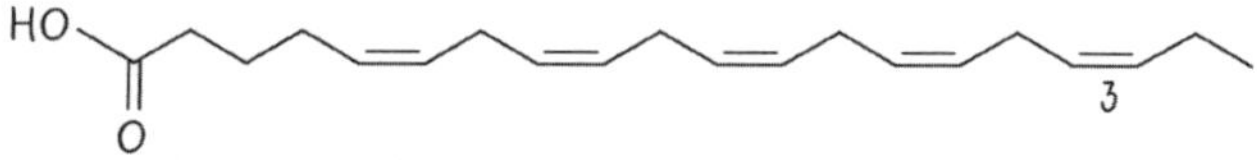

Eicosapentaeenzuur (EPA) (omega-3 vetzuur)

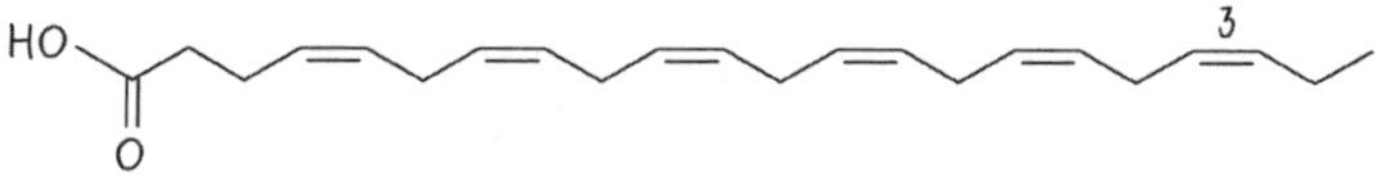

Docosahexaeenzuur (DHA) (omega-3 vetzuur)

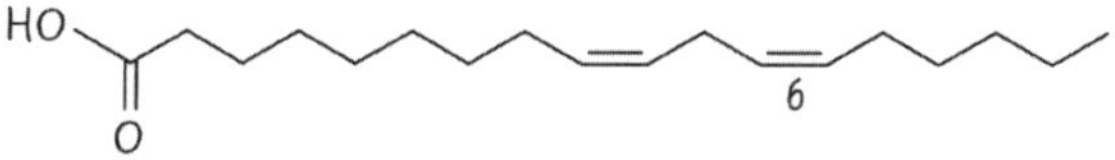

Linolzuur (omega-6 vetzuur)

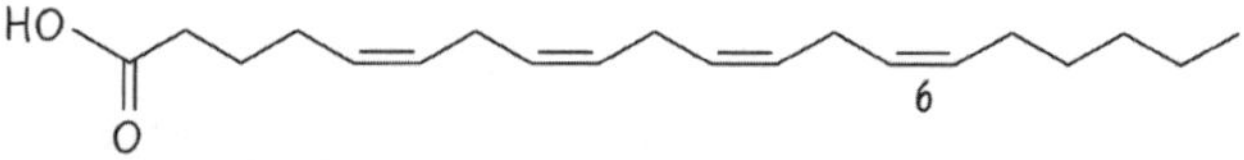

Arachidonzuur (DHA) (omega-6 vetzuur)

Enkele omega-3- en omega-6-vetzuren. Op elk 'hoekpunt' bevindt zich een koolstofatoom. Deze koolstofatomen worden niet weergegeven volgens de standaard wetenschappelijke notatie. De streepjes tussen deze hoekpunten of koolstofatomen stellen een binding voor. Het 'omega'-koolstofatoom is het uiterste koolstofatoom rechts, aan het einde van de staart dus. De getallen 3 en 6 duiden het derde en zesde koolstofatoom aan, telkens beginnend vanaf de staart.

Omega-3-vetzuren hebben een bewezen invloed op de volgende organen en systemen:

- Hart- en bloedvaten: omega-3-vetzuren verminderen de kans op cardiovasculaire ziekten.
- De hersenen: omega-3-vetzuren verminderen het risico op depressie en andere psychiatrische stoornissen.

- Het immuunsysteem: omega-3-vetzuren remmen ontsteking in het lichaam af.

Omega-3-vetzuren en het hart

Omega-3-vetzuren hebben een bewezen gezonde invloed op het hart en de bloedvaten.[36] Zo toonden drie grote onderzoeken met in totaal meer dan 32.000 deelnemers aan dat omega-3-vetzuren, en dan vooral DHA en EPA, het aantal cardiovasculaire accidenten met 19 tot 45 procent verminderden.[37] Opmerkelijk is dat deze daling verkregen werd ondanks het feit dat alle patiënten in dit onderzoek reeds volop behandeld werden met allerlei medicatie, zoals bloeddrukverlagers, statines, aspirine en bètablokkers.

Uit een ander groot onderzoek, waaraan meer dan 11.000 personen deelnamen en dat verscheen in *The Lancet*, bleek dat de sterfte met 45 procent daalde bij mensen die omega-3-vetzuren slikten (1000 mg/dag). Deze studie toonde trouwens ook aan dat vitamine E geen invloed had op hart- en vaatziekten, hoewel deze vitamine vaak wordt aangehaald als cardioprotectief (hartbeschermend) door gezondheidsgoeroes. [38]

Officiële instanties pleiten daarom nu eveneens voor het gebruik van omega-3-vetzuren bij hart- en vaatziekten. Onderzoekers van de bekende Mayo Clinic in de VS ijveren voor omega-3-vetzuren om hart- en vaatziekten te voorkomen en dit zowel voor gezonde mensen als personen met een verhoogd risico op hart- en vaatziekten.[37] De American Heart Association (AHA) en de European Society for Cardiology (ESC) raden eveneens omega-3-vetzuren aan om hartaandoeningen te voorkomen.[39, 40] De Amerikaanse Food and Drug Administration (FDA) keurt het gebruik van omega-3-vetzuren goed om *hypertriglyceridemie* te behandelen, een aandoening waarbij zich te veel vetten in het bloed bevinden. Wanneer zulke officiële instituten het gebruik van omega-3-vetzuren aanbevelen, dan moeten de bewijzen toch al vele jaren neerregenen.

Merk op dat in de meeste onderzoeken proefpersonen omega-3-vetzuren via de mond kregen toegediend. Maar de ene persoon neemt omega-3-vetzuren al beter op in de darmen dan de andere. Hoeveel vetzuren je in pilvorm krijgt toegediend, zegt eigenlijk weinig over hoeveel omega-3-vetzuren er zich daadwerkelijk in het bloed bevinden. Het kan zijn dat iemand veel omega-3-vetzuren slikt, maar dat er weinig van deze stoffen in zijn bloed terechtkomen. Hierdoor is die persoon minder beschermd tegen hart- en vaatziekten en zou je kunnen concluderen dat de toegediende omega-3-vetzuren geen effect hebben. Door de hoeveelheid omega-3 ook in het bloed te bepalen, kunnen wetenschappers dus beter inschatten wat het precieze effect is van deze stoffen op hart- en bloedvaten. Dit is onderzocht en de resultaten zijn opmerkelijk.

Uit een groot onderzoek waar meer dan 22.000 personen aan meededen en dat meer dan zeventien jaar duurde, bleek dat personen die veel omega-3-vetzuren in het bloed hebben vijfmaal minder(!) risico lopen om een hartaanval te krijgen.[41] Deze resultaten verschenen in het prestigieuze medische tijdschrift *The New England Journal of Medicine*.

De conclusie van de onderzoekers was dan ook dat 'de omega-3-vetzuren die gevonden worden in vis sterk geassocieerd zijn met een verminderd risico op plotse [cardiale] dood'.

Interessant was dat deze resultaten aantoonden dat ook mensen zonder een voorgeschiedenis van hartproblemen gebaat waren bij omega-3-vetzuren. Zelfs voor mensen zonder hartproblemen raden de onderzoekers aan 'de opname van omega-3-vetzuren te verhogen door meer vis te eten of door voedingssupplementen te nemen'.

Talloze studies tonen dus aan dat omega-3-vetzuren een beschermende invloed hebben op hart- en vaatziekten. Zelfs officiële instanties bevelen het gebruik van omega-3-vetzuren aan. Waarom krijgen we hier zo weinig over te horen? Waarom denken veel mensen dat het nog niet 'bewezen is' dat omega-3-vetzuren gezond zijn voor het hart en waarom schrijven

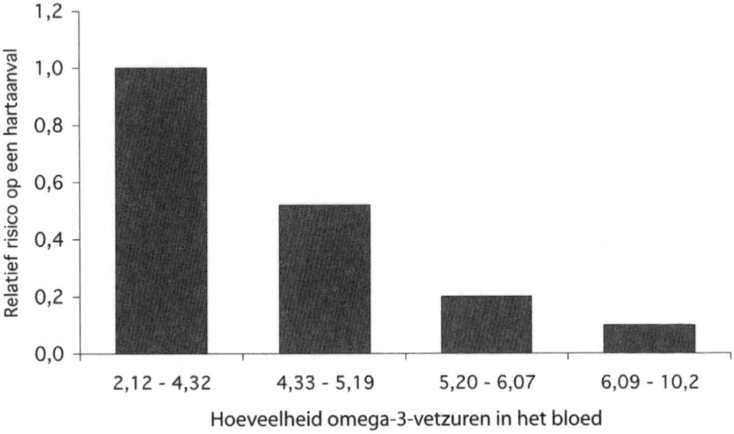

Hoe meer omega-3-vetzuren in het bloed, hoe minder risico op een hartaanval. *Bron: Blood levels of long-chain n-3 fatty acids and the risk of sudden death*, New England Journal of Medicine, 2002

de meeste artsen of cardiologen geen omega-3-vetzuren voor? Daar zijn verschillende redenen voor.

Om te beginnen zijn omega-3-vetzuren niet patenteerbaar. Omega-3-vetzuren zijn natuurlijke stoffen die voorkomen in vis en noten. Het zijn geen synthetische stoffen die gemaakt werden in een laboratorium zoals de meeste medicatie waarop dan een patent genomen kan worden. Daarom heeft het voor farmaceutische bedrijven geen zin om voor tientallen miljoenen euro's reclame te maken voor een product dat iedereen op de markt kan gooien. Dus het reclamebudget van de omega-3-fabrikanten is onnoemelijk veel kleiner dan dat van de farmaceutische industrie. De reclamebudgetten van de farmaceutische industrie zijn gigantisch, zeker gezien de enorme winsten die gemaakt kunnen worden als een medicijn na vele jaren onderzoek op de markt verschijnt. In 2003 verkocht het farmaceutisch bedrijf Pfizer alleen al voor 9,2 miljard dollar aan zijn cholesterolverlager Lipitor (een statine). Met dergelijke verkoopcijfers kun je nog eens wat reclame maken. En dus staan medische tijdschriften niet vol met reclame voor omega-3-vetzuren, maar wel met patenteerbare medicatie en worden artsen niet bezocht door vertegenwoordigers met in hun tas staaltjes met omega-3-vetzuren, maar met statinestaaltjes.

Een andere reden waarom omega-3-vetzuren zo weinig voorgeschreven worden is dat er weinig wetenschappelijke studies over omega-3-vetzuren verschijnen. 90 procent van de studies naar geneesmiddelen wordt gefinancierd door de farmaceutische industrie. Wetenschappelijke studies kosten handenvol geld en een farmaceutisch bedrijf betaalt natuurlijk liefst alleen voor onderzoek naar eigen geneesmiddelen. Een farmabedrijf gaat geen vijf miljoen euro betalen voor een studie naar capsules met visolie die iedereen op de markt kan brengen. Gelukkig wordt er wel onderzoek gedaan naar niet-patenteerbare medicijnen of voedingssupplementen, meestal door universiteiten of de overheid. Maar deze studies zijn in de minderheid vergeleken met de onderzoeken naar reguliere medicatie. En onbekend maakt onbemind.

Ten slotte heeft de farmaceutische industrie haar eigen alternatieven voor omega-3-vetzuren, namelijk eigen unieke medicijnen om hart- en vaatziekten te bestrijden: de fibraten en de befaamde statines. Een medicijn dat voorgeschreven wordt voor hart- en vaatziekten zijn fibraten, stoffen die het vetmetabolisme reguleren. Fibraten zorgen ervoor dat de slechte cholesterol (LDL) in het bloed daalt en dat de goede cholesterol (HDL) stijgt. Ook doen fibraten het vetgehalte in het bloed (de *triglyceriden*) dalen. Klinkt allemaal goed in theorie. Maar in de praktijk hebben fibraten geen bewezen effect op de sterfte.[10] Of je nu fibraten neemt of niet: je leeft er geen dag langer door! Daarnaast hebben fibraten tal van bijwerkingen; het meest voorkomend zijn spierpijnen, erectiestoornissen, lever- en galstoornissen en verhoging van de *homocysteïne*spiegel. Dat laatste is interessant. Homocysteïne is ironisch genoeg een risicofactor voor hart- en vaatziekten. Het kan dus zijn dat het gezondheidseffect van de gedaalde slechte cholesterol en vetten wordt tenietgedaan door het gestegen homocysteïne. Dit soort interacties zijn niet verbazingwekkend. Fibraten zijn nu eenmaal geneesmiddelen en veel geneesmiddelen remmen een eiwit af dat nog een heleboel andere functies in het lichaam heeft, wat bijwerkingen kan geven. Fibraten zijn zoals de meeste geneesmiddelen lichaamsvreemde stoffen, terwijl omega-3-vetzuren stoffen zijn die ook van nature in mens en dier voorkomen.

Naast fibraten kunnen ook statines voorgeschreven worden bij hart- en vaatziekten. In tegenstelling tot fibraten kunnen statines inderdaad de mortaliteit doen dalen en zo dus de overleving bevorderen, vooral bij hartpatiënten. Statines hebben echter ook bijwerkingen, zoals spierafbraak, leverstoornissen, erectiestoornissen of slaap- en geheugenstoornissen. Vaak wordt beweerd dat deze bijwerkingen zeldzaam zijn, maar dat hangt van je persoonlijke interpretatie af. Wanneer artsen spreken over bijwerkingen, dan bedoelen ze in de eerste plaats *ernstige* bijwerkingen zoals massieve spierafbraak die al dan niet tot nierfalen leidt (*rhabdomyolyse*), een zware allergische reactie of acuut leverfalen. Uiteraard komt dit soort zaken zeer weinig voor bij statines. Maar statines remmen de aanmaak van cholesterol. In de media wordt cholesterol vaak als een grote boosdoener afgeschilderd, maar cholesterol is een belangrijke stof in het lichaam die tal van cruciale functies vervult.

Zo is cholesterol een belangrijk onderdeel van de celwanden van al onze cellen, maar dit vooral in de spiercellen en zenuwcellen. De cholesterol plant zich in de wanden van deze cellen, en zorgt ervoor dat de celwanden 'vloeibaarder' zijn. De wanden worden dus minder star en rigide. Als je statines neemt, dan wordt er minder cholesterol aangemaakt, waardoor de membranen van spiercellen en zenuwcellen te star worden, wat de celwanden verzwakt. Hierdoor kan spierzwakte en krachtsverlies optreden. Deze spierafbraak is zelden zo ernstig dat er een massieve spierafbraak optreedt waardoor patiënten op de spoedafdeling van het ziekenhuis belanden, maar toch treden bij heel wat mensen die statines slikken typische 'ouderdomskwaaltjes' op. Zoals pijnlijke of vermoeide spieren, zenuwpijnen of geheugenklachten en concentratiestoornissen.

Wat de spierpijnen betreft kan gesteld worden dat hoe meer de patiënt beweegt, hoe ernstiger de beschadiging van de spiercellen door statines. Hoewel studies aantonen dat de kans op ernstige bijwerkingen van statines kleiner is dan 0,1 procent heeft 80 procent van de jonge atleten die statines slikken en die aan een sport doen spierklachten.[42] U vraagt zich wellicht af waarom jonge mensen die aan sport doen al statines moeten slikken, maar dit was een onderzoek dat werd verricht bij sportmensen die leden aan een ziekte die 'familiale hypercholesterolemie' heet. Dit is een genetische aandoening waardoor deze mensen te veel cholesterol in hun lichaam hebben. Bij hen zouden statines dus het meest moeten helpen en de minste bijwerkingen hebben (ze hebben immers veel te veel cholesterol, dus deze verlagen is meer dan nodig). Toch hadden deze jonge atleten last van spierklachten door statinegebruik. Volgens professor Helmut Sinzinger, de auteur van het onderzoek, zou ook ruim 25 procent van de personen die gezond zijn (en dus niet lijden aan familiale hypercholesterolemie) bij flinke sportactiviteiten spierpijnen kunnen krijgen. Dat zijn heel wat andere getallen dan de 0,1 procent kans op (ernstige!) bijwerkingen bij statinegebruik.

Bovendien is het belangrijk te weten dat wanneer een patiënt begint te klagen over (spier)pijn, de schade op moleculair en cellulair niveau al vrij ernstig is. Er moet namelijk al een zekere 'drempel' van celbeschadiging zijn opgetreden voordat de patiënt pijn begint te voelen. Het is dus goed mogelijk dat nog een veel aanzienlijker percentage van de patiënten die statines slikken en geen spierpijnen hebben, toch op moleculair vlak al spierbeschadiging heeft of tenminste minder gezonde spiercellen.

Ook vergeetachtigheid en concentratiestoornissen kunnen optreden bij statinegebruik, omdat cholesterol nodig is voor de vloeibaarheid van de wanden van de hersencellen. Wanneer deze minder flexibel worden, kan dat geheugenproblemen geven. Ook zenuwpijnen kunnen optreden. Zo toonde een studie in *Neurology* aan dat mensen die minstens gedurende twee jaar statines slikken, maar liefst 26 keer meer kans hadden op zenuwpijnen (*polyneuropathie*).[43]

Maar statines kunnen de kans op een hartaanval verminderen. En ook omega-3-vetzuren kunnen de kans op een hartaanval verminderen. Welke van de twee zouden nu het beste zijn: de statines of de omega-3-vetzuren?

Er is een grote analyse geweest van 97 wetenschappelijke onderzoeken waaraan in totaal 140.000 patiënten deelnamen. In die analyse gingen onderzoekers na welke van de twee het beste zijn: de statines of de omega-3-vetzuren. Het resultaat was dat van alle bekende interventies om algemene en cardiovasculaire sterfte te reduceren de omega-3-vetzuren de beste was. Deze studie verscheen in een van de meest toonaangevende medische tijdschriften, namelijk de *Archives of Internal Medicine*.[44] Hier volgt een tabel van de verschillende interventies die een invloed hadden op het sterftecijfer volgens deze studie.

Interventie	**Sterfte (1 geen effect; hoe lager hoe beter)**
Fibraten	1
Consultatie bij een diëtist	0,97
Statines	0,87
Omega-3-visolie	0,77

Bron: Effect of different antilipidemic agents and diets on mortality: a systematic review. Archives of Internal Medicine, *2005*

Uit dit onderzoek blijkt duidelijk dat omega-3-vetzuren het beste werken wat zowel de algemene sterfte als cardiovasculaire sterfte betreft. Omega-3-vetzuren zijn dus zelfs doeltreffender dan de statines die volop voorgeschreven worden.

Opvallend is dat een diëtist maar weinig invloed heeft op de sterfte. De diëtisten in deze studie baseren zich immers vooral op de oude voedseldriehoek en op vetarme diëten om cardiovasculaire ziekten te voorkomen.

Echter, als patiënten reeds een hartaanval of kleine beroerte hebben gehad, of te kampen hebben met sterk vernauwde bloedvaten in het hart, halsslagaders of hersenen, dan zijn statines aangewezen in het kader van secundaire preventie. Maar statines worden vandaag de dag veel te vaak voorgeschreven, bijvoorbeeld voor mensen met enkel een verhoogde cholesterol, zonder alternatieven te proberen, of de eigenlijke oorzaak van de verhoogde cholesterolwaardes aan te pakken.

Maar waarom zijn omega-3-vetzuren zo hartbeschermend? Net als cholesterol worden omega-3-vetzuren ingebouwd in de wanden van onze cellen; dus ook in de wanden van de cellen waaruit ons hart en onze bloedvaten opgebouwd zijn. Hier-

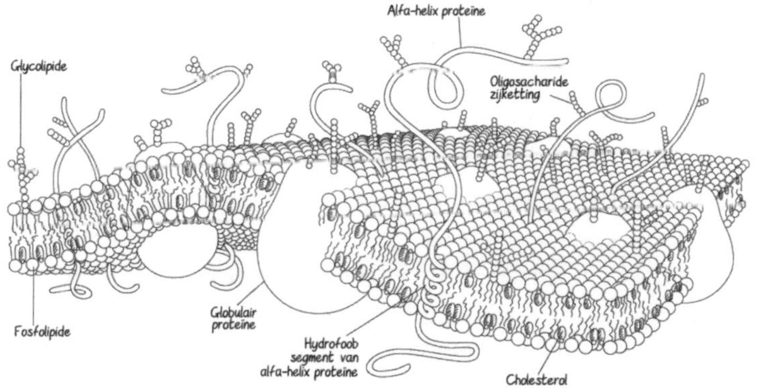

Een stukje van een celwand, bestaande uit een zee van vetten waarin eiwitten (de grote bolvormige structuren) als boeien ronddrijven. Een cel is eigenlijk een minuscule zeepbel omdat de wand daarvan ook uit vetten bestaat (de takvormige uitsteeksels zijn suikerstrengen). *Bron: Dana Burns*, Scientific American, *1985*

door worden deze celwanden meer vloeibaar, wat ervoor zorgt dat de eiwitten beter kunnen ronddrijven in de celwanden en met elkaar kunnen interageren.[45]

De wanden van bloedvatcellen worden hierdoor gezonder. Gezonde bloedvatwanden zorgen ervoor dat er minder klonters in de bloedvaten gevormd worden, zodat het risico op een hartaanval verminderd wordt. Omega-3-vetzuren planten zich niet alleen in bloedvatcellen, maar ook in de wand van de *bloedplaatjes*. Dat zijn kleine, platte bloedcellen die samenklonteren en zo stolsels vormen. Ze spelen een belangrijke rol bij de stolling wanneer we ons verwonden, maar kunnen ook spontaan samenklonteren in onze bloedbaan. Wanneer de wanden van de bloedplaatjes voldoende omega-3-vetzuren bevatten, dan klonteren de bloedplaatjes minder snel samen.[46] De omega-3-vetzuren kunnen zich ook inplanten in de hartspiercellen. Als de wanden van de hartspiercellen veel omega-3-vetzuren bevatten, dan is het hart minder vatbaar voor hartritmestoornissen of 'arrythmieën'.[47] Arrythmieën zijn onwillekeurige en choatische samentrekkingen van het hart die vaak voorkomen bij ouderen. Meer dan een kwart van alle westerlingen tussen 50 en 79 krijgt ooit 'atriale fibrillatie', waarbij de bovenste boezemkamers van het hart te snel samentrekken. Zulke ritmestoornissen worden veroorzaakt omdat geladen deeltjes minder gecontroleerd door kanalen in de celwanden de hartspiercellen invloeien. Een onderzoek waaraan 160 patiënten deelnamen toonde aan dat patiënten die omega-3-vetzuren kregen alvorens ze aan hun hart geopereerd werden, 54 procent minder kans op atriale fibrillatie hadden.[48]

Maar omega-3-vetzuren planten zich niet enkel in de wanden van hart- en bloedvaten. Ze planten zich ook in de wanden van onze hersencellen. En zo hebben omega-3-vetzuren ook een preventieve en soms zelfs genezende werking voor verschillende hersenaandoeningen.

Omega-3-vetzuren en het brein

77 procent van onze hersenen bestaat uit water. Als we al dat water verwijderen, dan blijft het drooggewicht over, waarvan 60 procent vetten zijn. Onze hersenen bestaan dus voornamelijk uit vetten. Het brein is een 'vetorgaan'.

Het is dus niet onlogisch om te veronderstellen dat vetzuren een belangrijke rol spelen bij de opbouw en het onderhoud van de hersenen. Zeker wat 'essentiële' vetzuren zoals de omega-3-vetzuren betreft, die het lichaam niet zelf kan maken en waarvan de meeste westerlingen maar heel weinig via hun voedsel binnenkrijgen. Een eerste belangrijke hint hiertoe werd gegeven in een artikel dat verscheen in *The Lancet*. Daarin is een grafiek te zien die een verband weergeeft tussen de visconsumptie en het voorkomen van depressies in verschillende landen.

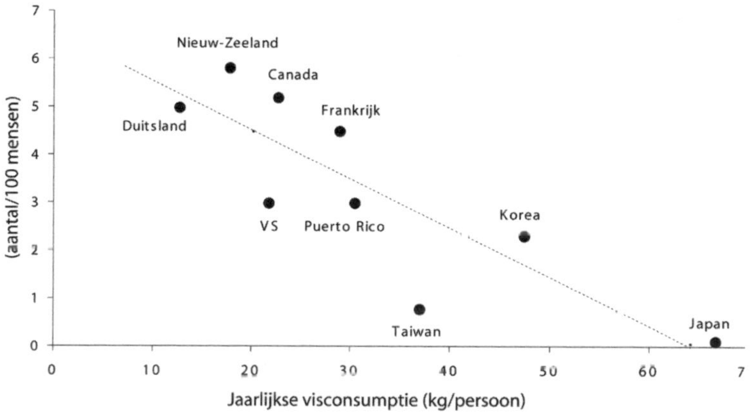

Ernstige depressies komen veel meer voor in landen waar weinig vis gegeten wordt. *Bron: Fish consumption and major depression*, The Lancet, *1998*

In landen waar weinig vis wordt gegeten, zoals Duitsland en Canada, komt depressie tientallen malen meer voor dan in een land als Japan, waar heel veel vis wordt gegeten. De onderzoekers spreken van een factor 60! Kortom, depressie, hier in het Westen bekend als een veelvoorkomende ziekte, een ziekte die zelfs binnenkort op de tweede plaats zal staan na hart- en vaatziekten, komt in sommige landen tientallen malen minder voor... Interessant is dat de onderzoekers ook een soortgelijk verband terugvonden tussen visconsumptie en hart- en vaatziekten.

Talloze onderzoeken, verschenen in toonaangevende psychiatrische tijdschriften zoals de *Archives of General Psychiatry*, tonen aan dat omega-3-vetzuren inderdaad werkzaam zijn tegen depressie en depressieve episodes kunnen verminderen bij bijvoorbeeld manisch-depressieve personen. Een studie bij manisch-depressieven toonde aan dat na vier maanden omega-3-vetzuren slikken ongeveer 90 procent van de patiënten het goed deed (ze waren niet hervallen in een depressie), terwijl van de personen die geen omega-3-vetzuren kregen en slechts de gebruikelijke medicatie, slechts 40 procent het goed deed en dus niet hervallen waren.[49]

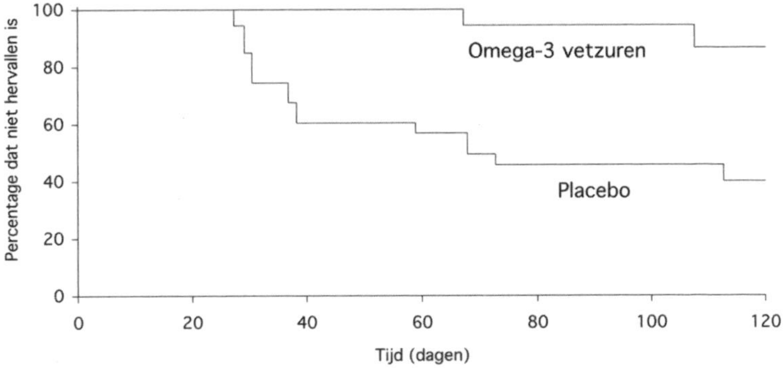

Proefpersonen die omega-3-vetzuren krijgen hebben nagenoeg de helft minder kans om in een depressie te hervallen. *Bron: Omega 3 fatty acids in bipolar disorder: a preliminary double-blind, placebo-controlled trial.* Archives of General Psychiatry, *1999*

In een ander onderzoek kregen personen 2 gram omega-3-vetzuren per dag. Na een maand was hun score op de Hamilton Depressie Schaal (een schaal die de ernst van de depressie meet) van 24 gedaald naar 11,6. De score was gehalveerd, terwijl de score van de controlegroep die placebo's (nepmedicijnen) kreeg, dezelfde was gebleven.[50] Een ander onderzoek dat verscheen in 2010 en waaraan 432 patiënten deelnamen, bevestigde nogmaals dat omega-3-vetzuren 'superieur waren' vergeleken met placebo.[51]

Er zijn zelfs onderzoeken die aantonen dat omega-3-vetzuren kunnen helpen tegen psychotische stoornissen. Psychoses zijn vaak ernstige psychiatrische ziektebeelden waarbij de hersenen beschadigd kunnen raken en waarvoor zware medicatie gegeven wordt. Een psychotische stoornis komt bijvoorbeeld voor bij mensen met schizofrenie. Iemand met een psychose lijdt aan wanen en hallucinaties, zoals het horen van stemmen in het hoofd, het zien van dingen die er niet zijn of het hebben van waangedachten, zoals het gevoel altijd achtervolgd te worden of de idee dat iemand een zendertje in het hoofd heeft ingeplant.

In een studie wederom verschenen in *Archives of General Psychiatry* kregen personen die een hoog risico liepen om een psychotische stoornis te ontwikkelen, omega-3-vetzuren. Na 12 maanden werden slechts 4,9 procent van de personen die omega-3-vetzuren slikten door een psychotische stoornis getroffen, terwijl dat 27,5 procent was in de groep die geen omega-3-vetzuren kreeg. Kortom, personen die geen omega-3 slikten hadden vijf keer meer het risico om psychotisch te worden.[52]

Omega-3-vetzuren kunnen ook een rol spelen bij postnatale depressies. Een postnatale depressie houdt in dat een moeder een depressie ontwikkelt in de weken na de geboorte van haar kind. Vaak wordt beweerd dat deze depressie het gevolg is van een 'verandering in hormoonspiegels'. Maar een andere verklaring houdt in dat omega-3-vetzuren een rol spelen. Tijdens de groei van de foetus zijn omega-3-vetzuren belangrijk voor de aanleg van de hersenen van het kind. Groeiende babyhersenen hebben veel omega-3-vetzuren nodig en wanneer er niet genoeg voorradig zijn, dan onttrekt het kind deze aan de moeder. Hierdoor bouwt de moeder gedurende haar zwangerschap een tekort op aan omega-3-vetzuren en wordt ze vatbaarder voor depressies.[53]

Dat omega-3-vetzuren een belangrijke rol spelen bij de groei en ontwikkeling van de hersenen van de foetus, toont onder meer een studie die verscheen in *The Lancet*. Kinderen van wie de moeder tijdens de zwangerschap voldoende vis at hadden een hoger IQ dan kinderen van moeders die minder vis innamen. Zowel verbale, cognitieve en motorische intelligentie verbeterden aanzienlijk als de moeders tijdens de zwangerschap voldoende omega-3-vetzuren binnenkregen; dit vooral via vis. Zo hadden de moeders die voldoende vis aten de helft minder kans dat hun kind een lager verbaal IQ had.[54]

Ironisch genoeg raadt men zwangere vrouwen juist af om vette vis te eten. Dit omdat vette vis vervuild zou zijn met kwik en andere toxische stoffen, die een negatieve invloed zouden hebben op het ongeboren kind. De onderzoekers concluderen dan ook:

> We vonden voordelige effecten op de ontwikkeling van het kind wanneer de moeder minstens 340 gram vis en schaaldieren per week nuttigt. Dit suggereert dat het advies om minder vis en schaaldieren te consumeren juist schadelijk kan zijn. Deze resultaten tonen dat het risico door het verlies aan voedingsstoffen groter is dan het risico veroorzaakt door blootstelling aan spoorelementen [zoals kwik] in 340 gram vis en schaaldieren die wekelijks worden gegeten. (*Maternal seafood consumption in pregnancy and neurodevelopmental outcomes in childhood (ALSPAC study)*, The Lancet, *2007*)

Omega-3-vetzuren spelen niet enkel een rol bij de ontwikkeling van het jonge brein, maar ook bij het onderhoud van het oude brein.

In een studie verschenen in *Archives of Neurology* waarin gedurende meer dan negen jaar 899 mensen gevolgd en onderzocht werden, bleek dat diegenen die hoge gehaltes aan het omega-3-vetzuur *docosahexaeenzuur* (DHA) in het bloed hadden, zomaar even de helft minder kans hadden om dementie te krijgen, vergeleken met mensen met lagere DHA-gehaltes.[55] De onderzoekers observeerden ook dat twee keer per week vette vis eten reeds voldoende was om te zorgen voor deze vijftig procent vermindering van het risico op dementie.

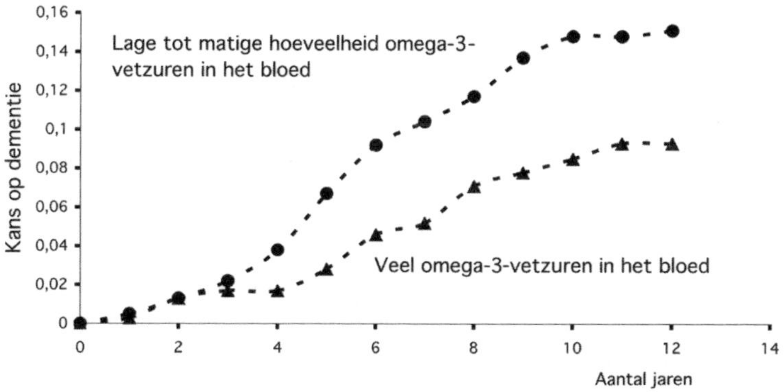

Personen met weinig omega-3 in het bloed (bolletjes), hebben meer kans op dementie vergeleken met personen die veel omega-3-vetzuren in het bloed hebben (driehoekjes). *Bron: Plasma phosphatidylcholine docosahexaenoic acid content and risk of dementia and Alzheimer disease: the Framingham Heart Study,* Archives of Neurology, *2006*

Veel onderzoeken tonen aldus aan dat omega-3-vetzuren een positieve uitwerking op de hersenen hebben, en dat ze het risico op tal van psychiatrische aandoeningen kunnen verminderen of zelfs genezen. Dit in de eerste plaats wat depressies betreft. In een grote analyse van tientallen wetenschappelijke studies, uitgevoerd door elf specialisten, wordt het volgende geconcludeerd:

Een overgewicht aan epidemiologische studies en studies die de samenstelling van lichaamsweefsels onderzoeken toont een beschermende rol van omega-3-vetzuren aan voor stemmingsstoornissen. (*Omega-3 fatty acids: evidence basis for treatment and future research in psychiatry*, Journal of Clinical Psychiatry, *2006*)

Ook de American Psychiatric Association (APA) beveelt het gebruik van omega-3-vetzuren aan bij depressies en psychotische aandoeningen zoals schizofrenie. De APA is de beroepsorganisatie van psychiaters in de VS en is een van de belangrijkste organisaties in de psychiatrie, die onder meer ook het befaamde *Diagnostic and Statistical Manual of Mental Disorders* -boek uitbrengt, ook wel de 'bijbel' van de psychiatrie genoemd.[56]

Hoe kan het dat vetzuren een invloed kunnen hebben op tal van verschillende en uiteenlopende geestelijke aandoeningen?

In de eerste plaats omdat de wanden van onze hersencellen voor het grootste deel uit vetten opgebouwd zijn, zoals we hebben gezien. Omega-3-vetzuren nestelen zich in de wanden van onze hersencellen, zodat de wanden van de hersencellen vloeibaarder zijn. Hierdoor kunnen de eiwitten die erin ronddrijven beter met elkaar communiceren en dit vooral ter hoogte van de *synapsen*. Synapsen zijn de plaatsen waar twee zenuwcellen met elkaar contact maken en signalen uitwisselen. Meer 'vloeibare' synapsen maakt dat zenuwcellen beter en gemakkelijker signalen uitwisselen; het brein wordt dus als het ware 'krachtiger' en meer bestand tegen depressies en geestesziekten.

Daarnaast verminderen omega-3-vetzuren ook *micro-ontstekingen* in het brein. Onder micro-ontstekingen verstaan we vooral ontstekingen op cellulaire schaal, waarbij bepaalde celonderdelen, zoals de celwanden, beschadigd raken en verhinderen dat de zenuwcellen optimaal kunnen werken.

Naast deze genoemde biochemische redenen zijn er ook evolutionaire redenen waarom omega-3-vetzuren zo gezond zijn voor de hersenen. Omega-3-vetzuren zijn onderdelen van vetten en vetten speelden wellicht een belangrijke rol in de evolutie van de mens en vooral in de groei van zijn hersenen. Zo is het mogelijk dat bepaalde mutaties in genen die een rol spelen in het vetmetabolisme ervoor zorgden dat de mens slimmer kon worden.[57] Dit omdat het menselijk brein voor het grootste deel uit vetten bestaat. Als onze voorouders omwille van een mutatie bijvoorbeeld beter vetten kunnen inbouwen in hun brein, dan konden ze grotere en krachtigere hersenen krijgen. Deze mutaties, die de werking van het hele vetmetabolisme veranderden, zorgden ook voor veranderingen in andere lichaamsdelen dan alleen maar de hersenen. Zo werden de vetten in het lichaam anders verdeeld. Dit zou de verschillen kunnen verklaren tussen mensen en mensapen wat betreft de vetverdeling in het lichaam. Mensapen, zoals bonobo's of chimpansees, hebben zeer weinig onderhuids vet vergeleken met mensen. Bovendien hebben bonobo's ook minder vet in borsten en billen. Vergeleken met het gemiddelde bonobovrouwtje hebben mensenvrouwen zelfs gigantische borsten en billen (opgebouwd uit vetweefsel). Kortom, een andere vetverdeling in het lichaam (meer vet voor het brein, borsten, billen en onder de huid) zorgde ervoor dat mensen intelligenter konden worden vergeleken met mensapen. Een nadeel echter van een groot en krachtig brein zou wel eens kunnen zijn dat het vatbaarder is voor geestesaandoeningen als schizofrenie. Volgens sommige wetenschappers is schizofrenie de tol die we betalen voor onze toegenomen intelligentie en creativiteit. Eén procent van de bevolking wordt schizofreen of psychotisch, een aanzienlijk percentage.

Sommige mensen zullen zich afvragen hoe het kan dat de omega-3-vetzuren een voorname rol konden spelen in de evolutie van de mens. De droge Afrikaanse savannevlakte waarin we evolueerden wemelde immers niet bepaald van omega-3-

vetrijke vis. En dat is zeker zo: op een droge savannesteppe vind je niet alleen weinig vis, maar ook heel weinig ander voedsel. Dreigende hongersnoden waren voor onze verre voorouders een groot probleem, zeker omdat de savannevlaktes steeds meer geplaagd werden door droogteperiodes. Dat proces trad al miljoenen jaren geleden in werking, veroorzaakt door de klimaatsveranderingen als gevolg van het in tweeën splijten van Afrika. Dat leest u goed: Afrika is ook vandaag de dag nog druk bezig in tweeën te splijten. Oost-Afrika is bezig zich af te scheuren van West-Afrika door de beweging van de continentale platen, die drijven op een zee van magma. Het resultaat van deze scheuring is de Grote Slenk, een gigantische kloof van duizenden kilometers lang die van het noorden van Afrika naar het zuiden loopt. Enkele van Afrika's grootste meren en watervallen zijn het resultaat van die steeds groter wordende slenk.

Dat proces is miljoenen jaren geleden begonnen. Ten westen van de slenk bleef het klimaat warm en vochtig, met veel oerwoud, en daar bevonden zich de voorouders van de mensapen zoals de bonobo en de chimpansee. Ten oosten van de slenk werd het klimaat veel droger, zodat er droge savannevlaktes gevormd werden (zoals nog altijd het geval is). Onze voorouders evolueerden in dit droge landschap. In tegenstelling tot de voorouders van de bonobo's en chimpansees die in de weelderige oerwouden ten westen van de Slenk woonden, moesten onze voorouders in het droge savannelandschap veel slimmer en vaardiger worden om aan voedsel te komen. Hierdoor ontwikkelden ze een groter brein en het vermogen om rechtop te lopen. Kortom, deze geologische en klimatologische verandering vanwege de Grote Slenk maakte dat onze soort ontstond, en verklaart ook waarom de mens vandaag de dag zoveel verschilt van zijn naaste verwanten, zoals de bonobo of chimpansee (zij hoefden niet volop te evolueren en slimmer te worden omdat ze in hun oerwoud genoeg onderdak en voedsel hadden).

Maar ten oosten van de slenk werd het op bepaalde momenten zo droog dat onze voorouders amper nog voedsel konden vinden in de droge savannevlaktes in het binnenland. Ze zochten hun toevlucht aan de kust. De vochtige lucht zorgde voor een minder droog klimaat en bovendien konden onze voorouders aan de kust vis, schaal- en schelpdieren nuttigen. Zo kwamen ze dus ook aan de broodnodige omega-3-vetzuren, die zo'n belangrijke rol konden spelen in de verdere groei en ontwikkeling van onze hersenen. We stammen zelfs allemaal af van deze voorouders, die tijdens deze grote droogteperiodes in grotten aan de Afrikaanse kust leefden.[58]

Er zijn dus niet alleen biochemische redenen, maar ook evolutionaire redenen waarom omega-3-vetzuren zo belangrijk voor onze hersenen zijn.

Omega-3-vetzuren en het immuunsysteem

Het menselijk lichaam ontsteekt continu en overal. Microontstekingen zijn betrokken bij slagaderverkalking, kanker en zelfs dementie. Maar ontsteking op grotere schaal kan ook echte 'ontstekingsziekten' veroorzaken. Dit zijn ziekten die veroorzaakt worden door ons immuunsysteem, dat overactief is of soms zelfs het eigen lichaamsweefsel aanvalt. Tal van ontstekingsziekten zijn hiervan het resultaat. Bij reuma vallen de witte bloedcellen de gewrichten aan, bij astma worden de witte bloedcellen veel te snel geprikkeld en vallen ze de bronchiën aan, bij eczeem gebeurt dit in de huid, bij de ziekte van Crohn is het immuunsysteem overactief in de darm en bij minder bekende ziekten als lupus, sclerodermie of polymyositis beschouwt het immuunsysteem eigen spier- en bindweefsel als vijandig.

Tal van onderzoeken tonen aan dat omega-3-vetzuren ontsteking en klachten verminderen bij immuunziekten zoals reuma[59, 60] astma[61] en de ziekte van Crohn.[62] De manier van toediening is hierbij van belang. Bij reuma zijn hoge doses omega-3-vetzuren nodig (denk aan enkele grammen per dag). Pas na drie maanden wordt een effect gezien. Om een effect te hebben bij de ziekte van Crohn moeten de capsules *enteric coated* zijn. Dat wil zeggen dat deze capsules een extra beschermlaagje hebben, zodat ze niet meteen oplossen in de maag maar pas in de darm, zodat ze hun inhoud ter hoogte van de ontstekingen kunnen lossen.

De reden waarom omega-3-vetzuren ontsteking(en) kunnen afremmen, is omdat ze inwerken op een belangrijk eiwit in het lichaam, namelijk COX (cyclo-oxygenase). Dit is een eiwit dat stoffen aanmaakt die ontsteking veroorzaken. De bekende ontstekingsremmer aspirine werkt in op dit eiwit; ze remt dit eiwit af door het te blokkeren. Zo verhindert aspirine dat het COX-eiwit ontstekingsbevorderende stoffen aanmaakt.

Het COX-eiwit maakt niet alleen ontstekingsbevorderende stoffen aan, maar ook ontstekingsremmende stoffen: dit COX-eiwit maakt uit omega-3-vetzuren ontstekingsremmende stoffen, terwijl het COX-eiwit uit omega-6-vetzuren stoffen maakt die ontsteking bevorderen. Vandaar dat het zo belangrijk is een goed evenwicht te hebben tussen omega-3- en omega-6-vetzuren. Het hedendaags westers dieet echter bevat veel meer ontstekingsbevorderende omega-6-vetzuren (die zich vooral bevinden in vlees, margarine en oliën zoals soja-, maïs- en zonnebloemolie) dan de ontstekingsremmende omega-3-vetzuren, wat een rol kan spelen bij tal van cardiovasculaire aandoeningen en immuunziekten.

Hoeveel omega-3?

Om een beschermend effect voor hart- en bloedvaten te verkrijgen, wordt aangeraden om minstens 500 milligram (mg) omega-3-vetzuren per dag in te nemen, in de vorm van EPA (eicosapentaeenzuur) en DHA (docosahexaeenzuur). Voor mensen die een extra risico lopen op hart- en vaatziekten (bijvoorbeeld vanwege overgewicht, of omdat ze familieleden hebben met hartproblemen of al een kleine hartaanval gehad hebben) wordt minstens 1 gram (1000 mg) per dag aangeraden. Dezelfde hoeveelheden gelden voor depressies. Ter preventie volstaat 500 mg omega-3-vetzuren. Om depressie echt te behandelen wordt in onderzoek meestal 1, 2 of meer grammen omega-3-vetzuren gebruikt. Je moet echter niet elke dag omega-3-vetzuren innemen; deze vetzuren blijven immers gedurende weken aanwezig in de membranen van onze cellen.

Verschillend onderzoek toont aan dat bij hart- en vaatziekten vooral DHA een gunstige rol speelt, terwijl bij depressies en andere geestelijke aandoeningen dit vooral EPA betreft. Ik raad echter aan om altijd een mengsel van DHA en EPA te gebruiken, omdat op die manier zowel hart als hersenen beschermd worden, en omdat ze elkaars werking versterken.

EPA en DHA vind je vooral in 'vette' vis, dat wil zeggen vetrijke vissoorten als zalm, makreel, haring, ansjovis en sardines. Ik noem deze vissen 'de vette vijf'. Overigens wordt er beweerd van zalm dat wilde zalm meer omega-3-vetzuren bevat dan gekweekte zalm, maar dat is niet het geval. Gekweekte zalm bevat zelfs meer omega-3 dan de wilde zalm,[63] omdat de gekweekte zalm gevoederd wordt en niet de hele dag moet rondzwemmen op zoek naar voedsel, en daardoor veel vetter is.

Slechts twee keer per week vette vis eten is hetzelfde als elke dag een capsule nemen van 500 mg omega-3-vetzuren. Ik ben niet zo'n voorstander van zulke voedingssupplementen: ze kosten veel geld en het is goedkoper en gezonder om de omega-3-vetzuren binnen te krijgen door vette vis te eten. Visolie in capsules is bovendien vaak geoxideerd door zuurstof, zodat de vetzuren ranzig en minder goed werkzaam zijn. Omega-3-supplementen kun je daarom het best altijd in de koelkast bewaren. Maar tegen de tijd dat ze daar terechtkomen, hebben de supplementen vaak al maanden ergens op een warm schap in een magazijn gestaan. Het gebeurt ook soms dat mensen die omega-3-supplementen slikken (lichte) leverstoornissen krijgen.

Bovendien bevat een echte vette vis op je bord nog heel wat

andere gezonde stoffen dan louter omega-3-vetzuren, stoffen die zich niet altijd in voedingssupplementen bevinden. Zo kunnen stoffen zoals furaanvetzuren in vis ook deels verantwoordelijk zijn voor het beschermende effect op hart- en bloedvaten.[64] Maar versta me niet verkeerd: supplementen zijn niet slecht, maar een echte vette vis op je bord is nog beter.

De aangeraden hoeveelheid van 500 mg omega-3-vetzuren per dag is de som van EPA en DHA. Als er bijvoorbeeld 200 mg EPA en 300 mg DHA in een capsule zit, dan kom je aan 500 mg omega-3-vetzuren per dag, precies voldoende.

Het kan voorkomen dat sommige visoliecapsules zwaar op de maag liggen. Mensen voelen zich wat misselijk of klagen over een visgeur-adem. Dit kan opgelost worden door de capsules 's morgens voor het ontbijt in te nemen (zodat het ontbijt de capsule 'bedekt'), of door de visolie in de koelkast te bewaren of door *enteric-coated* capsules te kopen. Deze capsules zijn omhuld door een klein laagje dat de capsules beschermt tegen de inwerking van het maagzuur, zodat deze capsules pas openbarsten in de darm en dus minder zwaar op de maag liggen.

En wat met de kwikopstapeling in vis? Zalm, makreel en andere vetrijke vis zwemmen immers rond in onze vervuilde oceanen en kwik kan zich ophopen in hun lichaam.

Dat klinkt allemaal aannemelijk, maar onderzoek toont aan dat de hoeveelheid kwik in vette vis heel laag is, of de vis nu vrij rondzwemt of gekweekt werd. Onderzoekers concluderen dan ook dat visoliesupplementen 'verwaarloosbare hoeveelheden kwik bevatten' [65, 66]. Natuurlijk kunnen zich ook andere toxische stoffen dan kwik in vis opstapelen. Het is ook zo dat – toxicologisch gezien – hoe groter de vis, hoe meer toxische stoffen zich in de vis kunnen opstapelen: dit omdat de grote vissen kleinere vissen eten, die ook telkens een hoeveelheid toxische stoffen bevatten. Deze toxische stoffen worden niet door de grote vissen uitgescheiden, maar stapelen zich met elk verslonden visje op in hun vetweefsel. Kortom, een ansjovisje zou minder toxische stoffen bevatten per gram lichaamsweefsel dan een tonijn of een grote zwaardvis. De minste opstapeling komt dan ook voor bij zeer kleine zee-organismen zoals algen en kreeftjes. Sommige omega-3-supplementen zijn daarom afkomstig van deze organismen. Wie het zekere voor het onzekere wil nemen, kan kleine vette vissoorten zoals ansjovis of makreel eten of voedingssupplementen op basis van algen slikken.

SAMENVATTING

Ondanks het feit dat westerlingen **steeds minder vetten** eten, worden ze steeds **dikker**.
Personen die een vetarm dieet volgen, verliezen de helft minder gewicht dan personen die een laag-suikerdieet volgen.
Niet zozeer vetten, maar vooral **suikers** spelen een rol bij hart- en vaatziekten.

Er bestaan echter **gezonde** en **ongezonde** vetten.

De zeer ongezonde vetten (of vetzuren) zijn:

- **transvetzuren**: in industrieel bereid voedsel, zoals margarine, fastfood en kant-en-klare maaltijden, gefritureerd voedsel zoals frietjes en kroketten en gebak zoals koekjes, cake, taart et cetera.

Minder gezonde vetten (of vetzuren) zijn:

- **verzadigde vetzuren**: in dierlijk producten, zoals vetrijk vlees, melk, kaas en in plantaardige producten zoals kokosmelk, palmolie, chocolade, et cetera;
- **omega-6-vetzuren**: in vlees en in plantaardige oliën zoals zonnebloemolie, palmolie, maïsolie et cetera.

Gezonde vetten zijn:

- **omega-3-vetzuren**: zoals in vette vis, noten en lijnzaad;
- **mono-onverzadigde vetzuren**: zoals in olijfolie.

Opgelet: zowel omega-6- als omega-3-vetzuren zijn poly-onverzadigde (meervoudig onverzadigde) vetzuren.

Omega-3-vetzuren:

- verminderen volgens veel grote studies de kans op een **hartaanval** met de helft;
- zijn volgens een studie met 140.000 patiënten **beter werkzaam dan statines** wat hart- en vaatziekten betreft;
- kunnen de kans op **depressies, psychoses en herval bij manisch-depressieven** drastisch verminderen en spelen een rol bij de ontwikkeling van de hersenen van de foetus;
- worden aangeraden door **officiële instanties** zoals de American Psychiatric Association (APA), de American Heart Association (AHA) en de European Society for Cardiology (ESC);
- remmen **ontstekingen** af en kunnen een ondersteunende rol bieden bij auto-immuunziekten.

4

De voedselzandloper

'Ken uzelf' staat boven aan de befaamde Griekse tempel in Delphi gegrifd. Deze leuze geldt ook voor ons voedsel. 'Ken je voedsel', of weet wat je eet. In dit kader hebben we de drie grote caloriegroepen besproken (suikers, proteïnen en vetten). Laten we nu gaan kijken naar de verschillende voedingsmiddelen die de voedselzandloper bevat en waarom deze producten zo gezond of zo ongezond zijn.

Trede 1: Dranken

Frisdranken, melk, (drink)yoghurt,
niet-versgeperste vruchtensappen

vervangen door

Water, groene thee, witte thee, gemberthee, rode wijn, versgeperst vruchtensap, plantaardige melk (onder andere: sojamelk, amandelmelk, rijstmelk), koffie.

Water

Nieren zijn wonderlijke, complexe machines. Elke nier is opgebouwd uit een miljoen *nefronen*. Een nefron is een soort van mininier, de basiseenheid van de nier die het eigenlijke filterwerk doet. Een nefron bestaat uit een kluwen van bloedvaatjes dat zich in een 'trechter' bevindt. Uit dat kluwen van bloedvaatjes sijpelt vocht (met toxines en afvalproducten) vanuit het bloed de trechter in. Een miljoen trechters monden uit in de urineleider, die de urine richting urineblaas stuurt.

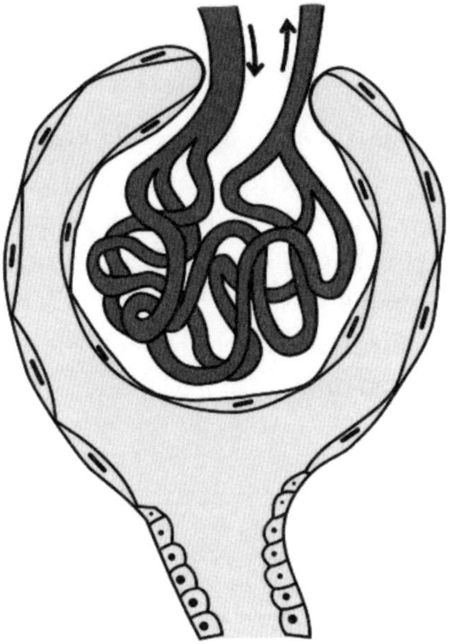

Uit het bloedvatenkluwen wordt vocht 'geperst', dat in een trechter terechtkomt. Het grootste gedeelte van dit vocht uit de bloedbaan wordt verderop in de trechter geabsorbeerd zodat het weer in de bloedbaan terechtkomt. Het vocht dat achterblijft, sijpelt verder naar de urineleider (die uitmondt in de urineblaas).

Per dag wordt ongeveer 180 liter (!) vloeistof vanuit de bloedbaan in twee miljoen nefrontrechters geperst. Het grootste gedeelte van die 180 liter wordt verderop in de nefronen terug geabsorbeerd en gaat dus weer de bloedbaan in. Dat wil zeggen dat de vijf liter bloed in uw lichaam per dag ongeveer 36 keer gefilterd wordt. Ongeveer 1,5 liter van de 180 liter blijft achter in de nefronen en dat is de anderhalve liter urine die we dagelijks uitplassen. Onze nieren zijn dus continu heel druk bezig; vandaar dat de nieren heel gevoelig zijn voor het verouderingsproces.

Vanaf de leeftijd van dertig jaar daalt onze niercapaciteit met 10 procent per decennium. Dat wil zeggen dat de meeste zeventig- en tachtigjarigen nog maar de helft van hun niercapaciteit hebben. In de meeste gevallen is dit nog minder dan de helft vanwege minder gezonde leefgewoontes. Drie belangrijke zaken die de nieren belasten en veroorzaken dat ze sneller achteruitgaan, zijn:

- onvoldoende water drinken;
- veel proteïnerijk voedsel eten;
- medicijngebruik, zoals te hoge doses aspirine, sommige bloeddrukverlagers of plaspillen (diuretica).

Voldoende water drinken is zeer belangrijk voor de nieren. Hoe meer water je drinkt, hoe meer water er langs de nieren moet passeren. Voldoende waterpassage zorgt ervoor dat de duizenden kilometers aan haarfijne vaten en vatenkluwens in onze nieren voldoende uitzetten (omdat ze gevuld zijn met meer vocht), zodat deze nieren minder snel beschadigd worden. Extra water zorgt er bovendien voor dat de nieren volop het bloed kunnen filteren. Water smeert de nieren dus zoals olie een machine smeert. Het belang van voldoende water drinken blijkt duidelijk bij een hittegolf. Vooral oude mensen die op een warme dag te weinig drinken, kunnen nierbeschadigingen en zelfs nierfalen oplopen. Nierfalen is een maar al te frequente aandoening op een warme zomerdag in een rusthuis.

Voldoende water drinken is niet alleen belangrijk voor de nieren, maar ook voor hart- en bloedvaten. Volgens dokter Gary Fraser, cardioloog en de hoofdonderzoeker van de bekende *Adventist Health Study* waaraan 34.000 proefpersonen deelnamen, hebben personen die vijf of zes glazen water per dag drinken, 60 tot 70 procent minder kans op een hartaanval dan diegenen die veel minder water drinken.[27]

Het is van belang om elke dag voldoende te drinken, en dan vooral water. Een mens heeft 2 liter vocht per dag nodig, in de vorm van dranken (in voedsel zit ook nog extra vocht). Hoe vroeger je hiermee op de dag begint, hoe beter. Zo drinkt de bekende dokter Hiromi Shinya elke morgen na het ontwaken twee glazen water, een kwartiertje voor het ontbijt. Dit zorgt ervoor dat het lichaam meteen vocht opneemt en dat de nieren al van bij het begin van de dag hun filtercapaciteiten kunnen opdrijven. Ook het spijsverteringskanaal wordt letterlijk en figuurlijk uitgespoeld. Bovendien zorgt het drinken van één of twee glazen water voor het ontbijt ervoor dat je na een kwartier meer eetlust krijgt, zodat je stevig kunt ontbijten, wat – zoals we verderop zullen zien – van groot belang is. Doe na die glazen water dus eerst een kwartiertje iets anders voor je ontbijt, zoals je wassen, omkleden, scheren/opmaken, krantje lezen of je middagmaal al klaarmaken.

Naast het te weinig drinken van water is een te hoge inname van eiwitten ongezond voor de nieren. We hebben in het vorige hoofdstuk al gezien dat vlees – een rijke bron van proteïnen – de nieren belast. Behalve een te hoge proteïne-inname, zijn ook heel veel medicijnen schadelijk voor de nieren, bijvoorbeeld antibiotica of via de mond ingenomen aciclovir (tegen koortsblaasjes). Dit zijn stoffen die door de nieren uitgescheiden worden, wat bijzonder belastend en toxisch is voor nieren. Pijnstillers zoals aspirine, diclofenac, ibuprofen, naproxen en bepaalde bloeddrukverlagende medicijnen (zoals de ACE-inhibitoren) zorgen er bovendien voor dat de bloedvaatjes in de nieren vernauwen, zodat er minder bloed doorheen kan en de nieren beschadigd kunnen worden.

Heel wat medicijnen die mensen soms voor lange tijd innemen, zoals pijnstillers en bloeddrukverlagende medicatie, kunnen zo de nieren beschadigen.

Oppassen geblazen dus met medicijnen, maar ook met proteïnen. En uiteraard veel water drinken. Maar buiten water bestaan er natuurlijk nog tal van andere gezonde dranken, die elk op hun eigen manier een positieve invloed uitoefenen op het lichaam.

Groene thee, witte thee en gemberthee

Talloze onderzoeken tonen aan dat groene en witte thee specifieke gezonde effecten op het lichaam hebben. Zo vermindert groene thee de kans op kanker en beïnvloedt het het metabolisme op zo'n manier dat we gewicht verliezen. En witte thee kan het ontstaan van rimpels verminderen, omdat witte thee onder meer *proteïnases* afremt. Ik verklaar me nader.

Proteïnases zijn eiwitten die het collageen en elastine in onze huid afbreken; collageen en elastine zijn op hun beurt ook eiwitten. Collageen zijn lange strengen eiwitten die de huid soepel houden; elastines zijn veerkrachtige eiwitten die de huid haar elasticiteit geven. Als deze eiwitten door proteïnases afgebroken worden, dan wordt de huid minder elastisch en ontstaan er rimpels. Dit proces van rimpelvorming wordt ook nog eens versneld als we veel suikers eten, zoals we in hoofdstuk 3 reeds gezien hebben.

Uit de grafiek op de volgende bladzijde valt duidelijk af te lezen dat witte thee de meest krachtige remmer is van de proteïnases die langzaam maar zeker, wanneer de jaren verstrijken, de huidbestanddelen afbreken. Witte thee remt zowel collagenase als elastase (de namen van de proteïnases die respectievelijk collageen en elastine afbreken). Ook het stofje EGCG – een van de belangrijkste stoffen in groene thee – remt even goed als witte thee elastase af, maar het remt collagenase in mindere mate. Groene thee heeft dus ook een gun-

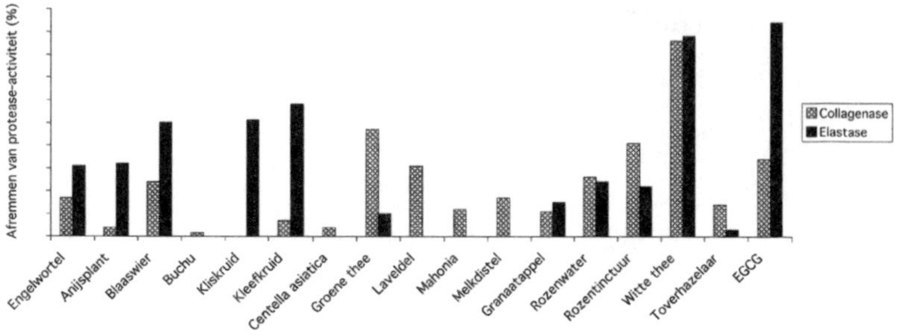

Deze grafiek geeft de mate weer waarin bepaalde voedingsproducten zoals witte thee of EGCG (een stof in groene thee) de proteïnases afremmen, eiwitten die de huidbestanddelen afbreken en zo rimpels veroorzaken. *Bron: Anti-collagenase, anti-elastase and anti-oxidant activities of extracts from 21 plants*, Biomedcentral, 2009

stige invloed op veroudering in de huid, maar minder dan witte thee.[67]

Groene thee werd gedurende de laatste jaren veel meer bestudeerd dan witte thee. Vaak krijgen mensen te horen dat groene thee zo gezond is omdat er antioxidanten in zitten. Maar dat is niet de reden waarom groene thee positieve effecten op het lichaam heeft. Laten we eerst deze antioxidantenmythe nader bestuderen.

Van overal in de populaire pers en vooral van fabrikanten van voedingsmiddelen krijgen we te horen dat antioxidanten gezond zijn. Veel wetenschappers (die *echt* gespecialiseerd zijn in onderzoek naar antioxidanten) zijn het daar niet meteen mee eens. Het grote publiek wordt verteld dat antioxidanten gezond zijn omdat ze *vrije radicalen* neutraliseren. Vrije radicalen zijn kleine moleculen die overal in het lichaam ontstaan als bijproduct van het metabolisme. Ze reageren met proteïnen, DNA-fragmenten of de celwanden, die hierdoor beschadigd worden.

Antioxidanten ruimen deze vrije radicalen op door ermee

te reageren. Antioxidanten zijn de bodyguards die de kogel opvangen. Dit doen ze door als eerste te reageren met de vrije radicalen, waardoor waardevolle celonderdelen zoals het DNA of proteïnen bespaard blijven van de terreur van de vrije radicalen. Maar als de antioxidanten in groene thee zo goed vrije radicalen kunnen bestrijden als wordt beweerd, dan hebben we een probleem: vrije radicalen zijn namelijk noodzakelijk. Ze zijn nodig om onze cellen alarm te doen slaan. Wanneer onze cellen vrije radicalen detecteren, dan gaan ze allerlei eiwitten aanmaken om zich te beschermen tegen vrije radicalen. Deze eiwitten kunnen vrije radicalen veel beter bestrijden dan de antioxidanten die je via de voeding of voedingssupplementen inneemt. Wanneer we dus grote hoeveelheden antioxidanten innemen, dan worden onze cellen niet meer geprikkeld en vallen de natuurlijke verdedigingsmechanismen van onze cellen weg; verdedigingsmechanismen die ons beschermen tegen tal van andere, meer gevaarlijke vrije radicalen en toxische stoffen. Deze verzwakte verdedigingsmechanismen zorgen er dan voor dat deze toxische stoffen en vrije radicalen hun nefaste werk kunnen doen, wat op lange termijn onze gezondheid schaadt. Dit verklaart ook waarom (grote en goed uitgevoerde) onderzoeken aantonen dat antioxidanten niet beschermen tegen hart- en vaataandoeningen en andere verouderingsziekten. En waarom de meeste antioxidanten zelfs de algemene mortaliteit verhogen. Zo toonde een grote studie, die 68 eerder uitgevoerde studies onderzocht en waaraan in totaal meer dan 232.000 patiënten deelnamen, nog maar eens aan dat de meeste antioxidanten niet werken ter preventie van hart- en vaatziekten, kanker, alzheimer, levercirrose enzovoort. En dat de antioxidanten bètacaroteen, vitamine E en vitamine A zelfs de sterfte verhogen.[68] We zullen dit nog verder bespreken in het stuk over goede en slechte voedingssupplementen, trede 6 van de voedselzandloper.

Als groene thee zo geweldig veel antioxidanten zou bevatten als veel reclameboodschappen ons doen willen geloven, dan zouden deze antioxidanten de verdedigingsmechanismen van onze cellen lui maken en verzwakken, wat op lange termijn funest zou zijn. Neen, groene thee is niet zozeer gezond omwille van antioxidanten, als wel omdat het stoffen bevat die net licht toxisch zijn! Deze licht toxische stoffen noemen we *flavonoïden*. Vaak wordt gezegd dat flavonoïden gezond zijn omdat het antioxidanten zijn (dit wordt niet alleen beweerd door de populaire media, maar soms ook door onderzoekers die niet echt thuis zijn in vrijeradicaalchemie). Flavonoïden zijn niet zozeer gezond omwille van hun antioxidanten-activiteit, maar omdat het lichte toxines zijn. Deze flavonoïden prikkelen de cellen in ons lichaam en die gaan in de verdediging: onze cellen gaan eiwitten aanmaken die ons beschermen tegen toxische stoffen. Hierdoor worden de cellen op langere termijn beter beschermd tegen schade die meestal veel erger is dan de schade die wordt veroorzaakt door groene thee.

Bovendien beïnvloeden stoffen in groene thee ook de werking van eiwitten die een rol spelen bij het ontstaan van kanker. Dit doen deze stoffen dus niet via hun 'magische' antioxidante werking, maar door te reageren met specifieke eiwitten in onze cellen die de groeicyclus van cellen regelen.[69] Dat is om de volgende reden belangwekkend: wanneer deze eiwitten ontregeld raken, kan er een ongecontroleerde groei optreden die kanker kan veroorzaken. Het stofje EGCG in groene thee activeert bovendien het eiwit p53, dat ervoor zorgt dat cellen die stilaan beginnen te ontaarden in kankercellen op tijd zelfmoord plegen.[70] Groene thee onderdrukt ook de aanmaak van TNF-alpha, een stof die ontstekingen veroorzaakt[71,72] – en micro-ontstekingen in het lichaam zijn een ideale voedingsbodem voor kanker. Welnu, zonder één keer het woord antioxidant te noemen heb ik enkele mechanismen opgesomd die ervoor verantwoordelijk zijn dat groene thee het ontstaan van kanker kan afremmen.

Dit klinkt misschien allemaal mooi in theorie, maar wat in de praktijk? Zijn er onderzoeken die aantonen dat mensen die groene thee drinken minder kans hebben op kanker? Er zijn inderdaad tal van onderzoeken die een verband aantonen. Vrouwen die bijvoorbeeld tien Japanse kopjes groene thee per dag drinken (wat kleine kopjes zijn vergeleken met onze westerse theekoppen), hebben gemiddeld negen jaar later kanker dan vrouwen die per dag minder dan drie Japanse kopjes groene thee drinken.[73] Een studie waaraan 70.000 patiënten deelnamen, toonde aan dat personen die regelmatig groene thee drinken 57 procent minder kans hebben op darmkanker.[74] Volgens een onderzoek met 49.920 deelnemers hadden mannen die meer dan vijf kopjes groene thee dronken per dag 48 procent minder kans op prostaatkanker vergeleken met mannen die minder dan één kopje per dag dronken.[75] Dr. Fujiki, onderzoeker naar groene thee en kanker en directeur van het Saitama Kankercentrum (Japan), zegt het volgende:

> Groene thee vertraagt het ontstaan van kanker en voorkomt secundair primaire tumoren, het heroptreden van tumoren en uitzaaiingen in personen met kanker in de voorgeschiedenis. Eén miljoen Japanners leven vijf tot tien jaar nadat ze de diagnose van kanker gekregen hebben, en deze mensen hebben stoffen nodig die preventief werken tegen [het terugkomen van] kanker zonder bijwerkingen. In dit opzicht zijn groene thee of groenetheesupplementen een praktische en goedkope vorm van preventie die gesteund wordt door wetenschappelijke data. (*Bron: Vitasearch, The experts speak: cancer and green tea*)

De antitumorale werking van groene thee gaat verder dan kanker, daar groene thee ook genitale wratten zou kunnen genezen. Ik vertel dit omdat genitale wratten de voorlopers zijn van tumoren; het enige verschil tussen een wrat en een kankergezwel is dat de cellen waaruit de wrat is opgebouwd nog niet voldoende mutaties hebben gehad om helemaal op hol te slaan en een echte kanker te worden. Bij mensen van wie het immuunsysteem er niet in slaagt om genitale wratten na enkele jaren op te ruimen, kunnen deze wratten uitgroeien tot een kanker.

Genitale wratten zijn een veel voorkomende aandoening en worden veroorzaakt door een virus, het *humaan papillomavirus* (HPV). Ongeveer 80 procent van de mensen wordt ooit met dit virus besmet. HPV plant zijn DNA in de cellen van de baarmoederhals of in de huidcellen rondom de anus of de penis. Bij de meeste mensen ruimt het immuunsysteem deze virussen op, maar bij sommige mensen blijven de virussen woekeren (omdat ze sterk zijn of omdat het immuunsysteem niet optimaal bestand is tegen dit type virus) en ontstaan genitale wratten, waarvan sommige subtypes na verloop van tijd kunnen ontaarden in kanker. Daarom raadt de overheid vrouwen aan om om de paar jaar een uitstrijkje te laten nemen. Zo kan worden gecontroleerd of HPV geen kanker in de baarmoederhals aan het veroorzaken is.

Maar wat heeft groene thee hier nu mee te maken? De Food and Drug Administration (FDA) in de VS heeft onlangs een zalf goedgekeurd op basis van groene thee die in staat is genitale wratten te doen verdwijnen.[76] Dit is opmerkelijk, omdat genitale wratten moeilijk tot niet te genezen zijn. De meest gebruikte manier om van genitale wratten 'verlost' te worden, is de besmette huidcellen weg te snijden, te branden of kapot te vriezen. Vaak komen de genitale wratten echter terug. Genitale wratten zijn voor patiënt en arts een hardnekkig probleem. Het is daarom interessant dat een eenvoudige zalf op basis van groene thee in staat is om deze gezwellen te laten verdwijnen. Vergeet niet dat in het DNA van een genitale wrat reeds tal van mutaties plaatsvonden, die maken dat de cellen al een wildgroei vertonen (anders zouden het geen wratten worden), zodat ze enkele stappen dichter bij een echte kanker gekomen zijn.

Naast het verminderen van het risico op kanker werkt groene thee ook op het metabolisme. Groene thee kan mensen doen vermageren en de kans verminderen op diabetes, de metabole ziekte bij uitstek.[77] Groene thee zorgt voor betere bloedsuikerspiegels,[78] versnelt de vetverbranding en verbetert de insulinegevoeligheid van de weefsels. Een toegenomen insulinegevoeligheid zorgt ervoor dat de lever-, spier- en vetcellen in ons lichaam sneller reageren op insuline en zo sneller de suiker uit de bloedbaan halen en deze opslaan. Hierdoor kan suiker minder schade aanrichten elders in het lichaam.

Groene thee heeft ook effecten ter hoogte van de hersenen. Het aminozuur *theanine* in groene thee veroorzaakt meer *alfagolven* in onze hersenen, waardoor we zowel kalmer als geconcentreerder zijn. Groene thee vermindert ook het samenklonteren van de bloedplaatjes, wat goed is voor de bloedvaten in het hart en in de hersenen. Vanaf drie koppen groene thee per dag hebben mensen minder kans op een beroerte (een hersenbloeding of het plots dichtslibben van een slagader in de hersenen): een groot onderzoek waaraan meer dan 195.000 personen deelnamen, toonde aan dat mensen die 3 koppen groene thee dronken per dag 21 procent minder kans hadden op een beroerte. Wanneer ze 6 koppen groene thee dronken, dan was hun risico op een beroerte 40 procent lager.[79]

Maar het is niet allemaal rozengeur en maneschijn. Hoewel een klein risico, verhoogt groene thee het risico op blaaskanker. Dit wordt veroorzaakt door de al eerder genoemde licht toxische stoffen in groene thee, die zich in de urineblaas concentreren voordat ze uitgeplast worden. Een lage concentratie van toxische stoffen kan gezond zijn, maar een te hoge concentratie is ongezond, wat de verhoogde kans op blaaskanker kan verklaren. De vele voordelen van groene thee wegen echter niet op tegen het licht verhoogd risico op blaaskanker.

Groene thee, en thee en koffie in het algemeen, irriteren

ook het maagslijmvlies. Veel theedrinken, zeker op een nuchtere maag, kan bij sommige mensen maagproblemen geven. Het is dus het best om een uur na het eten thee te drinken. Vermijd ook om tijdens het eten te drinken, omdat het maagzuur en de spijsverteringssappen daardoor verdund worden, wat zorgt voor een minder optimale vertering en hierdoor maag en darmen belast.

We hebben nu twee soorten thee besproken, namelijk groene en witte thee. Er is nog een derde thee waarvan onderzoek aantoont dat hij gezonde effecten op het lichaam heeft: gemberthee. Een belangrijke component in gemberthee is *gingerol*. Gingerol remt ontsteking, wat ontstekingsziekten zoals reuma ten goede kan komen[80] en ook kanker.[81, 82] Gemberthee maak je door wat stukjes gember tien minuten te laten trekken in kokend of heet water.

Zowel groene thee, witte thee als gemberthee heeft dus tal van positieve effecten op onze gezondheid, met als uitspringer groene thee. Ik raad mensen die willen afvallen of in het algemeen gezond willen blijven aan om elke dag drie tot zes koppen groene thee te drinken, met eventueel een kopje witte thee ertussendoor. Voor diegenen die groene thee drinken louter en alleen om gewicht te verliezen, is het van belang te weten dat je door het drinken van groene thee niet meteen zult afvallen. Het duurt namelijk vele weken voordat het metabolisme zich opnieuw zo heeft ingesteld dat vetten en suikers op een andere manier verbrand worden.

Frisdranken en winkelvruchtensappen

Zoals reeds volop in dit boek aan bod kwam, is suiker ongezond voor het lichaam. Een teveel aan suiker zorgt niet alleen voor versnelde veroudering, maar verhoogt ook de kans op kanker en – zoals meer recent onderzoek aantoont – op hart- en vaatziekten.

Voedingsfabrikanten hebben een prachtige manier gevonden om ons grote hoeveelheden suiker te laten consumeren, zonder dat we het merken. Het resultaat heet 'frisdrank', of beter nog: 'vruchtensap'. Een gemiddeld blikje frisdrank bevat 35 gram suiker: dat zijn 9 suikerklontjes! Nog erger zijn de winkelvruchtensapjes, die de indruk wekken gezond te zijn omdat ze van fruit gemaakt werden, geen conserveermiddelen bevatten of 'extra vitamine C' hebben en ondertussen boordevol suiker zitten. Een doorsnee flesje winkelvruchtensap bevat 11 koffielepels suiker! Andere fabrikanten zetten in grote letters op hun sapje 'Zonder toegevoegde suikers'. Wat ze wél toevoegen, is hoog geconcentreerd appelsap dat bijna vooral uit suiker bestaat. Maar omdat ze geen pure suiker (namelijk glucose) toevoegen, kunnen ze de kreet 'Zonder toegevoegde suikers' gebruiken om zo een zweem van gezondheid rond hun product te creëren.

Niet alleen de grote hoeveelheid verborgen suiker in frisdranken en winkelvruchtensappen is ongezond. Ook de 'verpakking' van de suiker in deze dranken is weinig bevorderlijk voor het metabolisme. Omdat de suiker in een vloeistof opgelost zit, wordt deze meteen geabsorbeerd in de darm. Dat veroorzaakt grote suikerpieken en daaropvolgende insulinepieken in het bloed. Die insulinepieken putten de alvleesklier uit en maken de lichaamscellen minder gevoelig voor insuline, zodat diabetes kan ontstaan. Uit de bekende Nurses' Health Study bleek dat vrouwen die elke dag één frisdrank nuttigden hun kans op diabetes bijna verdubbelden.[83]

Frisdranken bevatten – naast grote hoeveelheden suiker – ook *fosfaten.* Fosfaten kunnen voor versnelde veroudering zorgen. Onderzoek bij muizen toont aan dat muizen die een hoog fosfaatgehalte in hun bloed hebben, sneller verouderen en vroeger sterven. Muizen die een dieet kregen met veel fosfaten hadden 25 procent reductie in hun levensduur.[84] Het effect van fosfaten op het lichaam kon ik met eigen ogen waarnemen toen ik nog geneeskundestudent was en als stagiair werkte op de niertransplantatieafdeling. De nieren zijn ook verantwoordelijk voor de fosfaathuishouding. Sommige patiënten met nierproblemen hebben hoge fosfaatlevels in het bloed. Het viel me altijd op hoe opmerkelijk ouder en zieker deze patiënten er voor hun leeftijd uitzagen, met een bleke, rimpelige huid, broos haar en vermoeide, afgeleefde lichamen.

Ook de zogenaamd 'gezondere' light of dieetfrisdranken bevatten veel fosfaten (bovendien is bij deze frisdranken de suiker vervangen door de kunstmatige zoetstof aspartaam, ook een ongezonde stof zoals we nog zullen zien). Fosfaten bevinden zich niet alleen in frisdranken, maar ook in allerlei ander industrieel bereid voedsel (bijvoorbeeld diepvriespizza's, fastfood, cakes, koekjes).

Met al die verborgen suikers, fosfaten en andere ongezonde stoffen hoeft het geen verbazing te wekken dat frisdranken en (industrieel geproduceerde) vruchtensappen een hoofdmotor zijn van de obesitasepidemie, en dit vooral in ontwikkelingslanden. De dikste mensen leven niet langer in de VS, ze leven in opkomende ontwikkelingslanden zoals Egypte en Mexico. Daar worden grote hoeveelheden frisdrank genuttigd (omdat ze zo goedkoop en lekker zijn) en zijn overgewicht, hart- en vaatziekten en diabetes vele malen toegenomen. Zo had in 1989 2 procent van de personen in Mexico diabetes. In 2000 was dit getal verzevenvoudigd tot 15 procent en de tendens zet zich ongenadig voort.[85] In Japan, waar verschillende kankers en hart- en vaatziekten vijf- tot tienmaal minder voorkomen en waar de hoogste levensverwachting ter wereld geldt, zien we dat de hoeveelheid genuttigde frisdranken tienmaal lager ligt dan in de VS. Een gemiddelde Amerikaan drinkt 216 liter frisdrank per jaar; een Japanner komt nog niet aan 22 liter.[86]

Uiteraard ligt het veel minder voorkomen van chronische ziekten als diabetes, kanker en hart- en vaatziekten in Japan niet alleen aan het minder drinken van frisdrank. Maar minder

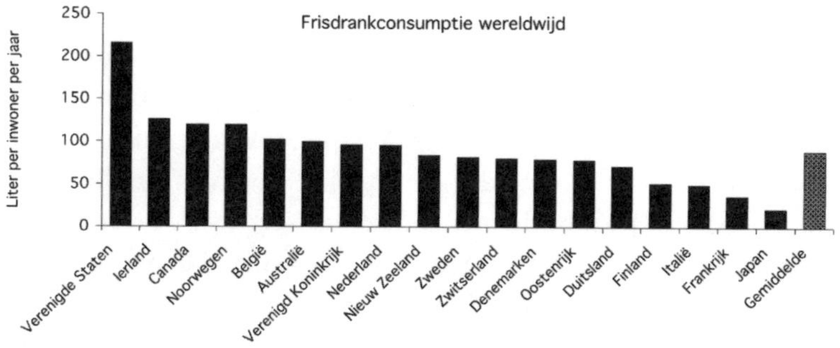

Bron: Global Market Information Database, Euromonitor

frisdranken en winkelvruchtensappen drinken is een belangrijk onderdeel van een gezond voedingspatroon. Wat de grafiek aantoont, is dat het drinkgedrag van cultuur tot cultuur enorm kan verschillen. Het kan dus veel gezonder.

Frisdranken en winkelvruchtensappen horen daarmee met recht thuis in de bovenste trede van de verboden driehoek van de voedselzandloper. Vervang deze ongezonde dranken zoveel mogelijk door water en groene en witte thee.

Alcohol

Het eerste wat mijn professor gastro-enterologie (maag- en darmkunde) zei tijdens zijn les over alcohol, was dat zijn afdeling in het ziekenhuis tweederde minder patiënten zou hebben wanneer alcohol niet zou bestaan. Alcohol is een flink toxische stof voor het lichaam, die schade kan aanrichten van lever tot hersenen en hart. Er zijn geen problemen bij matig alcoholgebruik, maar bij het drinken van te veel alcohol ontstaan er fikse problemen.

De meest gekende bijwerking van alcohol is *levercirrose.* Cirrose wil zeggen dat levercellen afsterven en worden vervangen door taai bindweefsel. In tegenstelling tot wat veel mensen denken ontstaat cirrose niet zozeer door de rechtstreekse inwerking van alcohol op de lever, maar door een ander, veel interessanter mechanisme.

Alcohol beschadigt de darmwand (en de maagwand: wie een kater heeft, kan gelukkig niet in de badkamerspiegel de rode ontstoken binnenkant van zijn maag zien). Omdat alcohol de darmwand beschadigt, kunnen tal van giftige stoffen – afgescheiden door de darmbacteriën – vanuit de darm de bloedbaan in lekken. Het bloed afkomstig van de darm passeert altijd eerst de lever. Maar het lichaam is daartoe uitgerust: in de lever, tussen de levercellen, bevinden zich witte bloedcellen die als taak hebben om toxische stoffen uit het bloed op te ruimen. Maar de door alcohol beschadigde darmwand maakt dat er te veel toxische stoffen in het bloed terechtkomen, zodat de witte bloedcellen in de lever overactief worden. De witte bloedcellen denken dat er een sterke ontsteking gaande is en scheiden ontstekingsfactoren af. Die ontstekingsstoffen hebben als bijwerking dat de omliggende levercellen beschadigd raken en dat omliggende bindweefselcellen geprikkeld en wakker geschud worden. Deze bindweefselcellen gaan continu bindweefsel produceren, waardoor de lever helemaal verbindweefselt en dus 'cirrotisch' wordt, wat een onomkeerbaar proces is. Aangezien de lever de biochemische fabriek van het lichaam is, is dat geen prettig vooruitzicht.

Maar de lever en de darm zijn niet het enige wat alcohol beschadigt. Alcohol kan ook de hartspiercellen beschadigen, waardoor mensen die veel alcohol drinken hartfalen kunnen krijgen. Daarenboven is alcohol slecht voor de alvleesklier; alcohol vormt samen met galstenen de belangrijkste oorzaak van pancreatitis (een ontstoken alvleesklier). De hersencellen zijn ook niet blij met alcohol: op lange termijn krijgen alcoholici de syndromen van Wernicke en Korsakov, twee ziektebeelden die gekenmerkt worden door permanent geheugenverlies, vervlakking van de gevoelens en vreemde oogbewegingen.

Uiteraard zijn levercirrose, een alvleesklierontsteking en alcoholisch hartfalen zaken die pas voorkomen bij langdurig en veelvuldig alcoholgebruik. Maar deze ziektebeelden tonen aan dat te veel alcohol niet gezond is en het lichaam kan beschadigen. De meeste van deze schade wordt hersteld, maar dat neemt niet weg dat alcohol al snel een zware belasting voor het lichaam vormt. Vijf glazen alcohol drinken zal niet meteen zorgen voor een verbindweefselde lever of een falend hart, maar op moleculair vlak treedt schade op, wat op lange termijn noodlottig is voor de gezondheid en veroudering kan versnellen. De meeste van deze schade gebeurt via *aceetaldehyde*, het afbraakproduct van alcohol en een vrij toxische stof. Het kleeft aan allerlei eiwitten in onze cel en aan de celmembranen, zodat de cellen minder goed functioneren. Cellen raken hierdoor beschadigd en verouderen hierdoor sneller.[87] Aceetaldehyde is dus de stof die ons een kater geeft, waardoor we daags na een alcoholgelag ziek, moe en futloos zijn.

En: van alcohol word je dik. Een glas bier bevat ongeveer 105 kilocalorieën. Een mens heeft gemiddeld zo'n 2000 kilocalorieën per dag nodig (een vrouw 1800, een man 2200). Na twee glazen bier heb je al meteen 210 kilocalorieën extra! Ook een glas wijn bevat zo'n 85 kilocalorieën – uiteraard bevat een glas wijn minder vloeistof dan een glas bier. Per 100 ml bevat bier 43 kilocalorieën; wijn bevat per 100 ml 85 kilocalorieën. Wijn bevat dus dubbel zoveel calorieën als bier. Sterkedranken zijn koplopers wat het aantal calorieën betreft: whisky, wodka of gin bevatten drie keer meer calorieën dan wijn.

Bovendien word je door alcoholische dranken niet alleen dik omdat er heel wat calorieën inzitten, maar ook omdat alcohol verschillende metabolische mechanismen in de lever en het vetweefsel beïnvloedt, waardoor de kilo's zich nog sneller opstapelen.

Dat alcohol toxisch is, kan echter ook een goede zaak zijn. We hebben immers bij groene thee gezien dat licht toxische stoffen gezond kunnen zijn, bijvoorbeeld omdat ze de verdedigingsmechanismen van de cellen prikkelen. En inderdaad, matig alcoholgebruik kan gezond zijn. Onderzoek toont aan dat één of maximaal twee alcoholische consumpties per dag gunstig voor hart- en bloedvaten is. Mensen die één of twee alcoholische dranken per dag nuttigen, hebben 35 procent minder kans op een hartaanval dan personen die geen alcohol drinken.[83] Onderzoekers schrokken van dit aanzienlijke percentage. Maar vanaf drie of meer alcoholische dranken is er echter een verhoogd risico op hoge bloeddruk, slagaderverkalking, hartfalen, alvleesklierontsteking, kanker en beroertes. Matig alcoholgebruik valt dus aan te raden: maximaal twee glazen alcohol per dag voor mannen en één glas alcohol voor vrouwen. Voor vrouwen geldt een wat strengere regel omdat onderzoek aantoont dat reeds vanaf twee glazen alcohol per dag het risico op borstkanker aanzienlijk stijgt. Vrouwen die twee glazen alcohol drinken hebben 25 procent meer kans op borstkanker. Kortom, zowel voor mannen als voor vrouwen heeft alcohol een zeer nauwe 'therapeutische marge'.

Van belang is bovendien dat de alcohol op een regelmatige basis gedronken wordt. Dus niet vijf dagen geen druppel en dan op een jolige zaterdagavond ineens vijf glazen, maar wel bijvoorbeeld drie of meer dagen in de week één of twee glazen per dag. Interessant is dat studies tonen dat het om het even is wat voor soort alcoholische consumptie gedronken wordt: wijn, bier of sterkedrank, allemaal reduceren ze nagenoeg even sterk de kans op een hartaanval. Rode wijn zou volgens bepaalde onderzoeken iets meer algemene gezondheidseffecten hebben.

Overal in de populaire media valt te lezen dat rode wijn gezond is omdat die *resveratrol* bevat. Je kunt bijna geen gezondheidsartikel over wijn lezen, of er staat in dat resveratrol een wonderlijke stof is die veroudering afremt. En inderdaad, volgens sommige (maar niet alle) studies verhoogt resveratrol

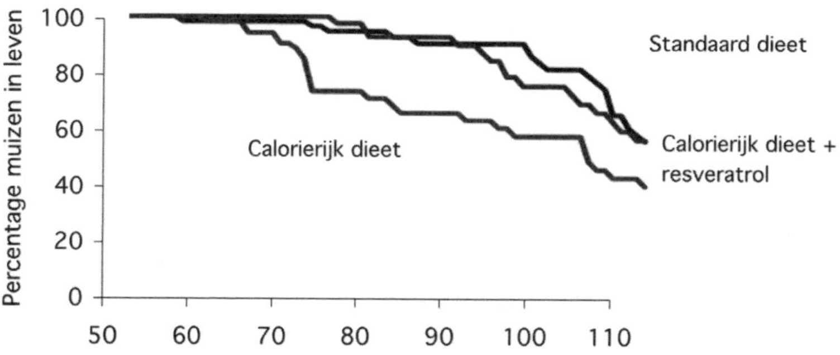

Resveratrol werkt alleen bij muizen als ze op een ongezond calorierijk dieet zijn gezet. Resveratrol verlengt niet de levensduur van gezonde muizen. *Bron: Resveratrol improves health and survival of mice on a high-calorie diet*, Nature, 2006

de levensduur van gist, wormpjes, fruitvliegen en volgens één onderzoek zelfs een bepaalde kortlevende vissoort. Het gevolg is dat resveratrol een van de meest verkochte anti-agingvoedingssupplementen is geworden in de vs. Spijtig genoeg toont onderzoek aan dat resveratrol bij zoogdieren de levensduur niet verlengt; zoogdieren leven geen dag langer door resveratrol.[88] Maar resveratrol verlengt wel de levensduur als de muizen een ongezond dieet krijgen dat heel veel calorieën telt.

Dit is mooi aangetoond in een bekend onderzoek, verschenen in *Nature*. In de grafiek zie je duidelijk hoe bij een hoogcaloriedieet de muizen veel vlugger sterven (onderste lijn): de muizen eten zich letterlijk dood. De muizen die een gewoon dieet krijgen, leven langer (bovenste lijn). Maar de muizen die én op het hoogcaloriedieet zijn gezet én resveratrol krijgen, leven nagenoeg even lang als de muizen die een normaal dieet krijgen (bovenste lijn).[89]

Resveratrol zorgt er dus niet voor dat je langer leeft en remt veroudering niet af (zoals veel voedingssupplementenfabrikanten beweren). Wél geeft resveratrol de jaren terug die je verliest wanneer je ongezond leeft. Zo blijft de situatie 'in evenwicht' en wordt de eigenlijke levensduur niet langer. Al met al is resveratrol een boeiend stofje, zeker voor patiënten die ongezond leven of getroffen zijn door metabolische ziekten zoals diabetes, een hoge bloeddruk of hart- en vaatziekten. Er zit dus toekomst in deze molecule afkomstig van blauwe druivenschillen. Farmagigant GlaxoSmithKline heeft dit ook ingezien en heeft Sirtris, een universitair bedrijfje dat resveratrol onderzoekt en wat interessante patenten heeft, opgekocht voor 720 miljoen dollar.

Nota bene: de hoeveelheden resveratrol die toegediend worden aan muizen liggen veel hoger dan de hoeveelheden resveratrol die zich in een fles rode wijn bevinden. Om dezelfde hoeveelheden gezondheidseffecten te krijgen als de muizen, zou je tussen de 35 en 100 flessen rode wijn per dag moeten drinken. Dat valt niet meteen aan te bevelen. Rode wijn is gezond omwille van nog heel wat andere stoffen dan resveratrol alleen.

En hoe zit dat met koffie?

Ondanks veel negatieve berichtgeving lijkt koffie toch een gezonde drank te zijn – al kleven er ook nadelen aan koffiegebruik, zeker in grote hoeveelheden. Koffie is gemaakt van een plantaardig product en bevat tal van stoffen die in theorie een gezond effect op het lichaam kunnen uitoefenen. Het is spijtig dat veel westerlingen zo ongezond eten dat koffie voor hen de belangrijkste bron is van deze gezonde plantaardige stoffen.

Onderzoek heeft aangetoond dat koffie een beschermend effect heeft tegen verschillende verouderingsziekten zoals alzheimer,[90] parkinson[91] en diabetes.[92] Dit onder meer doordat koffie in de cellen het NRF2-eiwit activeert. Dit eiwit is een soort van schakelaar die allerlei andere eiwitten aanzet die de cellen beschermen tegen de inwerking van vrije radicalen. Alzheimer, parkinson en diabetes zijn ziekten waarbij een overmaat van vrije radicalen een belangrijke rol speelt. Ook is aangetoond dat koffie een beschermende invloed heeft tegen verschillende soorten kankers. Hoewel koffie tegen de meerderheid van onderzochte kankers bescherming biedt, kan het ook een risicofactor zijn voor bepaalde kankers, zoals maagkanker, longkanker en prostaatkanker – althans, volgens sommige oudere en minder goed uitgevoerde studies.[93]

Behalve deze voordelen kleven er ook nadelen aan koffie. Zo speelt koffie een ietwat dubbelzinnige rol bij hart- en vaatziekten: volgens sommige studies beschermt koffie tegen het ontstaan van hart- en vaatziekten, maar als deze hart- en vaatziekten zich eenmaal ingezet hebben, kan koffie juist de kans op een hartaanval vergroten.[94] En zoals bekend is koffie een stimulerend middel, wat kan zorgen voor ontwenningsverschijnselen, zoals concentratiestoornissen, spiermoeheid, slaapstoornissen enzovoort. Te veel koffie beschadigt bovendien het slijmvlies van maag en darmen, wat zure oprispingen of een slechte vertering kan veroorzaken. Tevens kan koffie de kans op osteoporose (botontkalking) verhogen.

Koffie heeft zowel voor- als nadelen, hoewel er meer voordelen lijken te zijn dan nadelen, zeker wat betreft verschillende verouderingsziekten zoals diabetes, hartproblemen en alzheimer. Daarom bevindt koffie zich onderaan in de aanbevolen driehoek van de voedselzandloper, maar dient koffie met mate gedronken te worden. Ik raad daarom aan om weinig koffie (hoogstens 3 koppen per dag) te drinken.

Melk en yoghurt

Melkproducten zijn niet gezond. Dat zal voor heel wat mensen een schokkende onthulling zijn. In dit boek kwam al even ter sprake hoe de wetenschappers van Harvard in hun nieuwe voedseldriehoek melk en yoghurt net onder de verboden top plaatsen en zelfs toestaan dat deze zuivelproducten volledig vervangen worden door calciumsupplementen en vitamine D. Ze hebben daar goede redenen voor.

Eerst en vooral moeten we ons realiseren dat mensen evolutionair niet gemaakt zijn om melkproducten te verteren. Dat is niet meteen opzienbarend. Dierlijke melk wordt nog maar de laatste 10.000 jaar gedronken, terwijl onze soort al zo'n 180.000 jaar bestaat en de voorgangers van Homo sapiens (de naam voor onze soort) miljoenen jaren langer. Onze verre voorouders hebben miljoenen jaren over Afrikaanse savannevlaktes en in de tropische oerwouden rondgezworven zonder ook maar één dagelijkse portie koemelk in hun leven te nuttigen. Onze darmen en lichamen zijn daarom niet gemaakt om zuivel te verteren. De natuur heeft ongeveer 10.000 jaar geleden wel een poging ondernomen om dierlijke melk beter te verteren, toen een mutatie in ons DNA plaatsvond die het mogelijk maakte dat sommige personen een bepaalde suiker in melk, *lactose*, beter kunnen afbreken. De meeste Europeanen beschikken over deze mutatie, waardoor ze melk al beter kunnen verteren, maar ongeveer 10 procent van de Europeanen heeft deze mutatie niet en worden ziek als ze melk drinken. Europeanen (en de meeste blanke Amerikanen) zijn vrij uniek in de wereld met deze melkmutatie. Ongeveer 75 procent van de Afrikanen en bijna 100 procent van de Aziaten hebben deze mutatie niet en ze kunnen melk dan ook niet verteren. Maar zelfs voor die 90 procent van de Europeanen die melk wél kunnen verteren, is melk niet aan te raden.

Uit een onderzoek dat verscheen in het blad *Neurology* en dat 7500 deelnemers telde, bleek dat diegenen die veel melk drinken 2,3 zoveel kans hebben op de ziekte van Parkinson dan diegenen die geen melk dronken.[95] Of de melk nu vet was of niet speelde geen rol, evenals of er veel of weinig calcium in zat. Het was het drinken van melk op zich dat de kans op parkinson verhoogde.

Melk en zuivelproducten verhogen ook de kans op kanker. Vrouwen die meer dan één keer per dag melkproducten tot zich namen, hadden 44 procent meer kans op eierstokkanker vergeleken met vrouwen die 3 keer of minder per maand melkproducten consumeerden – volgens de 88.000 proefpersonen tellende Nurses' Health Study.[96] Mannen die 2 of meer glazen melk per dag dronken, hadden bijna dubbel zoveel kans op uitgezaaide prostaatkanker vergeleken met diegenen die geen melk dronken.[97, 83]

Melk is zelfs ongezond bij aandoeningen waarvoor we juist dachten dat melk goed was: hoe meer melkproducten je consumeert, hoe meer kans op osteoporose! Osteoporose of botontkalking is het verzwakken van het bot en komt vooral voor bij vrouwen na de menopauze, maar ook mannen en premenopauzale vrouwen kunnen eronder lijden. Dit is vreemd. Werd ons immers niet altijd gezegd dat we melk moeten drinken voor stevige botten?

Rond begin jaren negentig verschenen de eerste onderzoeken die vraagtekens plaatsten bij deze melk-verstevigt-de-bottenmythe. In deze onderzoeken werd de melkconsumptie in verschillende bevolkingsgroepen in verschillende landen in kaart gebracht. Zo ontdekten wetenschappers dat in bevolkingsgroepen die heel weinig zuivelproducten consumeerden, botbreuken en osteoporose juist veel minder voortkwamen. Zo nuttigen vrouwen in Nieuw-Guinea bijna geen melkproducten; Amerikaanse vrouwen daarentegen drinken dertig keer meer koemelk dan de vrouwen daar, daartoe vooral aangespoord door de Amerikaanse voedseldriehoek en de zuivelindustrie. Ondanks hun gigantische melkconsumptie hebben Amerikaanse vrouwen 47 meer kans op heupfracturen vergeleken met de vrouwen in Nieuw-Guinea.[98, 99] Andere onderzoeken sindsdien bevestigen dat melk niet tegen botontkalking beschermt en dat het zelfs de kans op botontkalking verhoogt. Een studie waaraan 78.000 vrouwen deelnamen, toonde aan dat vrouwen die twee of meer glazen melk per dag dronken 45 procent meer kans hadden op heupfracturen dan vrouwen die minder dan één glas melk per week dronken.[100]

Hoe is het dan mogelijk dat we nog altijd te horen krijgen

dat melk goed is voor elk en voor de botten? En dat reclameboodschappen en overheidscampagnes ons voortdurend vertellen dat melk gezond is? Terwijl ik dit schrijf, is er weer een campagne op televisie gaande waarin je melk moet drinken wil je later nog als tachtigjarige de flamenco kunnen dansen. Maar aan het einde van deze reclameboodschap zie je even heel kort onderaan op het scherm dat het filmpje gesteund wordt met subsidies van de melkindustrie. De melk- en zuivelindustrie is een miljardenbusiness en lobbyt dan ook uitgebreid bij de overheid om ons ervan te overtuigen dat melkproducten gezond zijn – blijkbaar met succes. Professor Walter Willett, een belangrijke autoriteit op het gebied van voeding en gezondheid, zegt hierover het volgende: 'Het volop consumeren van zuivelproducten wordt beschreven als een manier om osteoporose en gebroken botten te voorkomen. Maar niet alleen slagen zuivelproducten hier niet in, ze komen nog eens niet in de buurt wat preventie betreft. [...] Bovendien zorgen zuivelproducten voor verschillende bewezen gezondheidsproblemen.'

Maar als melkproducten worden afgeraden, waar moet je dan je calcium vandaan halen? Het antwoord luidt: vooral uit groente. In groente bevinden zich grote hoeveelheden calcium. Zo bevat 100 kilocalorieën boerenkool 455 mg aan calcium, terwijl 100 kilocalorieën aan melk 194 mg calcium bevat. Een mens heeft ongeveer 1000 mg calcium per dag nodig. Maar als je gezond eet dan volstaat zelfs de helft, omdat je lichaam calcium beter kan opnemen en het bloed minder verzuurt (wat calcium aan de botten onttrekt). Fruit bevat veel minder calcium dan groente, maar zelfs in een sinaasappel zit nog zo'n 60 mg calcium.

En wat blijkt uit onderzoek? Het eten van groente en fruit zorgt voor stevigere botten (een grotere 'botmineraaldensiteit') en beschermt uitgebreid tegen osteoporose.[101] Kortom, voor een goed stel botten drink je geen melk maar eet je veel groente.

In de voedselzandloper wordt naast melk ook (drink)yoghurt afgeraden. Yoghurt is nog zo'n zuivelproduct dat vooral door de industrie de hemel in geprezen wordt, 'om de darmtransit te regelen', 'constipatie te verhelpen' of 'het immuunsysteem te versterken', wat bevestigd wordt door stralend glimlachende in het wit geklede vrouwen die gemoedelijk over hun buik wrijven. Bij sommige mensen helpt yoghurt inderdaad tegen constipatie en beïnvloedt het de darmtransit. Dit nu net omdat yoghurt slecht is voor de darmen. Wanneer we yoghurt eten, dan rommelen onze darmen omdat ze worstelen met de vertering van deze zuivelproducten, wat constipatie kan verhelpen of de darmtransit kan versnellen. Of wat evengoed diarree kan geven. Dr. Hiromi Shinya, een van Japans gekendste dokters die onder meer de Japanse keizer behandelt, is een fervent tegenstander van yoghurt en melk. Dr. Shinya is een vermaard gastro-enteroloog en heeft de coloscoop uitgevonden, een kabel met een camera waarmee via de anus de darm onderzocht kan worden. Hij heeft op deze manier al tienduizenden darmen vanbinnen bekeken en heeft zo rechtstreeks de schade kunnen zien die yoghurt en melk in de darmen aanrichten. In een van zijn boeken zegt dr. Shinya dat 'hij de eerste persoon nog moet tegenkomen die dagelijks yoghurt eet en nog altijd gezonde darmen heeft'. Zet echter de televisie op en vriendelijke reclamestemmen prijzen yoghurt (met probiotica!) aan als halve geneesmiddelen voor de darm.

Voor diegenen die niet zonder hun dagelijks potje yoghurt kunnen, kun je in plaats van yoghurt havermoutpap, sojayoghurt of sojapap eten. Sojayoghurt en sojapap bevatten plantaardige eiwitten en bestanddelen, wat voor de darmen gemakkelijker is om te verteren, en hebben ook andere gezondheidseffecten, zoals we nog zullen zien.

SAMENVATTING

Groene thee is niet zozeer gezond omwille van 'antioxidanten', als wel omdat het licht toxische **flavonoïden** bevat zodat groene thee:

- het risico op verschillende kankers vermindert;
- het risico op beroertes verlaagt;
- de huid gezond houdt;
- gewichtsverlies promoot door het metabolisme te versnellen.

Witte thee heeft een invloed op het verminderen van de **rimpelvorming.**

Gemberthee onderdrukt **ontsteking** in het lichaam.

Koffie oefent meer gezondheidseffecten op het lichaam uit dan dat het gezondheidsproblemen veroorzaakt, zolang het met mate gedronken wordt (maximaal 3 koppen per dag).
Koffie vermindert de kans op verschillende verouderingsziekten zoals:

- alzheimer;
- diabetes;
- parkinson;
- de meeste kankers;
- hart- en vaatziekten.

Koffie verhoogt de kans op:

- osteoporose;
- ontwenningsverschijnselen (hoofdpijn, slaapmoeilijkheden, concentratiestoornissen);
- hartritmestoornissen (bij hoge inname);
- irritatie van maag-en darmslijmvlies.

Winkelvruchtensappen en **frisdranken** zijn ongezond omdat ze:
- grote doses vloeibare suiker bevatten die hoge suikerpieken veroorzaken;
- fosfaten bevatten die veroudering versnellen.

Mensen zijn door de natuur niet gemaakt om **melk en (drink) yoghurt** te verteren, ook al zijn ze lactosetolerant. Zuivelproducten verhogen onder meer de kans op:
- parkinson;
- osteoporose;
- prostaatkanker en ovariumkanker;
- ongezonde darmen.

De volgende **alternatieven** voor melk bevatten veel calcium:
- groente (vooral broccoli en donkergroene bladgroente zoals kool of spinazie);
- tofoe;
- sojapap, sojayoghurt en sojamelk verrijkt met calcium;
- kaas.

Enkele tips:
- drink voldoende, namelijk 2 liter per dag;
- drink 1 à 2 glazen water 15 à 20 minuten voor het ontbijt;
- drink vooral water, groene thee en verder witte thee of gemberthee;
- 1 à 2 glazen alcohol per dag zijn gezond;
- drink geen melk of (drink)yoghurt.

Trede 2: Groente, fruit, havermoutpap, peulvruchten en paddenstoelen

> Brood, aardappelen, pasta en rijst
>
> **vervangen door**
>
> - Havermoutpap (broodvervanger), peulvruchten (bonen, erwten, linzen, sojabonen), paddenstoelen
> - Fruit
> - Groente

Over havermoutpap en andere zetmeelvervangers

Vermoedelijk is het meest revolutionaire aspect van de voedselzandloper dat het eten van brood, aardappelen, pasta en rijst wordt afgeraden. In tegenstelling tot wat vaak gedacht wordt, is de beste manier om af te vallen niet door vetarm te eten of door veel proteïnen te eten (zoals het geval is met het Atkins-dieet), maar door gewoonweg geen of zeer weinig brood, pasta, rijst of aardappelen te nuttigen. Zelfs personen met type-2- diabetes kunnen van hun chronische diabetes 'genezen' door deze zetmeelproducten te laten vallen, in de zin dat ze veel minder of zelfs geen insuline meer moeten spuiten. Als jonge medische student vond ik dat verwonderlijk.

Natuurlijk, veel mensen moeten even slikken als ze te horen krijgen dat ze het best geen brood of aardappelen meer eten. Deze producten maken een belangrijk onderdeel uit van het westerse dieet. Maar het is niet moeilijk om deze zetmeelproducten van het menu te schrappen. Neem nu brood. De meeste Nederlanders en Belgen eten twee broodmaaltijden per dag en een warme maaltijd. Ik raad aan om over te stappen naar één 'broodmaaltijd' per dag: het ontbijt. De andere twee maaltijden zijn warme of koude maaltijden die vooral bestaan uit verschillende soorten groente, erwten, bonen, tofoe, paddenstoelen, quorn of vette vis.

Maar dan zitten we nog met die broodmaaltijd 's ochtends. Je kunt het brood vervangen door verschillende soorten fruit, noten of zwarte chocolade. Of door havermoutpap. Havermoutpap is gemaakt van havermout en is dus een graanproduct. Havermoutpap is het enige graanproduct dat aangeraden wordt in de voedselzandloper.

Havermoutpap is een gerecht dat helaas nog veel te onbekend is. En dat is spijtig, omdat havermoutpap niet alleen gezond is, maar ook voor een spectaculair gewichtsverlies kan zorgen. Ik zou dit boek bijna *Het grote havermoutdieet* kunnen noemen. Havermoutpap bevat zeer veel vezels die de *darmperistaltiek* stimuleren. De darmperistaltiek is het ritmisch samentrekken van de darm waardoor het voedsel door de darm voortgestuwd wordt. Vezels zorgen er ook voor dat de suikers die tijdens de maaltijd gegeten worden minder snel in de bloedbaan terechtkomen, zodat een vezelrijke maaltijd voor minder hoge bloedsuikerspiegels zorgt. Het belang van vezels valt niet te onderschatten, want als er één belangrijke gemene deler is tussen al die studies die het verband onderzoeken tussen voeding en gezondheid, dan is het dat gezonde voeding vooral veel vezels bevat. Daarnaast bevat havermoutpap ook tal van stoffen die een goede invloed hebben op de bloedvaten en het metabolisme. Het meest bekend zijn de *avenanthramides* die slagaderverkalking afremmen en de bloeddruk verlagen.[101] De vezels, de avenanthramides en nog tal van andere stoffen in havermoutpap maken dit goedje bijzonder gezond. En, misschien nog belangrijker: omdat via de havermoutpap vermeden wordt dat je brood eet, mijd je de insulinepieken en een dagelijkse dosis suikers die langzaam maar zeker zorgt voor gewichtstoename.

Havermoutpap wordt normaliter klaargemaakt met melk, maar omdat de voedselzandloper dit afraadt, kun je plantaardige melk (sojamelk of amandelmelk) gebruiken. Vaak bevat de sojamelk uit de supermarkt nog flink wat suiker, maar er wordt steeds meer sojamelk aangeboden zonder toegevoegde suikers. Havermoutpap klaargemaakt met suikervrije sojamelk smaakt weliswaar naar niets, maar dat probleem kan opgelost worden door wat kaneel of *stevia* toe te voegen, een natuurlijke gezonde zoetstof. Maar zelfs havermoutpap gemaakt met sojamelk mét suiker zorgt er nog steeds voor dat mensen afvallen.

Havermoutpap wordt dus gemaakt door havermout te koken in sojamelk. Tip: maak meerdere porties pap, zodat je niet altijd opnieuw pap hoeft te maken wanneer je honger hebt. De gekookte pap kun je in de koelkast bewaren en je kunt de pap koud of warm eten – ze kan gemakkelijk opgewarmd worden in de magnetron.

Bij de havermoutpap neem je bijvoorbeeld nog wat fruit, noten of zwarte chocolade als ontbijt. Kortom, in plaats van de dag te starten met boterhammen met choco of confituur kan je de dag beginnen met een kom havermoutpap, samen met:
- een kom met aardbeien, blauwe bessen of frambozen;
- een peer of een banaan;
- een handjevol walnoten;
- een trosje blauwe druiven;
- een stuk zwarte chocolade;
- een kop groene thee met citroen of een glas versgeperst vruchtensap.

Dit is een ontbijt zoals het zou moeten zijn. Een ander voordeel van een standaard fruitrijk ontbijt met havermoutpap is dat je 's ochtends bij het opentrekken van de koelkast niet lang hoeft na te denken over wat je moet eten: gewoon een kom havermoutpap en wat fruit en je hebt een gezond en lekker ontbijt.

Enkele andere opmerkingen in verband met het ontbijt: eet geen ontbijtgranen, zoals muesli of cornflakes. Die worden ten eerste genuttigd met (koe)melk, wat sowieso valt af te raden. Bovendien zijn ontbijtgranen suikerbommen die insulinepieken veroorzaken. En ze leveren allesbehalve voldoende vitamines, mineralen en fytochemicaliën zoals flavonoïden. Ook de ontbijtgranen die zogezegd 'goed zijn voor de lijn' zijn af te raden; ook zij zitten nog vol suiker en zijn allesbehalve een volwaardig gezond ontbijt. Het is niet omdat er een knap, slank en glimlachend model op de doos staat dat de inhoud ook gezond is.

Ik had ooit een student op consultatie die zich elke ochtend rond tien uur bijzonder moe en flauw voelde. Hij had al allerlei dokters geconsulteerd en maakte zich zorgen. Na een korte vraagstelling over zijn eetgewoontes bleek dat hij 's ochtends – rond een uurtje of acht – vaak ontbijtgranen at, en ik raadde hem af om nog ontbijtgranen te eten. Sindsdien had hij geen 'aanvallen' van moeheid en flauwte meer. Deze aanvallen werden veroorzaakt omdat 's morgens de ontbijtgranen het glucosegehalte in zijn bloed deden pieken. Hierdoor had hij twee uur energie te over, maar even snel als deze suikerpieken oprijzen, daalt het glucosegehalte dan rond tien uur in de voormiddag, waardoor hij zich heel moe en flauw voelde. En dat geldt voor veel meer mensen.

Wat ook fikse bloedsuikerpieken geeft, is witbrood. Witbrood is op zich eigenlijk geen voedsel. Witbrood is wat er overblijft als je uit brood elk mineraal en elke vezel en voedingsstof perst. Op lange termijn verhoogt witbrood drastisch de kans op diabetes en hart- en vaatziekten en bovendien krijg je er rimpels van![103]

Ontbijtgranen en witbrood zijn ongezond omdat ze weinig nutriënten bevatten en vooral omdat ze de bloedsuikerspiegel doen pieken. Dat pieken van de bloedsuikerspiegel is zo belangrijk in de voedingsleer, dat er een manier werd bedacht om deze suikerpieken objectief te beschrijven. Dit gebeurt via de *glycemische index*. De glycemische index is een maat voor hoe snel een voedingsstof je bloedsuiker doet stijgen. Hoe hoger de glycemische index, hoe ongezonder dus. De glycemische index van glucose is 100; de maximumwaarde en tevens de referentiemaat. Pure glucose wordt immers meteen in de darm opgenomen en afgegeven aan de bloedbaan, omdat de glucose niet meer door spijsverteringsenzymen in kleinere stukken geknipt hoeft te worden. Brood, ontbijtgranen, aardappelen, rijst en pasta hebben allemaal een hoge glycemische index. Volkorenbrood, bruine rijst en volkorenpasta hebben een lagere glycemische index, die echter nog steeds vrij hoog is. De glycemische index van voeding met een hoge glycemische index is 50 of meer.

Voeding met hoge glycemische index (meer dan 50)	**Glycemische index**
Glucose	100
Tafelsuiker (sucrose)	70
Witbrood	70
Zeer wit brood (hamburgerbroodje)	85
Bruinbrood	65
Witte rijst	70
Bruine rijst	60
Frietjes	95
Aardappelpuree	90
'Witte' pasta	55
Volkorenpasta	50
Cornflakes	85
Koeken	70
Chips	80
Voeding met lage glycemische index (minder dan 50)	**Glycemische index**
Volkorenbrood	40

Sinaasappel, peer	35
Appel, perzik	30
Donkere chocolade	22
Kers, pruim, grapefruit (of pompelmoes)	21
Fruitsuiker (fructose), sojabonen	20
Tofoe, walnoten, abrikoos	15
Sla, kool, broccoli, courgette, ui, knoflook, tomaat, aubergine	10

Merk op dat de glycemische index van aardappelpuree en frietjes zelfs hoger ligt dan die van de gewone tafelsuiker. De suikers in deze voedingsmiddelen komen immers door de hitte losser van elkaar te liggen, zodat ze snel door de darm worden opgenomen en sterke suikerpieken veroorzaken. Maar ook witbrood, cornflakes en chips veroorzaken sterke suikerpieken.

Om gezond te eten, eet je dus het liefst zoveel mogelijk voedsel dat zo laag mogelijke glucosepieken in het bloed veroorzaakt. Er bestaan uitgebreide tabellen met opsommingen van voedselwaren en hun specifieke glycemische index (en, voor de echte diehards, ook de *glycemische lading* die meer een maat is voor de insulinepiek). Je moet je daar allemaal niet mee bezighouden als je gezond eet en voedingsmiddelen nuttigt die voorkomen in de voedselzandloper; die bevat vooral producten met een lage glycemische index, zodat de bloedsuikerpieken meer op de golvende heuvels van de Ardennen lijken dan de spitse toppen van het Himalayagebergte.

Diegenen die willen afvallen of die zoals professor Cynthia Kenyon (de dame van de wormpjes) heel gezond willen leven, raad ik aan om geen (of zo weinig mogelijk) brood, aardappelen, pasta en rijst te eten. Zij die toch brood willen eten, raad ik uiteraard volkorenbrood aan, want dat is brood met een lage glycemische index. Idem voor pasta en rijst. Het is niet zomaar dat de Harvard-onderzoekers 'witte' pasta en witte rijst in de verboden top van hun voedingspiramide plaatsen.

Sommige lezers is het misschien opgevallen dat de glycemische index aanzienlijk verschilt wat betreft bruinbrood en volkorenbrood: die van bruinbrood is 65, terwijl die van volkorenbrood 40 is. De reden daarvoor is dat bruinbrood niet hetzelfde is als volkorenbrood. Het verschil tussen wit-, bruin- en volkorenbrood is een wetenschap op zich. Maar wie de opbouw van de nederige tarwekorrel begrijpt, weet wat voor soorten brood er allemaal op de plank kunnen komen. Brood wordt immers gemaakt van tarwekorrels. Een tarwekorrel bestaat uit drie delen: het meellichaam, de zemel en de kiem.

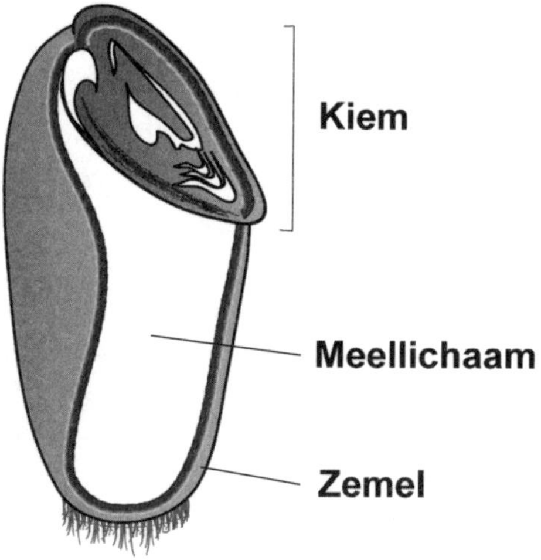

Samenstelling van een tarwekorrel.

Het meellichaam is het grootste onderdeel van de tarwekorrel. Het meellichaam wordt verpakt door een vezelrijke wandlaag, de zemel (die dus vooral uit vezels bestaat). De kiem (die tal van vitamines en mineralen bevat) bevindt zich in het meellichaam (dat vooral uit zetmeel bestaat). Witbrood is slechts gemaakt uit het meellichaam; bij bruinbrood wordt niet alleen het meellichaam gebruikt, maar ook een klein deel van de vezelrijke zemel en de vitaminerijke kiemen. Bij volkorenbrood wordt de volledige tarwekorrel gebruikt, dus zowel het meellichaam als de vezelrijke zemel als de voedingsrijke kiem. En soms is bruinbrood gewoon witbrood met daaraan een bruine karamelachtige kleurstof toegevoegd...

Conclusie: bruinbrood is minder gezond dan volkorenbrood, want bruinbrood bevat minder voedingsstofrijke kiemen en vezels. En omdat bruinbrood (en zeker witbrood) minder vezels bevat, worden de glucosemoleculen waaruit het zetmeel in bruinbrood is opgebouwd sneller geabsorbeerd door de darm. Hierdoor veroorzaakt bruinbrood hogere glucosepieken dan volkorenbrood. Volkorenbrood of niet, het beste is eenvoudigweg geen brood te consumeren, maar dit zoveel mogelijk te vervangen door havermoutpap of aardbeien, bosbessen, een appel, een peer, gedroogd fruit, noten en andere alternatieven uit de voedselzandloper.

Maar goed, tot zover het broodloze ontbijt. Maar wat met de twee andere maaltijden per dag? Hoe de aardappelen, rijst of pasta te vervangen? In de voedselzandloper kan je duidelijk zien hoe de ene trede uit de bovenste driehoek vervangen kan worden door de overeenstemmende trede uit de onderste driehoek. Zo kan je aardappelen, rijst en pasta vervangen door peulvruchten (bonen, erwten, linzen, tofoe), paddenstoelen en extra groenten natuurlijk. Deze voedingsmiddelen komen zo meteen aan bod.

SAMENVATTING

Het drastisch verminderen van aardappelen, brood, pasta en rijst:

- zorgt voor een sterk gewichtsverlies;
- remt het ontstaan van verschillende verouderingsziekten af;
- kan ervoor zorgen dat type-2-diabetici geen insuline meer moeten spuiten;
- is *geen* ketogeen dieet gezien nog voldoende suikers genuttigd worden (uit fruit, peulvruchten, zetmeelrijke groenten, havermoutpap et cetera).

Schakel over naar een dag met:

1 ontbijt zonder brood en zonder ontbijtgranen;

- vervang het brood door havermoutpap (klaargemaakt met sojamelk);
- eet deze havermoutpap met (gedroogd) fruit (appel, aardbeien, frambozen, bosbessen, banaan, druiven, blauwe bessen, frambozen, perziken, rozijnen et cetera), noten of zwarte chocolade.

2 (warme of koude) maaltijden met gevogelte of vette vis en:

- één of meerdere soorten groenten;
- peulvruchten (bonen, erwten, linzen, ...) of tofoe;
- paddenstoelen (oesterzwammen, champignons, portobello, shiitake, enokitake, ...) of quorn;
- eieren.

De **glycemische index** is een maat voor de **bloedsuiker- en insulinepieken**. Eet zoveel mogelijk producten met een **lage** glycemische index.

Producten met een **hoge** glycemische index zijn voornamelijk verantwoordelijk voor de enorme toename in overgewicht, diabetes, hart- en vaatziekten en versnelde veroudering.

Voorbeelden van zulke producten zijn witbrood, witte rijst, aardappels, aardappelpuree, ontbijtgranen, frietjes, bruinbrood, koeken, chips et cetera.

Peulvruchten (bonen, erwten, linzen en soja)
Peulvruchten vormen een belangrijk onderdeel van een gezond voedingspatroon. Om te beginnen stabiliseren peulvruchten de suikerspiegels in het bloed. Daarnaast bevatten peulvruchten ook weinig *methionine*, wat de eiwitproductie afremt. Methionine is een aminozuur, maar niet zomaar een aminozuur. Zoals u kon lezen in hoofdstuk 2 over eiwitten (Principe 2), zijn eiwitten opgebouwd uit aminozuren. Het eerste aminozuur waaruit elk eiwit opgebouwd is, is áltijd methionine. Methionine is dus het 'startschot'-aminozuur dat als eerste wordt ingebouwd in de aminozuurketting waaruit elk eiwit bestaat. Zonder methionine kan de eiwitopbouw niet van start gaan. Methionine is dus de belangrijkste bouwstof voor het aanmaken van alle eiwitten in ons lichaam. Als er niet genoeg methionine is, dan zullen er ook minder eiwitten gemaakt worden. Maar, zoals we hebben gezien, zorgt een gedaalde aanmaak van eiwitten in het lichaam dat organismen langer leven. Minder eiwitproductie zorgt ervoor dat we minder snel groeien en minder snel verouderen. En inderdaad, studies tonen ook aan dat muizen die op methioninearme diëten gezet worden, langer leven.[104] Iemand die voedsel eet waarin weinig methionine voorkomt, zoals in peulvruchten, zal ook minder eiwitten aanmaken, wat het verouderingsproces kan vertragen.

Naast bonen, erwten en linzen is er ook soja, gemaakt van bonen afkomstig van de sojaplant. Tal van producten worden uit soja gemaakt, zoals sojamelk en tofoe. Tofoe is eigenlijk samengeklonterde sojamelk. Soja bevat *plantaardige* of *fyto-oestrogenen*, die wetenschappers ook wel *isoflavonen* noemen. Oestrogenen zijn hormonen die betrokken zijn bij tal van lichaamsfuncties en bij hormoongevoelige kankers. Omdat soja hormoonachtige bestanddelen bevat, zou het een invloed kunnen hebben op verschillende hormoongevoelige kankers, zoals borstkanker. Enkele grote onderzoeken tonen aan dat soja het risico op borstkanker vermindert, soms zelfs met een kwart.[105, 106] Of soja nuttig is bij vrouwen die al borstkanker hebben, kan nog niet gezegd worden. In ieder geval worden voedingssupplementen die hoge doses geconcentreerd soja-extract bevatten niet aangeraden aan vrouwen met borstkanker (en in het algemeen ook niet aan gezonde vrouwen). Soja nuttig je dus maar beter in zijn natuurlijke vorm.

Soja kan ook een gunstige invloed hebben op het hart en bloedvaten. Personen die dagelijks 30 gram soja-eiwitten consumeren, hebben volgens een studie 20 procent minder kans op hart- en vaatziekten.[107]

Sojamelk is een uitstekend en gezond alternatief voor gewone (koe)melk. Sojamelk bevat plantaardige proteïnen die veel gezonder zijn dan de dierlijke proteïnen in koemelk. Plantaardige eiwitten zijn gezonder dan dierlijke eiwitten omdat ze minder methionine en zwavelhoudende aminozuren bevatten. Ook de 'gewone' yoghurt kan vervangen worden door sojayoghurt of sojapap. Sommigen personen zijn allergisch voor soja, maar dit is gelukkig een kleine minderheid.

Een geschikte vleesvervanger is tofoe, ook gemaakt van sojamelk en bovendien tjokvol (plantaardige) eiwitten. Er is echter een onderzoek geweest dat een verband aantoonde tussen het eten van tofoe en dementie in Hawaï bij oudere personen.[108] Dit hoger risico op dementie kan veroorzaakt worden door de manier waarop men in Hawaï de tofoe bereidde. Bij het lokale productieproces komen grote doses aluminium in de tofoe terecht, wat het vergrote risico op dementie kan verklaren. Zoals voor zo veel metalen geldt, kan een opstapeling van metalen in de hersenen dementieachtige syndromen veroorzaken. Nu zijn er ook uitkomsten van een studie verschenen waarbij oudere personen in Indonesië die veel tofoe eten ook een verhoogde kans hebben op dementie.[109] De onderzoekers sluiten niet uit dat ook deze toename veroorzaakt kon worden door een toxisch bewaarmiddel in de tofoe. Maar dit begint toch al verdacht te worden. Hoewel er studies zijn die zeggen dat tofoe later de kans op dementie verlaagt voor jongere personen, raad ik toch aan om tofoe met mate te eten, zeker als advies aan oudere personen (65-plussers dus). Verder onderzoek zal vroeg of laat uitsluitsel geven.

SAMENVATTING

Peulvruchten (erwten, bonen, linzen, soja):

- stabiliseren de bloedsuikerspiegels;
- bevatten weinig methionine, wat de eiwitproductie verlaagt;
- bevatten plantaardige proteïnen die gezonder zijn dan dierlijke proteïnen.

Soja:

- kan het risico op hormoongevoelige kankers zoals borstkanker verminderen;
- heeft een goede invloed op hart- en bloedvaten.

Tofoe (wordt gemaakt van sojabonen):

- kan voor jonge personen later het risico op dementie verminderen;
- zou volgens twee studies bij ouderen het risico op dementie kunnen verhogen.

Gewone yoghurt kan vervangen worden door sojapap of sojayoghurt.

Dierlijke melk kan vervangen worden door plantaardige sojamelk.

Paddenstoelen (en quorn)

Paddenstoelen zijn wonderlijke dingen. Het zijn planten noch dieren want ze behoren tot een unieke classificatie, namelijk die van de *fungi*. Omdat ze biologisch zo vreemd zijn, hebben ze een speciale smaak waardoor ze als een uiterst geschikte aanvulling voor tal van maaltijden gebruikt kunnen worden. En ook als alternatief voor bijvoorbeeld de aardappel.

Laten we eens kijken naar de gezondheidseffecten van paddenstoelen op het lichaam. Om te beginnen hebben paddenstoelen een kankerwerende werking. Dit omdat paddenstoelen opgebouwd zijn uit lange ketens van vreemde polysachariden die het immuunsysteem prikkelen. Hierdoor wordt het immuunsysteem alerter en kan het sneller kankercellen ontdekken en uitschakelen. In Japan worden extracten van paddenstoelen door artsen in ziekenhuizen gebruikt als ondersteunende behandeling bij kanker.[110, 111] Paddenstoelen worden ook preventief tegen kanker gebruikt. Personen die dagelijks paddenstoelen eten, hebben maar liefst de helft minder kans op maagkanker.[112] Een ander onderzoek dat verscheen in het *International Journal of Cancer* en waaraan meer dan 1000 vrouwen deelnamen, toonde aan dat vrouwen die dagelijks 10 gram paddenstoelen aten 64 procent minder kans op borstkanker hadden, vergeleken met vrouwen die geen paddenstoelen aten. Als deze dames daarbij nog eens dagelijks groene thee dronken, dan verminderde hun kans op borstkanker met 89 procent![113] Dit toont mooi de synergie aan die ontstaat wanneer je verschillende gezonde levenswijzen combineert: paddenstoelen zijn gezond, groene thee is gezond; de combinatie van beide is zeer gezond.

Er bestaan verschillende soorten paddenstoelen, zodat er voor ieders smaak wel een variëteit bestaat: van champignon en oesterzwam tot shiitake, portobello en enokitake. Vooral oesterzwammen staan bekend om een krachtig antikankereffect – en kunnen bovendien zeer lekker en op veel manieren worden bereid.[114]

Quorn is voedsel dat veel weg heeft van paddenstoelen; het is opgebouwd uit proteïnen afkomstig van een fungus. Omdat het veel proteïnen bevat, wordt het door vegetariërs gebruikt als vleesvervanger.

In de voedselpiramide zien we dat zowel quorn als tofoe kan dienen als vleesvervangers omdat ze veel proteïnen bevatten. Peulvruchten en paddenstoelen bevatten ook relatief veel eiwitten, maar nog altijd veel meer koolhydraten, en zijn daardoor uitermate geschikt om aardappelen, rijst of pasta te vervangen. Uiteraard kun je zowel quorn en tofoe als peulvruchten en paddenstoelen gebruiken als vervangers van aardappelen of pasta, want al deze producten kunnen de (warme) maaltijd veel diverser maken. En uiteraard omdat peulvruchten, tofoe, paddenstoelen en quorn niet zulke hoge glucose- en insulinepieken veroorzaken als de koolhydraatrijke pasta of aardappelen. Het zijn vooral deze glucose- en insulinepieken die slecht zijn voor onze gezondheid.

En we zouden bijna vergeten dat aardappelen, pasta en rijst ook vervangen kunnen worden door een tweede portie groente. Groente vormt immers de basis van onze voeding en van de voedselzandloper.

SAMENVATTING

Paddenstoelen stimuleren het immuunsysteem waardoor ze een **kankerwerend effect** uitoefenen. Volgens studies verminderen paddenstoelen bijvoorbeeld:

- het risico op maagkanker met 50 procent;
- het risico op borstkanker met 64 procent.

In Japan gebruiken artsen paddenstoelen als ondersteunende behandeling bij chemotherapie.

Quorn is gemaakt van een fungus en bevat veel eiwitten en kan dus dienen als vleesvervanger.

Eiwitrijke producten die kunnen dienen als vleesvervangers zijn:
- quorn;
- tofoe.

Als mogelijke vleesvervangers bevinden tofoe en quorn zich in trede 3 van de voedselzandloper bij vette vis en gevogelte. Maar deze voedingsmiddelen kunnen ook dienen als vervangmiddel voor aardappelen, pasta en rijst.

Groente

Groente is in essentie niet gezond: als er namelijk één ding is dat een groente haat, dan is het opgegeten worden. Daarom hebben groente zichzelf volgepropt met allerlei toxines, om zich te kunnen beschermen tegen al te vraatzuchtige zoogdieren, insecten en vogels. De meeste groenten in de winkel bevatten te weinig toxines om ons ziek te maken, maar desalniettemin bevatten ze toxines – en het zijn net die gifstoffen die zo gezond zijn. Ze activeren immers de verdedigingslinies van onze cellen, zodat onze cellen beter bestand zijn tegen meer gevaarlijke toxines die gecreëerd worden als bijproduct van ons metabolisme.

Groente vormt de basis van de voedselzandloper. Dit in tegenstelling tot de voedseldriehoek en de voedselschijf waar brood en graanproducten de basis zijn Dat slaat op weinig, omdat onze lichamen miljoenen jaren evolutie achter de rug hebben en al die tijd brood- en graanproducten gewoonweg niet bestonden. Onze lichamen zijn dus eigenlijk niet gemaakt om brood en graanproducten te eten. Toch eten we veel brood- en graanproducten, onder meer omdat de voedseldriehoek en voedselschijf bedacht zijn in landen waar de graanlandbouw een belangrijk onderdeel vormt van de economie. Graanproducten zijn goedkoop, worden in gigantische hoeveelheden geproduceerd en zijn snel klaar te maken.

Groente vormt de basis van de voedselzandloper omdat mensen al vanaf de prehistorie groente eten en omdat groente stoffen bevat die gezond zijn voor het lichaam. Zo heeft onderzoek aangetoond dat verschillende soorten groente tegen specifieke kankers werkzaam zijn, zoals darmkanker, de veelvoorkomende prostaatkanker bij mannen of blaaskanker. Dit antikankereffect is meer uitgesproken bij groente dan bij fruit (dat dan vooral goed is voor hart- en vaatziekten, waarover later meer).

Bepaalde stoffen in groente kunnen het ontstaan van DNA-schade verhinderen en zelfs omkeren.[115] Mutaties in DNA zorgen voor kanker en veroudering. Zo blijkt bijvoorbeeld dat mannen die drie of meer keren groente per week eten 41 procent minder kans hebben op prostaatkanker vergeleken met mannen die minder dan één keer per week groente eten.[116] Vrouwen die per maand minstens 1 kilogram broccoli aten, hadden 40 procent minder risico op borstkanker dan diegenen die minder dan 350 gram broccoli per maand nuttigden.[117] Vrouwen die minstens drie keer per week tomaten eten hebben 70 procent minder kans op eierstokkanker.[27] Dat zijn indrukwekkende getallen waar geen enkel preventief geneesmiddel (als dat al zou bestaan) aan kan tippen.

Naast dit antikankereffect is groente vooral goed in het afremmen van verouderingsziekten, zoals maculaire degeneratie, cataract (staar), achteruitgang van het geheugen en hart- en vaatziekten. Maculaire degeneratie is het afsterven van de netvliescellen in onze ogen. Deze aandoening wordt veroorzaakt door het opstapelen van afvalstoffen in de cellen van het netvlies. Dat opstapelen van afval in cellen overal in het lichaam is een van de redenen waarom we oud worden en sterven. Op de duur stapelt zich zo veel cellulair afval zich op dat onze cellen erdoor verstikken en sterven. Als dat gebeurt in onze oogcellen spreken we van maculaire degeneratie. Als dat opstapelen gebeurt in onze spiercellen, die er één voor één de brui aan geven, dan spreken artsen van *sarcopenie*, het verminderen van de spiermassa. Dat proces treedt op bij oudere mensen; ze krijgen hierdoor steeds dunnere armen en benen. Als onze zenuwcellen afsterven, gaat het zicht en het gehoor achteruit, en als dit in ernstige mate met hersencellen gebeurt dan spreken artsen van dementie. Uiteindelijk sterven zo veel cellen af dat het hele organisme er de brui aan moet geven. De persoon in kwestie is dan gestorven van 'ouderdom'.

Maar we keren terug naar maculaire degeneratie, samen met diabetes de voornaamste oorzaak van blindheid in het Westen. Minstens 20 procent van de 60-plussers heeft deze ziekte. En dit aantal loopt verder op, gezien maculaire degeneratie vooral een verouderingsziekte is: één op de drie personen ouder dan 74 heeft maculaire degeneratie. Als je maar oud genoeg wordt, krijgt uiteindelijk iedereen deze aandoening. Er valt weinig aan te doen. Echter: personen die minstens vijf keer per week groente eten, lopen de helft minder risico op maculaire degeneratie.[4] Groente bevat allerlei stoffen die verhinderen dat afvalstoffen zich in de netvliescellen opstapelen, zodat de kans op deze verouderingsziekte drastisch teruggeschroefd wordt.

Ook hart- en vaatziekten zijn in essentie verouderingsziekten. Fruit heeft een voorname invloed op het voorkomen van hart- en vaatziekten, maar ook groente speelt een belangrijke rol. In *Nature* verscheen de volgende grafiek, waaruit blijkt dat personen die veel groene bladgroente eten 32 procent minder risico lopen op een hartaanval.

Het zijn vooral broccoli en de groene bladgroente zoals salade, spinazie en kool die een sterk gezondheidseffect hebben. Broccoli is zelfs een uitschieter en dan vooral de broccolischeuten. Broccolischeuten zijn nog jonge plantjes en bevat-

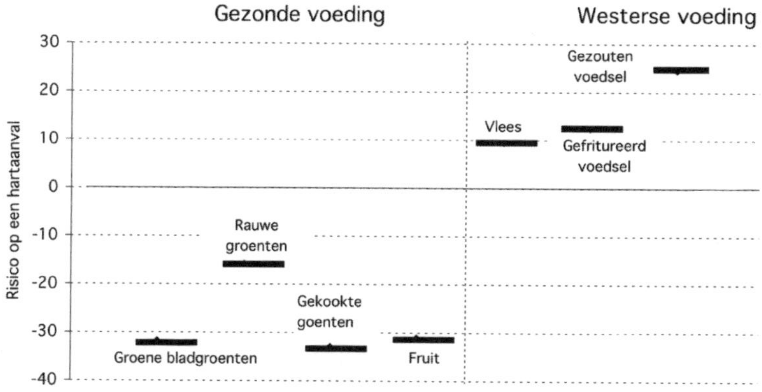

Groene bladgroente en broccoli verminderen het risico op hart- en vaatziektes met meer dan 30 procent. *Bron: Health: Edible advice*, Nature, *2010 (gebaseerd op de Interheart Study)*

ten hoge concentraties aan tal van gezonde stoffen, soms honderden malen meer dan de volwassen broccoli.

Nu hoor ik sommige mensen al denken: 89 procent reductie voor bepaalde kankers als ik dagelijks groene thee drink en paddenstoelen eet, eenderde minder kans op een hartaanval als ik veel groente eet, de helft minder kans op maculaire degeneratie als ik elke dag broccoli of salade eet... Aan wat ga ik dan eigenlijk nog dood als ik gezond zou eten?

Dat is inderdaad een interessante vraag. Iemand die zeer gezond zou eten, zou in principe vooral sterven aan *intrinsieke* ouderdom. Dat is de ouderdom die genetisch in onze genen is vastgelegd. Wanneer je sterft aan intrinsieke ouderdom dan sterf je op een hoge leeftijd, op tachtig of negentig jaar, na een korte periode van ziekte en aftakeling. Deze periode duurt slechts enkele jaren, en is kenmerkend bij mensen die gezond leven of goede genen hebben. Deze personen leven optimaal tot tegen het einde, en dan gaat het vrij snel bergaf.

Dit is een groot verschil met mensen die veel suikers, snacks, vlees en fastfood consumeren en weinig groente en fruit eten. Deze personen sterven vooral aan *extrinsieke* veroudering. Veroudering opgelegd door factoren van buitenaf dus, voornamelijk door ongezonde voeding. Deze personen sterven heel wat vroeger en dit meestal na een lange periode van ziekte en aftakeling. Vaak gaat het verhaal zo: rond hun vijftigste beginnen deze mensen te sukkelen met een hoge bloeddruk, met pijn op de borst of kortademigheid wegens dichtslibbende hartbloedvaten, met diabetes, met oogproblemen, spier- en zenuwpijnen, moeheid of concentratiestoornissen. Na vijftien tot twintig jaar een heel wat minder kwaliteitsvol leven geleid te hebben, na heel wat doktersbezoeken en ziekenhuisopnamen sterven deze personen rond hun 70ste, in hun zetel thuis of in een ziekenhuisbed.

Op de afdeling diabetologie heb ik zo verschillende patiënten zien heengaan. Meestal is het scenario als volgt: al weken liggen deze patiënten in hun ziekenhuisbed, een beetje versuft en apatisch voor zich uitstarend vanwege de toxische afvalstoffen die zich in hun bloed opstapelen omdat hun versuikerde nieren het bloed amper nog kunnen filteren. Ze zijn te moe om uit het bed te komen omdat hun kransslagaders nu bijna volledig dichtgeslibd zijn ondanks de vier stents die ze reeds gehad hebben. Hun huid ziet bleek en rimpelig door al de versuikerde collageenvezels. Hun bloeddruk is verhoogd, ze hebben hartproblemen, nierproblemen, leverproblemen, maag- en darmproblemen, gewrichtsproblemen en concentratieproblemen.

Dan valt het doek en breekt een verkalkte plaque open in een kransslagader, waarop zich dan meteen stollingseiwitten vastzetten zodat de slagader plotseling volledig dichtslibt en de patiënt sterft, meestal zonder opengesperde ogen en te grijpen naar de borst, omdat de zenuwen die van het hart naar de hersenen lopen zo beschadigd zijn door de suiker dat ze geen pijn meer voelen in de borst wanneer hun hart het uiteindelijk begeeft.

Dit is een manier van sterven die steeds meer zal voorkomen als we het belang van voeding blijven onderschatten en zorgverleners niet meer opgeleid worden in preventieve geneeskunde. Uiteraard mogen we niet vergeten dat sommige patiënten op de afdeling metabole ziekten liggen omwille van een genetische vatbaarheid voor diabetes. Desondanks liegen de cijfers er niet om: het aantal personen met metabole ziekten is verschillende malen toegenomen de laatste jaren en uiteindelijk zal 40 procent van de Europeanen ooit in zijn leven diabetes-type-2 oplopen,[118] een ziekte die de kans op hart- en vaatziekten met een factor vijf verhoogt. Als we dan weten dat een slechte voeding de belangrijkste rol speelt in het ontstaan van diabetes en hart- en vaatziekten, dan stemt dat tot nadenken.

Maar hiermee is de vraag van daarnet nog altijd niet beantwoord: stel dat je gezond leeft, waardoor je kansen op diabetes en hart- en vaatziekten sterk verminderen, en stel dat je ook nog een beetje dat (al dan niet genetische) geluk hebt om heel oud te worden – aan wat zou je dan sterven? 100-plussers (*centenarians*) sterven niet zozeer aan hartaanvallen of kanker. Ze sterven vooral door de ziekte amyloïdose. Amyloidose is het neerslaan van eiwitten in de bloedvaten en organen, een proces dat gedurende het hele leven al aan de gang is (en versneld wordt als je veel eiwitten eet). Hierdoor worden de bloedvaten en organen broos, en uiteindelijk barst een bloedvat of laat een vitaal orgaan het afweten, en sterven deze eeuwelingen aan iets wat je met recht een verouderingsziekte kunt noemen.

Nu terug naar de groente. We hebben gezien dat groente tal van verouderingsziekten kan afremmen. Maar in welke hoeveelheden? We zouden dagelijks idealiter 300 gram aan groente moeten eten, waarvan idealiter de helft rauw en de helft gestoomd of gekookt. Dat lijkt op het eerste zicht wel veel, maar de koolhydraatrijke producten zoals aardappelen en pasta komen ons te hulp. Omdat we deze producten zoveel mogelijk links moeten laten liggen, kunnen we ze vervangen door verschillende soorten groente, zoals sla, aubergine, broccoli, bloemkool, boerenkool, spruitjes, bieten, tomaat, courgette, pompoen, paprika, witlof, radijs, wortel enzovoort. Sla kan een ideale basisgroente zijn. Nu wordt sla niet meteen gewaardeerd om zijn rijkelijke smaak, maar daar valt wel wat aan te doen. Het vergt wat proberen, maar sla kan perfect op smaak worden gebracht met gewone azijn, balsamicoazijn, tomatenazijn, frambozenazijn, rijstazijn en onnoemelijk veel zelfgemaakte vinaigrettes met als basisolie olijfolie, lijnzaadolie of walnootolie. Bovendien kun je aan salade tal van gezonde voedingsmiddelen toevoegen om de smaak te verbeteren, zoals ui, sjalotjes, uienpoeder, sinaasappelsap, tomaten, walnoten, lijnzaad, stukjes ansjovis, kruiden, fijngesneden appels of mandarijnen, erwten et cetera. In de winkel kun je kruidenmengsels vinden om kip of soep smaak te geven, maar die ook sla naar ongekende culinaire hoogten kunnen stuwen.

Er bestaan wel duizenden recepten om sla en andere groente op smaak te brengen. Achter in het boek bevinden zich enkele recepten, zoals de broccolidressing, gemaakt met broccoli, rijstazijn, enkele lepels mosterd en enkele teentjes knoflook. Of wat dacht je van de mosterd-knoflookvinaigrette, gemaakt met balsamicoazijn, wat olijfolie, enkele teentjes knoflook, peper en een paar kruiden? Heerlijk!

Ik raad ook aan om nog een stap verder te gaan, en het eten van groenten naar een nog hoger gezondheidspeil te verheffen. En dit door elke dag een groentesapje klaar te maken. Een beroemde voorstander van een dagelijks groentesapje is de 87 jaar oude Amerikaanse biljonair David Murdock. Murdock doet er alles aan om zo lang mogelijk (gezond) te blijven leven en hij wil dit vooral bereiken door veel groente en fruit te eten. Hij zweert daarom bij groente- en vruchtensapjes. Zijn moeder stierf op 42-jarige leeftijd aan kanker, dus hij was (en is nog altijd) extra gemotiveerd. Murdock investeerde 500 miljoen dollar in een onderzoekscentrum dat gezondheidsbevorderende stoffen in groente en fruit bestudeert en hij introduceerde *salad days*, een nationaal initiatief om Amerikaanse tieners op *high schools* bij te brengen dat er ook nog zoiets bestaat als groente. Vanzelfsprekend eet Murdock geen rood vlees en melkproducten, en staan op zijn menu vooral vette vis, bonen, noten en heel veel groente en fruit. En groentesapjes. Hij is van plan om op die manier '125 jaar te worden'.[119]

Het meest bekende groentesapje is wellicht het mengsel dat dr. Beliveau gaf aan muizen zonder immuunsysteem. Beliveau is een wereldvermaard onderzoeker naar stoffen in groente, specerijen en paddenstoelen die een remmende werking hebben op kanker. Dr. Beliveau's muizen waren genetisch gemanipuleerd om geen immuunsysteem te bevatten, waardoor ze dus heel vatbaar zijn voor kanker omdat het immuunsysteem ontluikende kankercellen opruimt. Daarbij spoot dr. Beliveau de muizen in met kankercellen. De muizen die echter dr. Beliveau's groentecocktail kregen, ontwikkelden pas veel later kanker, die ook veel trager groeide – vergeleken met de andere muizen die gigantische tumoren kregen (naar menselijke maatstaven wogen de tumoren enkele kilo's). Dit is wat er zoal in de gezonde cocktail van dr. Beliveau zat:

100 g broccoli
100 g spruitjes
100 g spinazie
100 g bietjes
100 g sjalotjes
100 g knoflook
100 g veenbessen
100 g kidneybonen
100 g grapefruit (pompelmoes)
2 theelepels kurkuma gemengd met 10 ml lijnzaadolie

2,4 g groene thee-extract (= 6 kopjes thee)
2 theelepels zwarte peper

Al deze ingrediënten leveren 270 ml van de cocktail van dr. Beliveau.

Het is simpel om groentesapjes te maken. Google op 'groentesap' en je krijgt duizenden websites. Type in YouTube 'vegetable juice' in en je krijgt tal van filmpjes die laten zien hoe je allerlei groentesapjes maakt. Uiteraard moet je de groente goed wassen om bacteriën en pesticiden te verwijderen. In een lekker groentesapje kun je bijvoorbeeld verwerken: twee wortels, een half stuk venkel, drie stengels bleekselderij, een halve komkommer, een halve courgette, een biet en enkele stukjes broccoli. Gooi deze groente allemaal bij elkaar in een fruitpers en voor je het weet heb je een fikse dosis flavonoïden, vitamines en mineralen binnen.

SAMENVATTING

Groente:
- vormt de basis van elk gezond dieet (in tegenstelling tot zetmeelproducten zoals brood, aardappelen, rijst en pasta);
- vermindert de kans op bepaalde soorten kanker met 40 tot 70 procent volgens grote studies;
- vermindert het risico op verouderingsziekten (zoals maculaire degeneratie met 50 procent);
- broccoli en crucifere bladgroente, zoals boerenkool, spruitjes en bloemkool, verminderen het risico op hart- en vaatziekten met meer dan 30 procent.

Groentesap:
- kan de tumorgroei bij muizen sterk onderdrukken;
- is een ideale manier om dagelijks voldoende gezonde voedingsstoffen in te nemen.

Fruit

Fruit is gezond, maar groente is gezonder dan fruit. Het is van belang meer groente te eten dan fruit. Vandaar dat in de voedselzandloper groente de basis vormt en fruit een trede hoger staat dan groente. Maar: hoe gezond is fruit? Uit een studie die gedurende 6,5 jaar zo'n 40.000 mensen volgde, bleek dat de personen die in het hoogste kwartiel zaten wat fruitconsumptie betreft (een kwartiel bestaat uit een kwart oftewel 25 procent van de proefpersonen), 21 procent minder kans hadden om te sterven vergeleken met mensen die in het laagste kwartiel zaten wat fruitconsumptie betreft. De onderzoekers vergeleken dus de 25 procent grootste fruiteters met de 25 procent minste fruiteters.[120] Talloze andere studies tonen aan dat mensen die voldoende fruit eten minder snel ziek worden en langer leven.

Fruit is gezond omdat het onder meer veroudering afremt. Door veel fruit te eten blijf je er (letterlijk) langer jonger uitzien: bepaalde stoffen in fruit verminderen het ontstaan van rimpels en remmen de 'fotoveroudering' van de huid af. Fotoveroudering (*photoaging*) is het verouderen van de huid door inwerking van het zonlicht. Een bekende stof in fruit wat huidveroudering betreft is ellaginezuur.

Vooral frambozen, aardbeien, bosbessen en granaatappels bevatten ellaginezuur, een zuur dat de huid jong houdt

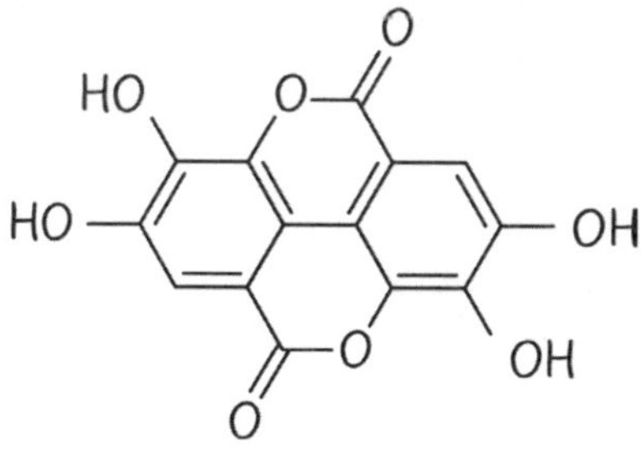

Ellaginezuur

door de afname van het bindweefsel tegen te gaan, waardoor de huid soepeler en elastischer blijft. Ellaginezuur remt ook veroudering van de huid door het DNA in de huidcellen tegen zonlicht te beschermen en door de proteïnases af te remmen.[121]

Zoals kort in een vorig hoofdstuk ter sprake kwam, zijn proteïnases eiwitten die het collageen en de elastine in de huid afbreken (waardoor de huid minder soepel en meer rimpelig wordt). Proteïnases worden onder meer geactiveerd door zonlicht. In de grafiek valt af te lezen dat proteïnases vijf keer minder geactiveerd worden na blootstelling aan de zon als huidcellen met ellaginezuur behandeld werden.

Zonlicht (UV-straling) activeert de productie van proteïnases, eiwitten die het collageen en elastine in de huid afbreken waardoor deze minder soepel wordt en verrimpelt. Een voldoende dosis ellaginezuur remt de productie van de proteïnases drastisch. *Bron: Dietary compound ellagic acid alleviates skin wrinkle and inflammation induced by uv-b irradiation,* Experimental Dermatology, 2010

Fruit is behalve voor de huid ook goed voor de bloedvaten. Het is niet toevallig dat fruit heilzame effecten op de huid en op de bloedvaten heeft. Zoals de ogen de spiegel van de ziel zijn, is de huid de spiegel van de bloedvaten. Een gezonde huid betekent ook vaak dat je bloedvaten gezond zijn. Dat is omdat huid en bloedvaten uit dezelfde bestanddelen zijn opgebouwd, namelijk uit collageen en elastine. Je kunt het je een beetje als volgt voorstellen: als we oud en rimpelig worden aan de buitenkant, dan worden we ook oud en rimpelig aan de binnenkant – omdat het collageen en de elastine, zowel in de huid als in de bloedvaten, achteruitgaan.

Dit verband tussen de toestand van de bloedvaten en de huid kan ook het Frank-teken verklaren. Het Frank-teken is een kleine inkeping in de oorlel. Personen die dit teken hebben, hebben volgens verschillende onderzoeken vijf keer meer kans op een hartaanval.[122]

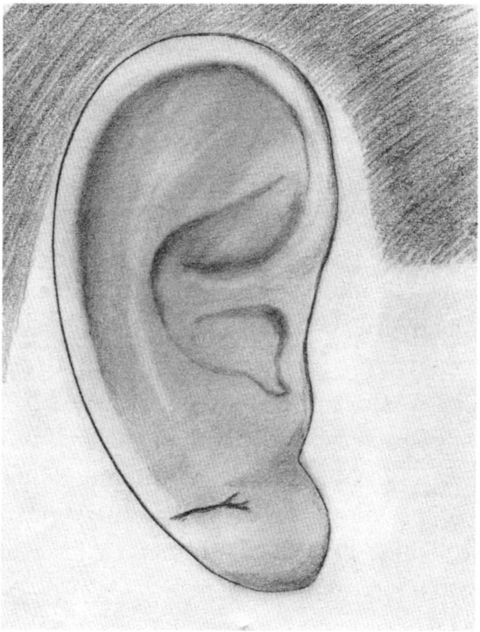

Het Frank-teken.

Wetenschappers weten nog niet waarom personen met het Frank-teken meer vatbaar zijn voor hart- en vaatziekten. Sommigen denken aan de volgende verklaring: het Frank-teken zou een soort van rimpel van de huid zijn omdat de huid bij personen met het Frank-teken in het algemeen ongezonder is en sneller rimpelt. Idem voor de bloedvaten, die net zoals de huid uit dezelfde bestanddelen opgebouwd zijn. De bloedvaten zijn dus net als de huid van slechtere kwaliteit, wat maakt dat ze ook sneller beschadigd raken. Op die beschadigingen kunnen zich klonters vormen die aanleiding geven tot slagaderverkalking (die mensen vatbaarder maakt voor hartaanvallen). Kortom, de slechte toestand van de bloedvaten weerspiegelt zich in de toestand van de huid, waarbij het belangrijk is te vermelden dat uiteraard niet alle mensen met het Frankteken nu gedoemd zijn om een hartaanval te krijgen.

Hoe dan ook: de huid is de spiegel van onze bloedvaten, en deze relatie verklaart ook waarom fruit zowel voor een gezonde huid zorgt als het risico op hart- en bloedvatenziekten vermindert. Hetzelfde geldt ook voor de extracten van fruit, in de vorm van versgeperste vruchtensappen. Die houden de bloedvaten jong. Naarmate we ouder worden, worden onze bloedvatwanden stijver en verdikken ze. Bij proefpersonen die elke dag gedurende een jaar een glas granaatappelsap dronken, nam de dikte van de intima en media (dit zijn de binnenste twee lagen in de bloedvatwand) af met 30 procent, terwijl bij de controleproefpersonen die geen granaatappelsap dronken de intima en media net enkele procenten dikker werden. Ook zorgde het granaatappelsap ervoor dat het geoxideerde LDL – de ongezonde cholesteroldeeltjes die samenklitten in de bloedvatwanden en zo zorgen voor slagaderverkalking – met 90 procent daalde. Ook daalde de bloeddruk met 12 procent, wat naar medische maatstaven aanzienlijk is.[123]

Fruit beschermt ook tegen andere verouderingssyndromen dan rimpels en hart- en vaatziekten. Fruit heeft zelfs een invloed op dé verouderingsziekte in het Westen, namelijk de ziekte van Alzheimer.

Alzheimer is het gevolg van de veroudering van het hersenweefsel. Door de decennia heen raken de hersencellen verstopt met samenklonterende eiwitten, die uiteindelijk de hersencellen zodanig beschadigen dat ze afsterven. Bij de ene persoon gebeurt dit sneller dan bij de andere. Wanneer mensen vroeg door alzheimer getroffen worden, bijvoorbeeld als ze in de zestig zijn, dan spreken artsen van de ziekte van Alzheimer. Maar dat samenklonteren van eiwitten treedt bij iedereen op. Ook hier geldt het typische voor een echte verouderingsziekte: als je maar lang genoeg wacht, wordt uiteindelijk iedereen dement. En dat zien we ook in de statistieken. Vanaf 65 jaar verdubbelt elke vijf jaar het risico op alzheimer, zodat uiteindelijk de helft van de personen ouder dan 85 alzheimer hebben.

Onderzoekers hebben tal van stoffen getest om te zien of deze de progressie naar alzheimer kunnen afremmen. Dit waren vooral antioxidanten zoals vitamine C, vitamine E of bètacaroteen. Onderzoek toont aan dat deze antioxidantia geen invloed hebben op de ziekte van Alzheimer. Zelfs de bejubelde vitamine E, die in zeer hoge doses in eerdere studies een effect leek te hebben, blijkt uiteindelijk het ontstaan of de progressie naar de ziekte van Alzheimer niet te kunnen voorkomen.[124]

Daarom hebben onderzoekers besloten om het over een andere boeg te gooien en om die antioxidanten te laten voor wat ze zijn. In plaats daarvan gaven ze proefpersonen vruchtensappen, want daarin zitten grote hoeveelheden flavonoïden. Flavonoïden zijn onder andere verantwoordelijk voor de felle kleuren van fruit (het rood van een aardbei, het blauw van een bosbes, het oranje in een sinaasappel). Flavonoïden zijn heel wat gezonder dan al die antioxidantia die je bijvoorbeeld kan kopen in de supermarkt. Vaak wordt gezegd dat flavonoïden antioxidanten zijn, maar flavonoïden zijn voornamelijk zo gezond omwille van andere mechanismen. Zo beschouwt het lichaam deze stoffen vaak als licht toxisch, waardoor de lichaamseigen antioxidantensystemen worden geactiveerd. Deze kunnen veel beter vrije radicalen bestrijden dan de 'antioxidanten' die via een pilletje ingenomen worden en die juist de lichaamseigen antioxidantensystemen verzwakken.

Aangetoond is dat personen die elke week minstens 3 vruchtensappen drinken (of groentesappen: ook groente bevatten immers veel flavonoïden) 76 procent minder kans hadden op alzheimer, vergeleken met personen die minder dan 1 keer per week vruchtensap dronken. Personen die maar 2 keer per week vruchtensap dronken, hadden slechts 16 procent minder kans op alzheimer. Dit toont duidelijk aan dat een bepaalde gezondheidsinterventie pas zijn maximum potentieel bereikt als de interventie regelmatig toegepast wordt. Geconcludeerd werd:

> Vruchtensappen en groentesappen kunnen een belangrijke rol spelen in het uitstellen van de ziekte van Alzheimer, vooral bij personen die een hoog risico lopen op deze ziekte. Deze resultaten kunnen leiden tot een nieuwe onderzoekspoor wat betreft de preventie van de ziekte van Alzheimer. (*Fruit and vegetable juices and Alzheimer's disease,* The American Journal of Medicine, *2006*)

Sommigen zullen meewarig het hoofd schudden wanneer ze horen dat fruitsapjes drinken de kans op alzheimer met 76 procent kan verminderen en opperen dat dit wel een kleine, slecht uitgevoerde studie moet zijn. Deze studie verscheen echter in *The American Journal of Medicine*, een belangrijk medisch tijdschrift waarbij de studieopzet nauwkeurig gecontroleerd wordt. Bovendien werd deze uitgevoerd met meer dan 1800 proefpersonen en duurde ze tien jaar. Bovendien tonen talloze andere studies aan dat het nuttigen van fruit en fruitsappen de kans op dementie drastisch kan verlagen. Dit geldt echter niet voor het nuttigen van vitamines en antioxidantia via voedingssupplementen.[125] We komen hier later nog op terug.

Als we het hebben over de positieve werking van fruit op de hersenen, dan moeten vooral blauw en rood fruit expliciet vermeld worden: aardbeien, frambozen, veenbessen, blauwe bessen, bosbessen ('myrtillen') en braambessen. Zij bevatten *anthocyanines*, een bepaalde vorm van flavonoïden die een bijzonder beschermende werking op zenuwcellen hebben. Anthocyanines zijn natuurlijke kleurstoffen die al deze bessen hun rode en blauwe kleur geven (anthocyanines zijn trouwens ook (mede)verantwoordelijk voor de rood-oranje kleur van herfstbladeren).

Vooral blauwe bessen en bosbessen beschermen tegen de aftakeling van zenuwweefsel.[126] Zenuwcellen zijn heel gevoelig voor veroudering, omdat ze metabolisch heel actief zijn (her-

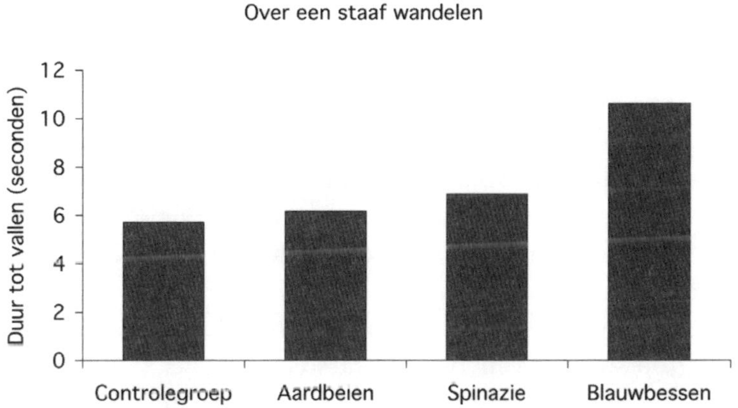

Oude ratten die blauwbessen te eten krijgen, kunnen langer over een hindernissenparcours lopen dan ratten die geen blauwbessen krijgen. Deze ratten hebben een beter evenwicht en coördinatie, eigenschappen die veel hersenactiviteit vergen en sterk achteruitgaan op latere leeftijd. *Bron: Reversals of age-related declines in neuronal signal transduction, cognitive, and motor behavioral deficits with blueberry, spinach, or strawberry dietary supplementation*, The Journal of Neuroscience, *1999*

sencellen verbruiken tien keer meer energie dan andere lichaamscellen) en omdat ze heel ons leven moeten meegaan (zenuwcellen delen zich niet meer na de geboorte). Oude ratten die gedurende twee maanden een dieet kregen met extracten uit blauwe bessen, functioneerden veel beter op allerlei testen die het geheugen, evenwicht en bewegingscoördinatie nagingen. Volgens deze studie, die in *The Journal of Neuroscience* verscheen, hadden de ratten die blauwe bessen te eten kregen meer energie en presteerden ze op cognitief vlak beter.

Interessant is dat Britse piloten die tijdens nachtelijke missies nazi-Duitsland bombardeerden bosbessenjam te eten kregen. Bosbessen zien diepblauw van de anthocyanines – die de zenuwcellen en de netvliescellen kunnen beschermen. Bosbessen lijken overigens erg sterk op blauwe bessen. Het verschil tussen de twee zie je pas als je de bessen doorsnijdt: blauwe bessen zien vanbinnen groen, bosbessen zien vanbinnen paars. Dat wil zeggen dat bosbessen nog meer paarskleurige anthocyanines bevatten, en inderdaad, onderzoek wijst ook uit dat bosbessen nog gezonder zijn dan blauwe bessen.

Volgens sommige wetenschappers zouden zelfs astronauten gebaat zijn bij een cocktail van blauwe bessen, die de cellen van ruimtevaarders beschermen tegen de hoogenergetische straling in de ruimte. (Astronauten worden in de ruimte continu blootgesteld aan hoge doses kosmische straling omdat ze niet meer beschermd worden door het magnetische veld van de aarde.)[127] Het grootste probleem bij een Marsreis is dat het zeer moeilijk is om de ruimtevaarders gedurende hun jarenlange reis te beschermen tegen die gevaarlijke kosmische straling. Interessant is dat onderzoek aantoont dat blauwe bessen de schade van straling aan cellen kunnen verminderen. Zo kregen ratten eerst twee maanden lang blauwe bessen te eten, alvorens ze blootgesteld werden aan een hoge dosis straling. De ratten op het blauwebessendieet waren veel beter bestand tegen de straling dan de ratten die een gewoon dieet kregen.[127]

Behalve genoemde voordelen hebben ook anthocyanines een

kankerwerend effect. Extracten uit bessen onderdrukken de groei en proliferatie van acht verschillende soorten menselijke kankercellijnen.[128] In een ander onderzoek kregen ratten een stof toegediend die sterk kankerverwekkend is; de ratten die een dieet nuttigden dat uit 5 procent van een bepaalde soort braambessen bestond, bleken 54 procent minder tumoren te hebben dan de ratten die geen braambessen op het menu hadden.

De huid en de zon

In dit stuk over fruit kwam de huid veelvuldig ter sprake, en hoe stoffen in fruit de huid gezond kunnen houden en huidveroudering afremmen. Dat is echter de helft van het verhaal. Want een hoofdoorzaak van (vroegtijdige) huidveroudering is de brenger van alle leven op aarde: de zon. De invloed van zonlicht op huidveroudering is van heel groot belang. Daarom dat ik er hier even aandacht aan wijd.

De schadelijke effecten van de zon op de huid ziet een arts elke keer wanneer hij een patiënt onderzoekt, zeker als deze patiënt al wat ouder is. Neem bijvoorbeeld de gemiddelde zeventigjarige dame. Deze dame heeft een flink gerimpeld gelaat en handen vol levervlekjes, kloven en huidverkleuringen. Maar als je dan tijdens het klinisch onderzoek de huid ziet die niet blootgesteld werd aan zonlicht, zoals de billen en zitvlak, dan zie je een wereld van verschil. Deze huid, die gedurende zeventig jaar amper een straaltje zonlicht te verduren kreeg, ziet er volledig wit, glad en vrijwel ongerimpeld uit. Uiteraard ontsnapte ook deze huid niet aan de tand des tijds: ze heeft heel wat elasticiteit verloren en is dunner omdat er minder collageen en elastine aanwezig is. Maar toch is deze huid vrijwel rimpelloos en zijn er amper pigmentaties zoals moedervlekken of levervlekken, zeker vergeleken met de huid in het gezicht of op de handen. Pas als je deze twee huidzones met elkaar vergelijkt kun je de enorme invloed van zonlicht op de huid zien.

Net het tegengestelde valt te zien op de afdeling dermatologie. Toen ik daar als geneeskundestudent stage liep kreeg

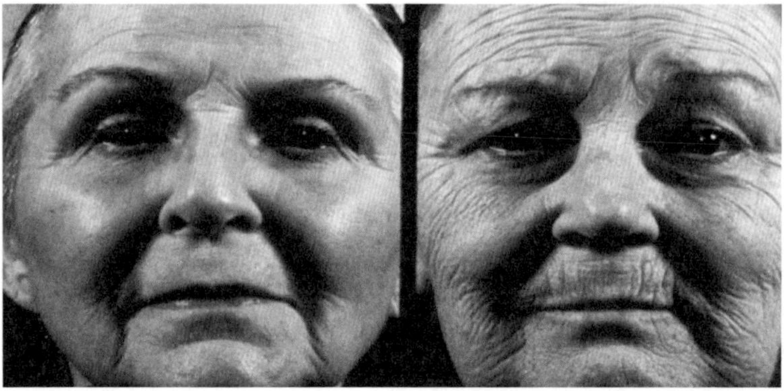

Twee vrouwen van 71 jaar oud. De linkse dame kende veel minder zonneblootstelling dan de dame rechts.
Met toestemming van professor C.E.M. Griffiths, Universiteit van Manchester

ik af en toe ex-zonnekloppers over de vloer. U kent ze wel: mensen die altijd graag bruin zien en de hele vakantie in de zon liggen of bij elk zonnestraaltje buiten op het terras iets gaan lezen. Hun huid zag er als zestig- of zeventigjarige rampzalig uit, vol met diepe rimpels, pigmentaties, moedervlekken, levervlekken en korsten die eigenlijk kleine basaalcelcarcinoompjes waren. Veel meer op de afdeling dermatologie konden we niet doen dan de basaalcelcarcinoompjes met stikstof bevriezen. Basaalcelcarcinoom is een soort van huidkanker die veel minder gevaarlijk is dan melanoom, omdat basaalcelcarcinomen bijna nooit uitzaaien.

Deze twee uitersten illustreren de desastreuze invloed van zonlicht op de huid. Zonlicht doet de huid veel sneller verouderen. Ironisch is dat veel mensen denken dat een bruine huid gezond is. Of hen er tenminste gezond doet uitzien. Maar biochemisch gezien is bruin worden een moleculaire catastrofe. Bruinen is immers een verdedigingsmechanisme van de huidcellen omdat hun DNA te veel beschadigd raakt door zonnestraling.

Als je op een strand in de zon ligt te genieten van een welverdiende vakantie, dan worden op dat moment miljarden stukjes DNA in de huidcellen beschadigd. De reden hiervoor is dat zonlicht heel wat energie bevat. Zonlicht bestaat uit uv-licht. Wanneer een uv-straal het DNA in de huidcellen treft, dan ontstaat er een chemische reactie waarbij 'thymine dimeren' gevormd worden. Dit noemen wetenschappers een mutatie.

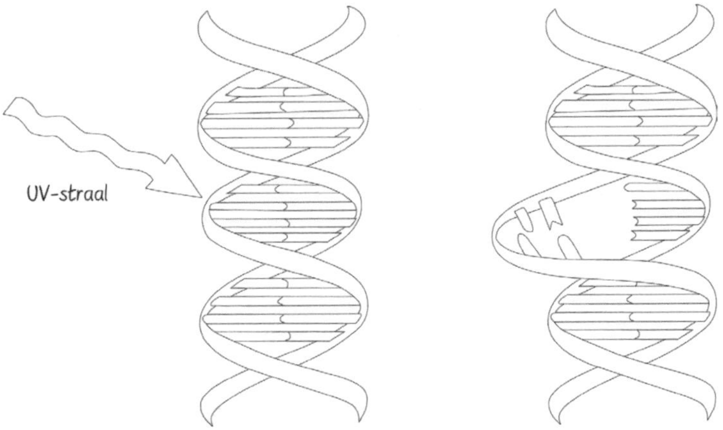

Zonlicht (uv-straling) beschadigt het DNA in de huidcellen. Het energierijke uv-licht verbreekt een sport van de DNA-ladder en lijmt twee thymidine-moleculen aan elkaar, waardoor de DNA-keten vervormd wordt. Deze vervorming is een mutatie.

Thymines zijn kleine moleculen of stukjes DNA (zo'n stukje DNA wordt een 'base' genoemd). Deze stukjes of basen vormen per twee de sporten van de ladder die we DNA noemen. Normaal is een thymine altijd gebonden met een andere base, adenine geheten. Een thymine- en adeninemolecule vormen zo met hun getweeën een sport van de DNA-ladder.

Wanneer een uv-straal met een thyminemolecule botst, dan komt die los van de adeninemolecule, waardoor de sport in tweeën gebroken wordt. Bovendien gaat het thymine dan een binding aan met een naburig thymine, zodat een 'thymine dimeer' gevormd wordt. De DNA-streng is daardoor beschadigd, oftewel gemuteerd. Als je een paar uur in de zon ligt, dan worden vele miljarden thymine dimeren in miljoenen huidcellen gevormd.

Als antwoord op deze DNA schade gaan de huidcellen zich beschermen tegen het zonlicht. Elke huidcel gaat het DNA in zijn celkern beschermen door een soort van paraplu van melaninekorrels boven de celkern te plaatsen. Een paraplu die de celkern niet beschermt tegen regendruppels, maar tegen uv-straling. Melaninekorrels zijn een donkere substantie en wanneer elk van de miljoenen huidcellen rondom hun celkern een verdedigingsgordel van melaninekorrels opbouwen, dan krijgt uw huid in het algemeen een donkere kleur. Dat noemen we 'bruin worden'. Je wordt dus bruin omdat het DNA in de huidcellen door het zonlicht aan het muteren is.

U heeft het al door: dit is niet gezond. Het vormen van melanineschillen rondom de celkern is slechts een verdedigingsmechanisme om verdere schade aan het DNA te beperken. Heel wat schade is ondertussen reeds opgetreden. Vele miljarden thymine dimeren zijn reeds gevormd. Gelukkig wordt de meerderheid van deze mutaties hersteld door speciale eiwitten die het DNA aflopen en controleren op mutaties. Een meerderheid van de mutaties wordt hersteld, maar niet allemaal.

Het DNA in de huidcellen wordt dus niet volledig hersteld, omdat perfectie in de natuur niet bestaat. Het thymine-dimeer-verhaal vertelt waarom de huid een geheugen heeft: elke zonneblootstelling veroorzaakt DNA mutaties die grotendeels maar niet volledig hersteld worden. Deze schade veroorzaakt op lange termijn huidveroudering en als je pech hebt huidkanker. Zo toont onderzoek aan dat kinderen die in hun jonge jaren slechts driemaal in de zon verbrand geraakten, later viermaal meer risico lopen op huidkanker.[129] De huid vergeet nooit.

Er bestaat een aandoening waarbij de DNA-mutaties, veroorzaakt door zonlicht, onvoldoende hersteld worden. Deze

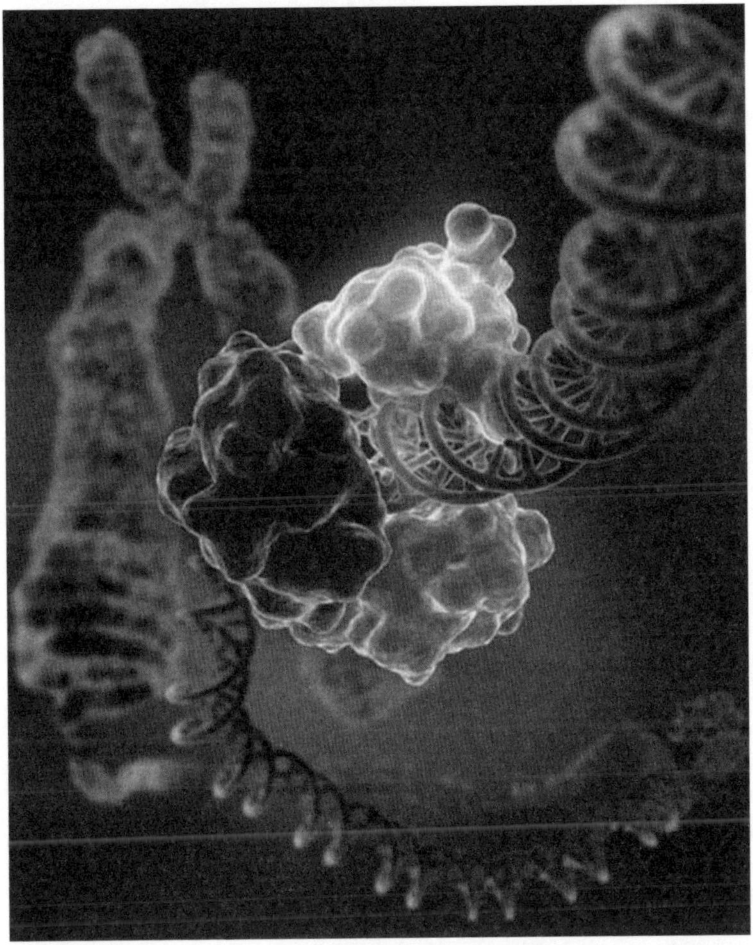

Een eiwit schuift over een beschadigde DNA-streng om die te herstellen.

ziekte heet *xeroderma pigmentosum*. Elke keer wanneer mensen met deze ziekte in de zon komen, lopen ze DNA-schade op die nooit meer hersteld wordt. Deze personen krijgen van jongs af aan huidtumoren, huidgezwellen, een sterk verouderde huid, pigmentvlekken en moedervlekken. Dappere zielen die 'xeroderma pigmentosum' op Google intikken krijgen schokkende beelden te zien. Deze ziekte geeft een idee van de DNA-schade die zonlicht veroorzaakt wanneer deze schade veel minder goed hersteld wordt dan bij de meeste mensen na een dagje aan zee.

Kortom, zonlicht is de belangrijkste oorzaak van huidveroudering en rimpels. Daarom dat veel fruit eten maar een deel van het verhaal is. En dat elke dermatoloog erop hamert om je voldoende te beschermen tegen de zon. En om dus zonnebrandcrème te gebruiken en een hoed te dragen met een brede rand. Uiteraard hebben we zonlicht nodig om vitamine D aan te maken. Maar vitamine D kan ook genomen worden in de vorm van een supplement, zoals verder in dit boek ter sprake komt.

'Is fruit wel gezond?'

Tal van onderzoeken tonen aan dat het eten van fruit gezond is voor onze huid, onze bloedvaten, onze hersenen en dat het zelfs het algemene sterftecijfer omlaag brengt. Ondanks al die wetenschappelijke inzichten en raadgevingen van artsen en wetenschappers kom ik maar al te vaak patiënten tegen die ergens gehoord hebben dat fruit eten niet gezond zou zijn. Als reden daarvoor halen ze aan dat fruit 'te veel suiker bevat' of 'voedselallergieën' of 'voedselintoleranties' kan veroorzaken. Er zijn zelfs bedrijven die bepaalde voedselintolerantietesten aanbieden, waaruit dan plotseling blijkt dat mensen voor die en die bepaalde soorten fruit allergisch of intolerant zijn. Ik vind dit een gevaarlijke trend, omdat zelfs hoogwaardige laboratoria in universitaire ziekenhuizen met moeite bepaalde allergieën en intoleranties kunnen aantonen. Zelfs het biologische kenmerk van allergie of intolerantie, namelijk het in grote hoeveelheden voorkomen van immunoglobuline E-antilichamen (IgE, voor allergie) of IgG-antilichamen (voor een intolerantie) tegen bijvoorbeeld pollen, huisstofmijt of een kiwi, wil nog niet zeggen dat je ook allergisch of intolerant bent voor pollen, huisstofmijten of kiwi's. Er zijn immers veel mensen die grote hoeveelheden antilichamen in hun bloed hebben tegen pollen of huisstofmijt, maar die er toch niet allergisch voor zijn. Laat staan dat een minder professioneel lab met zulke tests wel kan bepalen of je allergisch of intolerant bent voor een sinaasappel of een banaan. Vaak krijgen heel wat mensen onterecht te horen dat ze voor verschillende soorten fruit allergisch of intolerant zijn, waardoor ze veel minder fruit of geen fruit meer eten, soms gedurende heel hun leven, wat uiteraard ongezond is. Bovendien is, ironisch genoeg, het eten van fruit zelfs goed voor allergieën. Zo toont bijvoorbeeld onderzoek onder 1500 astmalijders aan dat het eten van slechts 2 appels per week eten het risico op een astma-aanval met 32 procent verminderde.[130]

Er is nog zo'n mythe, namelijk dat fruit toch niet zo gezond is omdat fruit 'veel suiker bevat'. Om te beginnen is de suiker die in fruit zit vooral fructose ('fruitsuiker'), wat als gezegd minder hoge suikerpieken veroorzaakt dan glucose (de glycemische index van glucose is 100, die van fructose is 20). Met een appel eet je bovendien geen pure fructose; de fructose in de appel is verpakt in tal van vezels, die de fruitsuiker langzaam aan de bloedbaan vrijgeven, waardoor de insuline en IGF amper gaan pieken. Dit in tegenstelling tot bijvoorbeeld een gebakje dat nagenoeg geen vezels bevat en dat hoge insulinepieken veroorzaakt. Bovendien bevat een appel – en fruit in het algemeen – naast vezels ook duizenden soorten van heilzame fytochemicaliën, gezonde stoffen die niet in het gebakje zitten, zoals flavonoïden, ellaginezuur, coumarines, terpenen, indolen enzovoort.

En dan heerst er nog het misverstand dat je fruit eerst moet schillen omdat er pesticiden op en in de schil zitten. Schil je fruit echter niet! Veel van de gezonde stoffen in fruit zitten namelijk in of net onder de schil. Uiteraard zitten er wel pesticiden op het meeste fruit, maar daar verwijder je het meeste van door het fruit af te spoelen en met een doek zo goed mogelijk te drogen. De weinige pesticiden die dan overblijven wegen niet op tegen het verwijderen van de vezelrijke en flavonoïderijke schil. Bovendien bevat zacht fruit als aardbeien, frambozen of bosbessen ook pesticiden en dat fruit kun je domweg niet schillen.

SAMENVATTING

Een **voldoende dagelijkse inname** van fruit:

- vermindert de algemene sterfte;
- remt huidveroudering af (en dit vooral door rood en blauw fruit, zoals aardbeien, frambozen, granaatappel en bosbessen);
- houdt de bloedvaten gezond;
- vermindert de kans op de ziekte van Alzheimer en algemene cognitieve aftakeling (dit geldt vooral voor blauw fruit zoals bosbessen, braambessen en mirtyllen).

Drink één of meerdere versgeperste **fruitsappen** per dag.
Fruit **niet schillen**, wel wassen en afdrogen.

Rimpelvorming kan bestreden worden op de volgende manieren:

Via de binnenkant:

- veel fruit nuttigen, vooral rood en blauw fruit;
- elke dag versgeperst fruitsap drinken;
- groene en witte thee drinken;
- boter, melkproducten, rood vlees en suikerinname beperken;
- stoppen met roken.

Via de buitenkant:

- zonnebrandcrème met minstens factor 30, om de 2 uur insmeren;
- hoed met brede rand;
- dagelijkse dagcrème met een factor van minstens 15 (4 is te weinig);
- wie er toch graag bruin uit wil zien, kan een zelfbruinende crème gebruiken.

Trede 3: Vis, gevogelte, eieren, kaas, tofoe en quorn

- Fastfood (hamburgers, pizza's, hotdogs, snacks)
- Rood vlees (varken, rund, schaap, paard)
- Gefrituurd voedsel

vervangen door

- Vette vis (zalm, makreel, haring, ansjovis, sardines), gevogelte (kip en kalkoen), eieren, kaas, tofoe, quorn.

Vette vis en gevogelte
Zoals we in het hoofdstuk over proteïnen hebben gezien, vergroot vlees de kans op kanker, osteoporose, versnelde veroudering en nierziekten. Maar geen vlees eten valt ook niet aan te bevelen, omdat in vlees tal van belangrijke stoffen voorkomen, zoals zink, ijzer, vitamine B12, creatine en carnosine. Het is daarom goed om altijd een beetje vlees te eten. Zoals dagelijks een stukje vlees eten zo groot als de cirkel die wordt gevormd wanneer je het topje van je duim plaatst op het topje van je wijsvinger. Dit vlees is dan het beste geen rood vlees, zoals varkensvlees, rundsvlees of schapenvlees, dat de kans op kanker, hart- en vaatziekten en diabetes verhoogt, maar licht verteerbaar wit vlees, zoals gevogelte en verder vooral vette vis, die ook nog eens rijk is aan omega-3-vetzuren.

Vaak denken mensen dat vlees nodig is om voldoende proteïnen binnen te krijgen. Van vlees groei je zogezegd en word je groot en sterk. Maar olifanten en giraffen zijn bijzonder grote en sterke dieren, die echter nooit vlees eten. Zij halen hun proteïnen vooral uit planten. Hetzelfde zouden wij mensen moeten doen. Zo zit groente boordevol proteïnen. Stel tijdens een etentje eens de volgende vraag aan je tafelgenoten: 'Wat bevat de meeste proteïnen? Broccoli of vlees?' Het antwoord is broccoli. Broccoli bevat per calorie meer eiwitten dan een steak, en bevat meer calcium dan melk en zelfs meer vitamine C dan een sinaasappel.

Groenten en legumes bevatten plantaardige proteïnen. Deze proteïnen zijn gezonder dan de proteïnen in vlees omdat ze minder van het eiwit-opbouwende aminozuur methionine bevatten. We hebben bij de peulvruchten al besproken dat een lagere methionine-inname de eiwitproductie in het lichaam afremt. En zo proefdieren langer doet leven. Plantaardige proteïnen bevatten ook minder zwavelhoudende aminozuren. Deze zwavelhoudende aminozuren verzuren het bloed. Om deze verzuring tegen te gaan, wordt calciumcarbonaat onttrokken aan het skelet. Hierdoor verzwakt het skelet en neemt de kans op botontkalking (osteoporose) toe. Bij personen die veel proteïnen eten van dierlijke oorsprong neemt de botkwaliteit jaar na jaar sneller af dan bij personen die vooral proteïnen eten afkomstig van planten:

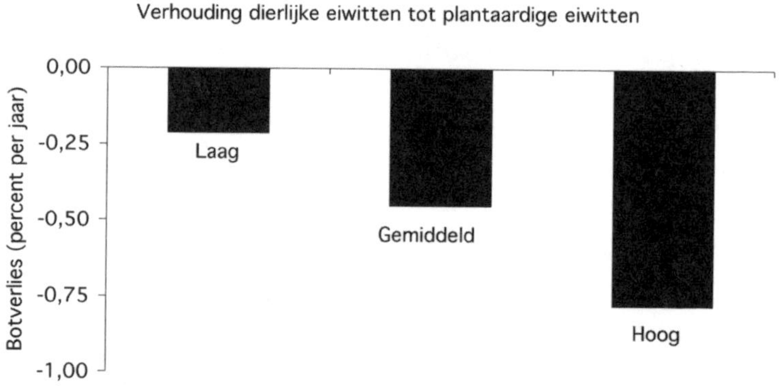

Personen die weinig dierlijke en veel plantaardige proteïnen eten (linkse balk) hebben jaarlijks heel wat minder botverlies dan personen die veel dierlijke en weinig plantaardige proteïnen eten (rechterbalk). *Bron: A high ratio of dietary animal to vegetable protein increases the rate of bone loss and the risk of fracture in postmenopausal women*, American Journal of Clinical Nutrition, 2001

Een andere reden waarom plantaardige proteïnen gezonder zijn dan de proteïnen die in vlees zitten, is dat de proteïnen in planten in tegenstelling tot vlees niet omgeven zijn door verzadigde vetten en bepaalde ontstekingsbevorderende omega-6-vetzuren.

Er zijn tal van vleesvervangende producten die veel plantaardige proteïnes bevatten, zoals tofoe (gemaakt uit de sojabonen), peulvruchten, quorn (gemaakt uit een fungus), maar ook groente zoals broccoli. Kortom, het reduceren van vlees hoeft dus niet automatisch te zorgen voor een proteïnetekort. Echter, het eten van kleine hoeveelheden gevogelte en vis is nodig voor enkele unieke stoffen die ze bevatten. Het is in verband hiermee wel van belang ons te realiseren dat vlees (en andere producten van dierlijke oorsprong zoals eieren) dat we vandaag nuttigen niet meer hetzelfde is als pakweg vijftig jaar geleden.

Vroeger graasden koeien in weiden en scharrelden kippen rond. Vandaag bevinden koeien en kippen zich in grote kweekboerderijen waar ze gevoederd worden met maïs, tarwe en gemalen veevoeder. Het vlees afkomstig van koeien en kippen die dergelijk voedsel nuttigen is heel wat ongezonder. Onderzoek toont aan dat het lichaam van personen die vlees van niet-grazende koeien eten, vijftien tot veertig keer meer ontstekingsbevorderende omega-6-vetzuren dan omega-3-vetzuren bevat.[131] Ideaal gezien zou deze verhouding tussen omega-6-vetzuren en omega-3-vetzuren minder dan vier op één moeten zijn. Hetzelfde geldt voor kippen en hun eieren. In *The New England Journal of Medicine* verscheen een studie waaruit bleek dat de eieren van kippen die maïs te eten krijgen twintigmaal meer omega-6-vetzuren bevatten dan omega-3-vetzuren.[132] Bij scharrelkippen die gras eten is de verhouding één op één.

Bovendien krijgen koeien, varkens en kippen antibiotica toegediend om ze te beschermen tegen infecties. Dat is ook ongezond voor ons lichaam, maar dan op een andere, meer onrechtstreekse manier. Vooral de antibiotica die kippen krijgen zijn onrustwekkend. Kippen krijgen preventief antibiotica toegediend en zo worden superresistente bacteriën gekweekt; bacteriën die uiteindelijk op ons bord en in onze darmen terechtkomen. Vandaag de dag beschikken artsen over steeds minder soorten antibiotica tegen een bepaalde soort van bacteriën, namelijk de gram-negatieve bacteriën. Deze bacteriën huizen vooral op de huid van kippen en in de darmen van mensen en verschillende superresistente bacteriestammen zijn afkomstig van kippen die opgroeien in kwekerijen waar ze preventief volop antibiotica krijgen. Als dit zo verdergaat, duurt het niet lang meer of artsen hebben alleen nog de zeer toxische antibiotica ter beschikking om infecties met gram-negatieve bacteriën te bestrijden. En in sommige gevallen werken zelfs deze antibiotica niet meer. Het gebeurt steeds vaker dat patiënten sterven aan een niet te stoppen infectie veroorzaakt door een superresistente bacterie, ondanks de meest krachtige antibiotica die in de eenentwintigste eeuw beschikbaar zijn.

Het spijtige is dat onderzoek aantoont dat al dat preventieve antibioticabeleid misschien niet nodig is. Jonge biggen die iets langer bij hun moeder mogen blijven, zijn even goed bestand tegen infecties als wanneer ze antibiotica krijgen.[133] Als biggen langer bij hun moeder blijven dan kan hun immuunsysteem immers beter rijpen. Vandaag de dag worden jonge varkens echter zo snel mogelijk bij de moeder weggehaald om vetgemest te worden. Kortom, het vlees dat we vandaag eten is niet meer het vlees van vroeger. Idem voor eieren en zuivelproducten. Het valt daarom aan te raden om vooral biologisch vlees en eieren te nuttigen. Biologische producten zijn afkomstig van dieren die gevoederd werden met gras en die de ruimte en tijd hadden om op te groeien in een meer natuurlijke omgeving.

SAMENVATTING

In tegenstelling tot dierlijke proteïnen geldt voor **plantaardige proteïnen** het volgende:

- ze bevatten minder zwavelhoudende aminozuren die het bloed verzuren;
- ze bevatten minder methionine dat de eiwitproductie stimuleert;
- ze verminderen het risico op osteoporose (botontkalking);
- omdat deze proteïnen via groenten, peulvruchten en andere plantaardige bronnen geconsumeerd worden, bieden deze proteïnen tal van extra gezondheidsvoordelen.

Kippen en koeien nuttigen geen **gras** meer, zodat hun vlees en eieren veel meer ontstekingsbevorderende **omega-6-vetzuren** dan ontstekingsremmende omega-3-vetzuren.

Biologisch vlees en eieren zijn afkomstig van dieren die in een meer natuurlijke leefomgeving opgroeien.

Eieren en kaas

Er wordt vaak beweerd dat eieren ongezond zijn omdat ze veel cholesterol bevatten. Een ei bevat inderdaad veel cholesterol, maar onderzoek heeft aangetoond dat de cholesterol niet significant stijgt wanneer mensen een paar eieren per week eten. Dat is ook niet meteen verbazingwekkend, omdat de overgrote meerderheid cholesterol in ons lichaam door het lichaam zelf wordt aangemaakt. Het speelt dus niet zo'n grote rol of we veel of weinig cholesterolrijk voedsel eten, omdat vooral het lichaam zelf zijn cholesterolpeil regelt. Bovendien, zelfs als eieren de cholesterol zouden doen stijgen dan hoeft dat niet altijd een slechte zaak te zijn. In tegenstelling tot wat vaak gezegd wordt speelt een hoge cholesterol namelijk geen belangrijke rol bij hart- en vaatziekten. Inderdaad, ondanks al die 'cholesterolarme' margarine, kaas of chips, heeft het totale cholesterolpeil weinig invloed op harten vaatziekten. Mensen kunnen een hoge cholesterol hebben, en toch een laag risico op hart- en vaatziekten hebben (zoals in Japan). Of mensen kunnen een heel lage cholesterol hebben (zoals in Israël, waar devote Joden vooral omega-6-rijke margarine gebruiken in plaats van dierlijke boter) en toch aan veel hart- en vaatziekten lijden. Tenzij je een zeldzame genetische ziekte hebt die de cholesterol dramatisch verhoogt, is het niet de hoeveelheid cholesterol die van belang is, maar wel wat er gebeurt met de cholesterol in het bloed: als de cholesterol immers door te veel suiker in het bloed versuikerd wordt, dan wordt hij plakkeriger, zodat de cholesterol in de bloedvaten kan samenklonteren en slagaderverkalking kan veroorzaken. Of als de cholesterol te veel geoxideerd raakt omdat we te weinig fruit of groente eten, dan wordt hij ook kleveriger, met alle gevolgen van dien. Niet de hoeveelheid cholesterol speelt een rol, maar wel wat er met de cholesterol in het bloed gebeurt.

Om een lang verhaal kort te maken: eieren kunnen dus gegeten worden.[134] Bovendien bevatten eieren *choline* en *lecithine*, stoffen die een belangrijke rol spelen in de hersenen. Uit choline wordt de neurotransmitter *acetylcholine* gevormd, die betrokken is bij het geheugen en de slaap. (Neurotransmitters zijn boodschapperstoffen waarmee hersencellen elkaar besproeien en waarvan de concentraties een belangrijke rol spelen in onze emoties, motivatie en concentratie.) Ook wordt choline in de hersenmembranen gebouwd, waardoor hersencellen beter met elkaar signalen kunnen uitwisselen. Kortom, het consumeren van enkele eieren per week is zelfs gezond. Het is hierbij wel van belang om vooral zachtgekookte eieren of een spiegeleitje te eten en bijvoorbeeld geen omelet, want bij het bakken van een omelet raakt de cholesterol in het ei geoxideerd – en dat is ongezond.

En hoe zit het met kaas? We hebben weinig positieve zaken gehoord over zuivelproducten, met name melk en yoghurt. Maar kaas lijkt een uitzondering te vormen. Hoewel kaas veel verzadigde vetten bevat, verhoogt kaas niet de kans op hart en vaatziekten. Waarschijnlijk omdat kaas een belangrijkste bron is van vitamine K2 oftewel *menaquinone*.[135] Vitamine K2 is een stof die een gunstige invloed heeft op hart- en bloedvaten.

Kaas is dus het enige zuivelproduct dat zich in de voedselzandloper bevindt. Kaas is ideaal voor diegenen die toch af en toe (volkoren)brood willen eten. Ze kunnen dan vooral kaas in plaats van vlees gebruiken als broodbeleg. Interessant is dat eeuwelingen die in de Blauwe Zones wonen – gebieden in Japan, Sardinië of Costa Rica waar buitengewoon veel honderdjarigen wonen, soms vijfmaal meer dan elders – vaak de gewoonte hebben om weinig vlees te eten maar wel veel kaas, zoals heerlijke geitenkaas.

SAMENVATTING

Een **teveel aan cholesterol** speelt voor de meeste mensen geen belangrijke rol bij hart- en vaatziekten omdat:

- het lichaam zelf het grootste gedeelte van de cholesterol aanmaakt;
- het belangrijker is wat er met de cholesterol in het bloed gebeurt:
  - versuikerde cholesterol (door een hoge suikerconsumptie of diabetes) is plakkeriger;
  - geoxideerde cholesterol (door te weinig flavonoïden uit fruit, groenten of groene thee) is plakkeriger.

Enkele **eieren** per week eten:

- beïnvloedt het cholesterolpeil niet;
- verhoogt de inname van choline en lecithine, die belangrijke bouwstoffen voor de hersenen zijn.

Kaas bevat verzadigde vetzuren, maar vergroot de kans niet op hart- en vaatziekten, onder meer omwille van vitamine K2 (menaquinone) in kaas.

Gefrituurd voedsel en fastfood (hamburger, hotdogs, pizza, lasagne et cetera

Iedereen weet dat fastfood en gefrituurd voedsel niet gezond zijn; en iedereen heeft groot gelijk. Ten eerste bevat het transvetten. Het zijn vooral deze 'onnatuurlijke' transvetten waarmee het lichaam zich geen raad weet en die overal samenklonteren, in de bloedvaten, de hersenen en de vetcellen. Bovendien jagen deze voedingsmiddelen de bloedsuikerspiegels de hoogte in, wat de kans verhoogt op diabetes, hart- en vaatziekten en kanker. Omdat frietjes, een hotdog of een industriële lasagne zulke grote suikerpieken veroorzaken en omdat dit voedsel ook veel fosfaten bevat, zorgen ze – zoals we eerder al zagen – voor versnelde veroudering. In gefrituurd voedsel en kant-en-klaargerechten zitten ook nagenoeg geen vitamines en mineralen, laat staan flavonoïden en andere gezonde fytochemicaliën. Dit is met andere woorden namaakvoedsel dat zo samengesteld is om via de grote hoeveelheden suikers, vetten en zout die ze bevatten zo sterk mogelijk primitieve hersengebieden te prikkelen die een rol spelen bij genot en verslaving. Suikers en vetten waren voedingsstoffen die zo zeldzaam waren in de Afrikaanse savannevlakte van onze voorouders dat onze hersenen dit calorierijke voedsel heerlijk vinden. Vandaag de dag echter bevindt dit voedsel zich overal om ons heen en veroorzaakt deze overvloed grote gezondheidsproblemen. Dit zal voedingsfabrikanten worst wezen, want die trachten hun voedingsmiddelen zo samen te stellen dat ze mensen een 'nutritioneel orgasme' bezorgen, met al die suikers, vetten en zout op één hoop gegooid. Het resultaat is een Megaburger of Big Whopper. Of neem gefrituurd voedsel. Zelfs gezond voedsel wordt door het te frituren ongezond, zoals bijvoorbeeld blijkt uit het verband tussen al dan niet gefrituurde vis en hartfalen. Hartfalen is een ziekte die in de meeste gevallen wordt veroorzaakt door een hartaanval. De patiënt overleeft de hartaanval, maar zit nog enkele jaren opgescheept met een beschadigd hart, om dan meestal pas vier of vijf jaar later na de feitelijke hartaanval te sterven aan hartfalen. Het is gebleken dat vijf keer per week vis eten de kans op hartfalen met 30 procent verminderde. Maar als de vis gefrituurd was, dan verhoogde de kans op hartfalen juist, en met maar liefst 48 procent. En dit al bij één portie gefrituurde vis per week...[136]

Al dat fastfood en die gefrituurde gerechten zijn wel lekker natuurlijk. De gemiddelde Belg kan zelfs niet zonder zijn wekelijkse frieten, al dan niet vergezeld van een curryworst of hamburger. Het lijkt daarom moeilijk om die gerechten zoveel mogelijk te laten voor wat ze zijn. Bedenk dan dat ik vaak hoor van mensen die sinds lange tijd geen fastfood meer gegeten hebben, dat ze het moeilijk hebben met het verteren van hun frituurmaaltijd wanneer ze toch eens na een lange tijd de frituur of het fastfoodrestaurant passeren. Het voedsel ligt hun zwaar op de maag, ze slapen er slechter door, de volgende dag zijn ze moe, bleker of geprikkelder. Hun lichaam is het niet meer gewend om dergelijk ongezond voedsel te verteren en te verwerken. Dat is goed, want het zorgt er zo bijna automatisch voor dat mensen niet meer hervallen in het regelmatig eten van fastfood.

SAMENVATTING

Gefritureerde gerechten en fastfood:

- bevatten **transvetten** die overal in het lichaam kunnen samenklonteren;
- veroorzaken hoge **bloedsuiker-en insulinepieken**;
- bevatten **fosfaten** die het verouderingsproces versnellen;
- bevatten nagenoeg **geen** flavonoïden, vitamines, mineralen en andere nutriënten;

- zijn **verslavend** omwille van hun samenstelling (vet, zout en suikers);
- bevatten zeer veel **calorieën**.

Zelfs gezond voedsel zoals vis frituren maakt het ongezond.

Trede 4: Zwarte chocolade, noten, sojapap, sojayoghurt

Zoetigheden (koeken, gebak, snoeprepen, ijs)
vervangen door
Zwarte chocolade, noten, sojapap, sojayoghurt.

Over zoete tussendoortjes
Een mens lijkt altijd honger te hebben. Niet alleen eet hij drie maaltijden per dag, bovendien eet hij graag allerlei tussendoortjes, vieruurtjes en laat-avondjes. Het zijn deze tussendoortjes die de dagelijkse hoeveelheid calorieën op slinkse wijze flink doen aantikken. Drie madeleinecakes verorberen (wat zo gebeurd is als je ondertussen nog voor de televisie zit), tellen mee voor bijna 400 extra kilocalorieën, wat al een aanzienlijke brok is van de 2000 kilocalorieën die iemand dagelijks nodig heeft. Een praline telt 120 kilocalorieën. Vier pralines op een dag en je hebt al één vierde van je dagelijks benodigde calorieën binnen.

Niet alleen zijn het calorieënbommen, ze zijn ook enorm verslavend. Elke keer wanneer je iets zoets eet, komt de suiker die erin zit bijna meteen in de bloedbaan terecht (er zijn immers geen vezels en andere stoffen die zorgen voor een tragere absorptie van de suikers). Deze suikerpiek geeft een soort van *sugar rush*: je voelt je lekker verzadigd en energiek. Maar wat omhoog gaat, gaat ook weer omlaag (tenzij het de ontsnappingssnelheid bereikt) en deze suikerpiek wordt gevolgd door een suikerdal: een daling van de hoeveelheid glucose in het bloed. De suikerpiek werd immers gevolgd door een insulinepiek die de suiker dwingt om opgenomen te worden in de cellen, vooral in de lever-, spier- en vetcellen, waar de suiker opgeslagen wordt. Hierdoor verdwijnt de suiker uit de bloedbaan. Het gevolg is dat de hoeveelheid suiker in je bloedbaan even snel daalt als hij steeg. En bij veel mensen gaat dit gepaard met ontwenningsverschijnselen. Ze hebben een gevoel van licht in het hoofd te zijn, ze voelen zich slap of moe, ze hebben concentratiestoornissen, een plots opkomend hongergevoel of een sterke drang in 'iets zoets'. Sommige mensen beginnen zelf op hun benen te trillen en te zweten. Dat zijn letterlijk ontwenningsverschijnselen; suiker is immers verslavend. Onderzoek toont zelfs aan dat suiker net zoals heroïne het endorfinesysteem beïnvloedt – endorfines zijn stoffen die ons een goed gevoel geven (junkies injecteren zich met heroïne omdat deze stof het endorfinesysteem activeert). En suiker zorgt net zoals heroïne en andere drugs voor ontwenningsverschijnselen, reden waarom sommige psychiaters ervoor ijveren om suiker als verslavend middel in de DSM op te nemen (de DSM – Diagnostic Manual of Mental Diseases – is de bijbel van de psychiatrie, waarin ook de verslavingsstoornissen opgenomen zijn). Maar wellicht zal een 'suikerverslaving' nooit in de DSM opgenomen worden, omdat suikerrijk voedsel nu eenmaal voedsel is, en de mens op dagelijkse basis voedsel nodig heeft, in tegenstelling tot drugs zoals heroïne of cocaïne.

Dat neemt niet weg dat zoetigheden verslavend zijn. Eet enkele dagen na elkaar stipt om 16.00 uur twee overheerlijke marsepeinen mergpijpjes en veel mensen zullen al na enkele dagen rond dit tijdstip een sterke zin in een marsepeinen mergpijpje krijgen. Dit is geen authentiek hongergevoel, maar een verslaving aan suikerrijk voedsel. Het is belangrijk om te weten dat deze drang naar zoetigheden geen 'echte' honger is, maar een ontwenningsverschijnsel. Echte honger gaat gepaard met sensaties achteraan in de keel en zin om het even welk voedsel te eten. Dat voedsel hoeft dus niet per se iets zoets te zijn. Maar de honger die heel wat mensen vandaag de dag kennen is een ontwenningsverschijnsel voor zoetigheden. Dit 'pseudohongergevoel' gaat niet gepaard met keelsensaties, maar met een sterke drang naar zoet. En met ontwenningsverschijnselen zoals flauwte, moeheid, zwakte in de benen, zenuwachtigheid, concentratiestoornissen of zweten.

Het feit dat suiker verslavend kan zijn maakt het extra moeilijk om te stoppen met het eten van zoete tussendoortjes. De enige manier om hier van af te komen is door dit probleem op dezelfde manier aan te pakken als gelijk welke andere verslaving: er van het ene moment op het andere volledig mee stoppen. Eet gedurende tien dagen geen zoete tussendoortjes meer en de dagelijkse drang naar iets zoets is verdwenen. Uiteraard zijn de eerste dagen het moeilijkst. Wat je dan moet doen om de eerste dagen door te komen, is ervoor te zorgen dat er nergens meer lekkere zoetigheden in huis te vinden zijn. Gooi dus alle koeken, bonbons, gebak en snoep weg, evenals de pakken chips en andere ongezonde zaken (ook chips bestaan voor meer dan de helft uit suikers en de 'gezonde' vetvrije chips bestaan zelfs voor 80 procent uit koolhydraten). Als al dat zoets uit huis is, kun je simpelweg niets anders dan een gezond tussendoortje eten. Je moet je drang dan niet meer overwinnen, maar ondergaan. Als je huisgenoten niet akkoord gaan met deze massale zoetighedendump (omdat ze zelf nog willen snoepen), zorg er dan voor dat je huisgenoten een aparte kast met zoetigheden hebben die op slot kan en die alleen zij kunnen openen.

Maar wat dan? Stel het is vier uur in de namiddag en je hebt honger. Wat voor gezonde en lekkere tussendoortjes kun je dan nemen? In de voedselzandloper staan deze tussendoortjes op de vierde trede. Veel van deze tussendoortjes zijn immers een belangrijk onderdeel van een gezond eetpatroon, zoals noten (walnoten, hazelnoten of amandelnoten) en donkere chocolade. Of je kunt een portie havermoutpap, sojayoghurt of sojapap nuttigen. En uiteraard kun je deze zaken combineren met vers of gedroogd fruit.

Wat ik bijvoorbeeld eet als vieruurtje is in de magnetron opgewarmde havermoutpap met stukjes appel; soms eet ik gewoon een appel met een stukje zwarte chocolade. Bijzonder lekker! (En dan te weten dat ik vroeger geen zwarte chocolade lustte.)

Een paar andere voorbeelden voor een ideaal vieruurtje zijn:

- een trosje druiven en een perzik;
- donkere chocolade met aardbeien;
- een portie walnoten met bosbessen;
- sojapap met karamelsmaak met daarin stukjes walnoten en een schepje omega-3-rijk lijnzaad.

Mensen die hun dagelijkse zoetigheden vervangen door zulke gezonde tussendoortjes zullen de eerste dagen ontwenningsverschijnselen hebben. Maar daarna zal hun lichaam zich aanpassen aan dit gezonde voedsel. Het gevolg is dat deze personen weer een echt hongergevoel gewaarworden en geen pseudohonger die gepaard gaat met een sterke drang naar zoet, flauwtes, beven enzovoort. Bovendien zullen de smaakpapillen veranderen, waardoor 'zoet' anders zal smaken. In het begin, wanneer je net gestopt bent met het eten van zoete tussendoortjes, smaken druiven en aardbeien naar 'niets', zeker vergeleken met een bonbon of een plak cake. Maar na enkele dagen gaan de smaakpapillen veranderen; druiven, aardbeien en ander fruit gaan zoeter smaken. Na verloop van tijd gaan veel mensen cake of een gebakje zelfs veel te zoet vinden. Sommigen vinden het zelfs 'vies' omdat het te zoet is. De smaken van fruit en ander voedsel zullen verfijnder en scherper zijn. Ik zou zeggen: probeer het eens, en je zult versteld staan van het aanpassingsvermogen van je lichaam, gaande van het verdwijnen van de dagelijkse namiddagflauwtes tot het veranderen van de smaaksensaties.

SAMENVATTING

Tussendoortjes doen het totaal aantal dagelijkse calorieën flink aantikken.

Zoetigheden zijn zeer verslavend en zorgen voor **ontwenningsverschijnselen (pseudohonger)**, zoals:

- een plotse sterke drang naar zoetigheden;
- moeheid;
- concentratiestoornissen;
- zweten;
- trillende benen of een zwaktegevoel in de benen.

Vaak worden deze ontwenningsverschijnselen verward met honger. **Echte honger** kenmerkt zich echter door:

- een gewone (geen sterke) drang naar voedsel (geen zoetigheden);
- afwezigheid van ontwenningsverschijnselen (zie boven);
- een soort van 'smaaksensatie' die zich achteraan in de keel bevindt.

De enige manier om deze dagelijkse drang naar zoetigheden te **overwinnen** is:

- geheelonthouding: alle zoetigheden (koeken, cake, ijs, maar ook chips) uit huis verwijderen, en deze te vervangen door gezonde vieruurtjes, zoals:
  - (heropgewarmde) havermoutpap;
  - (gedroogd) fruit zoals druiven, perziken, aardbeien, bosbessen, appels et cetera;
  - sojapap of sojayoghurt;
  - zwarte chocolade;
  - noten.

Na verloop van tijd treden geen ontwenningsverschijnselen (of pseudohonger) meer op en veranderen de smaaksensaties (fruit smaakt weer echt zoet).

Zwarte chocolade

Zwarte chocolade is chocolade die meer dan 70 procent cacao bevat. Deze chocolade heeft unieke effecten omdat die grote concentraties van een speciaal soort flavonoïden bevat. Zoals we hebben gezien bevinden flavonoïden zich ook in fruit (ze geven fruit hun felle kleuren) en in groene thee. Cacao bevat zelfs meer en nog krachtigere flavonoïden dan groene thee. Zwarte chocolade heeft een bijzonder gezond effect op hart- en bloedvaten, het verlaagt de bloeddruk en het zorgt voor minder kleverige bloedplaatjes.[137, 138] Bovendien zorgt zwarte chocolade voor een betere insulinerespons. Dat wil zeggen dat het lichaam beter suiker kan verwerken en opslaan, zodat de suiker minder lang in de bloedbaan blijft en allerlei weefsels kan bereiken waar het schade kan aanrichten, zoals in de ogen, hersenen, de nieren of de bloedvatenwand. Bij 'pre-diabetici' (dit zijn personen die een ontregelde bloedsuiker hebben maar nog niet zodanig dat ze echt suikerziekte hebben) die gedurende 15 dagen elke dag een stuk zwarte chocolade te eten kregen, werd hun insulinerespons dubbel zo sterk. Bovendien daalde hun diastolische bloeddruk met bijna 5 punten, wat beter is dan veel bloeddrukmedicatie. Zeker omdat de bloeddruk bij personen met (pre-)diabetes maar moeilijk naar beneden te brengen is.

Maar zwarte chocolade, en vooral het hoofdbestanddeel cacao, heeft nog meer goeds in petto. Laten we kijken naar een onderzoek verricht bij de Kuna-indianen die leven op een groep eilandjes voor de kust van Panama. De Kuna drinken grote hoeveelheden warm cacaopoeder, tot vier à vijf bekers per dag. Omdat cacao grote hoeveelheden flavonoïden bevat, beschouwen wetenschappers de Kuna als een 'bevol-

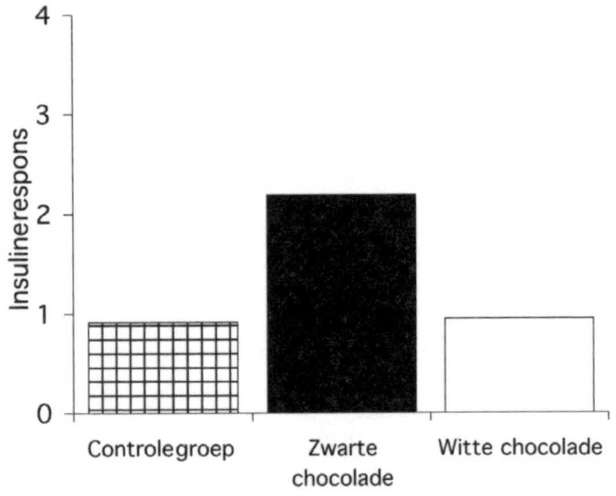

De donkere balk geeft de insulinerespons (IR) weer voor personen die zwarte chocolade kregen. De witte balk stelt de IR van de controlegroep voor die witte chocolade kreeg. De gestreepte balk is de IR voor de studie begon. Hoe hoger de IR, hoe beter, omdat de suiker sneller uit de bloedbaan verdwijnt.

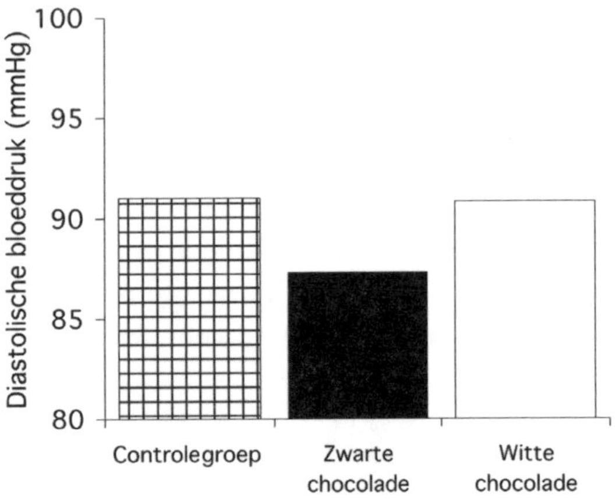

De bloeddruk daalt bij personen die zwarte chocolade te eten krijgen (zwarte balk). Bij personen die slechts witte chocolade te eten krijgen blijft de bloeddruk gelijk (witte balk). De gestreepte balk is de bloeddruk voor de studie begon. *Bron: Blood pressure is reduced and insulin sensitivity increased in glucose-intolerant, hypertensive subjects after 15 days of consuming high-polyphenol dark chocolate*, Journal of Nutrition, *2008*

king met wellicht het meest uitgebreide flavonoïderijke dieet ter wereld'.[139] De Kuna zijn in de medische wereld vooral bekend omdat een hoge bloeddruk (hypertensie) amper in deze populatie voorkomt. In het Westen daarentegen is hoge bloeddruk een ziekte die 30 procent van de bevolking treft. En hoe ouder je wordt, hoe groter de kans op een hoge bloeddruk. Maar zelfs bij oude Kuna is de bloeddruk in de meeste gevallen normaal. De gemiddelde bloeddruk is bij deze ouderen 110/70, wat heel laag is (artsen spreken van een hoge bloeddruk wanneer hij hoger is dan 140/90; een normale bloeddruk bedraagt 120/80). Eerst dachten wetenschappers dat de lage bloeddruk bij de Kuna het gevolg was van goede genen, maar ze konden geen genetische oorzaken vinden. Later onderzoek toonde aan dat de Kuna die verhuisd waren van hun eilanden naar het vasteland in Panama en daar vooral woonden in de steden, veel meer last hadden van een te hoge bloeddruk. Op het vasteland eten de Kuna voornamelijk een westers dieet. Groot was de verbazing van de wetenschappers toen ze 78.000 overlijdensverklaringen onderzochten van de Kuna die op de eilanden leefden en de Kuna die verhuisd waren naar het vasteland. De onderzoekers concludeerden dat sterfte door hart- en vaatziekten negenmaal minder voorkwam bij de Kuna die op de eilanden leefden, vergeleken met de Kuna die op het vasteland leefden. Kanker kwam 16 maal minder voor en diabetes kwam viermaal minder voor.[139] Het aantal 75-plussers op de eilanden was bovendien 2,3 zo hoog als op het vasteland.

Uiteraard is niet alleen de cacao hiervoor verantwoordelijk. De Kuna op de eilanden aten ook veel meer groente, fruit en vis vergeleken met de Kuna op het vasteland, die voornamelijk een westers dieet aten. Wat dit onderzoek wel aantoont is het belang van een goede voeding. Het negenmaal minder groot risico op een hartaanval had niets te maken met de genen van de Kuna, maar wel met hun manier van leven.

Heel wat mensen zullen echter opperen dat ze zwarte chocolade niet lusten. Idem voor mij, althans een tijd geleden. Maar na tal van studies over zwarte chocolade gelezen te hebben, heb ik dan toch maar zwarte chocolade leren eten. De eerste keer dat ik een klein stukje 86 procent zwarte chocolade at, smaakte dat op zijn zachtst gezegd verschrikkelijk. Echte zwarte chocolade is heel bitter en ik ben totaal geen fan van bitter. Ik vond het wel opmerkelijk dat na twintig minuten mijn hoofd vreemd aanvoelde en ik me veel beter kon concentreren, vooral door de massieve vasodilatatie (zwarte chocolade zorgt onder meer voor het verwijden van de bloedvaten, wat een daling in de bloeddruk geeft). In de dagen erna at ik altijd een beetje van die walgelijk bittere zwarte chocolade. Het gevolg is nu dat ik zwarte chocolade bijzonder lekker vind en eigenlijk niet meer zonder kan.

Voor diegenen voor wie zwarte chocolade een onoverkomelijke hindernis blijft, kan bruine chocolade een optie zijn, zolang die genuttigd wordt met mate. Volgens een recente meta-analyse die verscheen in *British Medical Journal* en waaraan 114.000 proefpersonen deelnamen, bleek dat het nuttigen van zowel zwarte als bruine chocolade de kans op een hartaanval met 37 procent verminderde.[140]

SAMENVATTING

Zwarte chocolade (meer dan 70 procent cacao):

- bevat meer en krachtigere flavonoïden dan groene thee;
- verlaagt de bloeddruk;
- verbetert de insulinegevoeligheid van het lichaam (suikers blijven minder lang in de bloedbaan);
- vermindert de kans op hart- en vaatziekten.

Een grote dagelijkse inname van pure **cacao** (zoals bij de Kuna-indianen) in combinatie met een gezonde voedingswijze verlaagt drastisch de kans op hart- en vaatziekten (negenmaal minder), kanker (zestienmaal minder) en diabetes (viermaal minder).

Voor diegenen die niet van bitter houden is het mogelijk om zwarte chocolade te leren eten.

Sojapap en sojayoghurt (en vezels!)

Van soja wordt ook pap gemaakt. Deze papjes kunnen dienen als gezond dessert of om yoghurt te vervangen. Deze sojapapjes worden verkocht in de meeste supermarkten en hebben ook verschillende smaken, zoals chocolade, vanille, karamel enzovoort. Uiteraard bevatten deze papjes flink wat suiker. Wat je dan kunt doen om de suikerpieken te onderdrukken, is aan het papje in kwestie een lepel vezels toevoegen (zoals tarwezemelen). De vezels zorgen ervoor dat de suiker in het papje minder snel in de bloedbaan opgenomen wordt. Bovendien verbeteren deze vezels de darmtransit en houden ze de darmen gezond. Je kunt ook stukjes walnoten of een schepje lijnzaadolie toevoegen aan de sojapap, zodat er zich meer vetten in de pap bevinden. Vetten zorgen voor een vertraagde maaglediging zodat de suiker in de sojapap minder snel in de darmen terechtkomt en er minder grote suikerpieken ontstaan. Of je maakt je eigen sojapap en vervangt de suiker door stevia. Deze tips gelden vanzelfsprekend ook voor sojayoghurt.

Net noemde ik al snel vezels; vezels zijn heel belangrijk voor onze gezondheid. Ze zorgen voor een gezonde darm, en er bestaat geen gezond mens met een ongezonde darm. Is de darm ziek, dan worden ook wij vroeg of laat ziek. Vezels hebben ook een sterke invloed op de samenstelling van de darmflora. In onze darmen bevindt zich een gigantische biotoop van bacteriën: honderdduizenden miljarden bacteriën en meer. Er bevinden zich tien keer meer bacteriën in je darmen dan er cellen zijn waaruit je bent opgebouwd. Elke persoon heeft een andere soort van bacteriesamenstelling in zijn darmen. Een recent artikel dat in *Nature* verscheen, toonde zelfs aan dat er 3 verschillende bacteriële ecosystemen bestaan, die *enterotypes* heten.[141] Net zoals er 4 verschillende soorten bloedgroepen bestaan, kunnen mensen nu ook 3 verschillende darmbacteriegroepen hebben. Die bacteriële samenstelling beïnvloedt onze gezondheid. Personen met enterotype 1 hebben bijvoorbeeld veel darmbacteriën die vitamine B2, B7 en vitamine C aanmaken. Mensen met een andere bacteriesamenstelling hebben bijvoorbeeld meer aanleg om dikker te worden of lopen een hoger risico op darmkanker.[142] Kortom, het is van belang om een populatie gezonde darmbacteriën te hebben. Een gezonde voeding, met veel vezels via fruit en groente en weinig melkproducten, rood vlees en snelle suikers, kan zorgen voor een gezonde bacteriebiotoop in de darmen. Vezels kunnen rechtstreeks de darmflora beïnvloeden.[143] Ik raad daarom aan om één keer per dag 1 tot 3 koffielepels niet-wateroplosbare vezels in te nemen, zoals tarwezemelen, die in elke natuurwinkel gekocht kunnen worden. Deze vezels kunnen toegevoegd worden aan sojapap, fruitsap, groentesap of soep. Ook de wateroplosbare vezels zijn belangrijk en die kunnen genomen worden in dezelfde dosis als de niet-oplosbare vezels, namelijk 1 tot 3 lepels wateroplosbare vezels per dag. Sommige fabrikanten maken 'multivezel'-mengsels, die zowel wateroplosbare als onoplosbare vezels bevat en die te koop zijn in grote potten. Vooral vezels zoals inuline, Arabische gom en oligofructose (fructo-oligosachariden) stimuleren de groei van gezonde darmbacteriën en verbeteren het stoelgangpatroon en eventuele darmklachten.[144, 145]

De darmflora is een delicaat evenwicht dat continu onze gezondheid beïnvloedt. Dat evenwicht kan gemakkelijk verstoord worden, niet alleen door ongezonde voeding, maar ook door bijvoorbeeld antibiotica. Antibiotica zijn massavernietigingswapens voor darmbacteriën. Antibiotica kunnen daarom verschillende bijwerkingen hebben. Zo zorgen antibiotica ervoor dat er minder vitamine K wordt aangemaakt, omdat de darmbacteriën verantwoordelijk zijn voor de productie van vitamine K. Vitamine K speelt een belangrijke rol in de stolling van het bloed en hart- en vaatziekten. Antibioticagebruik langer dan tien dagen kan zo zelfs een vitamine K-tekort veroorzaken. Ook kunnen antibiotica diarree veroorzaken, door het massief afsterven van de bacteriën in de darm en omdat ongezonde, resistente bacteriën de gezonde darmbacteriën gaan vervangen. Omdat zo veel goedaardige bacteriën verdwijnen, kunnen ook schimmels hun plaats innemen. Deze schimmels gaan woekeren in de darmen, maar ook in de mond, de vagina of de anus; in al die zones die normaal gesproken ingepalmd worden door onschadelijke bacteriën.

Zolang ze voor de juiste indicatie worden ingenomen heb ik niets tegen het gebruik van antibiotica. Maar je moet geen antibiotica slikken bij een banale verkoudheid of bronchitis, die in 90 procent van de gevallen door virussen wordt veroorzaakt en daar helpen antibiotica niet tegen. Vandaag de dag echter nemen nog steeds te veel mensen antibiotica voor een verkoudheid zodat ze niet alleen bacteriële resistentie in de hand werken, maar ook heel hun darmflora herprogrammeren.

SAMENVATTING

Aan **sojapap** en **sojayoghurt** kunnen de volgende zaken toegevoegd worden:

- een koffielepel vezels;
- stukjes walnoot of andere noten;
- een koffielepel lijnzaad.

Vezels:

- zorgen voor een betere darmperistaltiek;
- beïnvloeden de samenstelling van de darmbacteriën en op die manier welke vitamines, korte keten-vetzuren en andere nutriënten de darmbacteriën aanmaken. Deze stoffen heb-

ben een belangrijke invloed op onze algemene gezondheid;
- verlagen de suikerpieken in het bloed omdat ze de suikermoleculen 'verpakken';
- kunnen naast sojapap en sojayoghurt ook toegevoegd worden aan soep, fruitsap of groentesap.

Er bestaan 2 soorten vezels:
- niet-wateroplosbare vezels (zoals tarwezemelen);
- wateroplosbare vezels (zoals inuline, Arabische gom en oligofructose).

Nuttig 1 à 3 koffielepels wateroplosbare en 1 à 3 koffielepels niet-wateroplosbare vezels per dag.

Noten

En dan zijn we eindelijk bij de noten aanbeland! Noten zijn heel interessante voedingssmiddelen. Ze zitten vol vetten, en daarom zeggen mensen vaak dat je van noten dik wordt, wat natuurlijk onzin is. Uiteraard zitten noten vol vetten, meer dan de helft van een noot is zelfs puur vet. Maar zoals we hebben gezien is het ene vet het andere niet. Noten bestaan uit heel gezonde vetten. Walnoten zijn zelfs de grootste plantaardige bron van omega-3-vetzuren. Vis bevat omega-3-vetzuren zoals EPA en DHA, terwijl walnoten een derde soort omega-3-vetzuren bevat, namelijk *alfa-linoleenzuur*. Van omega-3-vetzuren is bekend dat je er zelfs van afvalt in plaats van aan te komen! Toegegeven, strikt genomen bevat 100 gram vet zo'n 900 kilocalorieën, wat heel veel is. Maar dit is gemeten door 100 gram vetten te verbranden in een glazen pot in een laboratorium waarbij dan gemeten wordt hoeveel energie er vrijkomt. Het lichaam is echter geen glazen laboratoriumpotje en het gaat op verschillende manieren om met de verschillende soorten vet die het te verwerken krijgt. Kortom, de vetten in walnoten zijn van een totaal andere orde dan de 'dikmakende' vetten in een hamburger of frieten.

Omdat walnoten zo veel omega-3-vetzuren bevatten, worden ze ook wel 'breinvoedsel' genoemd. Omega-3-vetzuren spelen immers een belangrijke rol in de opbouw en werking van de hersenen, zoals we in het hoofdstuk over omega-3-vetzuren hebben gezien. Onderzoek toont bijvoorbeeld aan dat alzheimer-muizen die een dieet met veel walnoten krijgen minder achteruitgang vertonen wat het geheugen en het leervermogen betreft dan muizen die geen walnoten te eten krijgen.[146]

Maar noten houden niet alleen de hersenen gezond. Grote studies tonen de belangrijke invloed aan van noten op hart- en bloedvaten. Vrouwen die elke dag een handvol walnoten eten hebben maar liefst 45 procent minder risico op hart- en vaatziekten.[147] 45 procent is een indrukwekkend getal, dat gevonden werd in de Nurses' Health Study, een van de meest bekende studies ooit opgezet. De onderzoekers concluderen dan ook: 'Gezien het sterke wetenschappelijke bewijs voor de gezondheidseffecten van noten, lijkt het gerechtvaardigd om noten een meer prominente plaats te geven in de voedselpiramide van het Departement van Landbouw van de Verenigde Staten.'

Dit advies werd niet opgevolgd, want recentelijk zijn de VS overgestapt van de voedselpiramide naar een schijf, die nog maar in vier grote delen ingedeeld is (fruit, groente, granen, proteïnen en een aparte schijf voor de melkproducten). Uiteraard is de grote klacht dat deze nieuwe voedselschijf veel te simpel is. En dat is ze zeker! Deze schijf is belachelijk eenvoudig (ze is immers bedoeld voor het 'grote publiek') en bestaat voor meer dan de helft uit producten waarin juist geminderd moet worden.

Maar we komen terug op onze noten. Vooral walnoten oefenen een bijzonder heilzaam effect uit op hart- en bloedvaten. Dit niet alleen omdat walnoten omega-3-vetzuren bevatten, maar ook omdat ze *arginine* bevatten, een aminozuur dat de bloedvaten openzet en de wanden van bloedvaten gezond houdt. Daarnaast bevatten walnoten ook *verschillende* vormen van vitamine E. In de natuur bestaan er 8 soorten vitamine E. De meeste voedingssupplementen bevatten echter maar één vorm van vitamine E, namelijk *alfa-tocoferol*. Dat is vrij onzinnig omdat het lichaam niet één, maar verschillende soorten vitamine E nodig heeft. Walnoten daarentegen bevatten onder meer ook *gamma-tocoferol*. Dit is een vorm van vitamine E die gezond zou zijn voor de bloedvaten, in tegenstelling tot het veelgebruikte alfa-tocoferol in voedingssupplementen.[148] Net als bij fruit is het overigens zo dat men de noten beter niet pelt, omdat veel van de gezonde stoffen zich in het schilletje bevinden.

Het resultaat van al deze stoffen in noten is dat de bloedvaten minder vatbaar zijn voor neerslag van cholesteroldeeltjes. Personen die bijvoorbeeld amandelnoten eten, hebben minder geoxideerde cholesteroldeeltjes in hun bloed.[149] Het zijn vooral de geoxideerde cholesteroldeeltjes die kleverig zijn en slagaderverkalking veroorzaken. Ander onderzoek toont aan dat personen die walnoten eten, 19 procent minder ICAM-eiwitten op de wanden van hun bloedvaten hebben. ICAM-eiwitten zijn een soort van 'harpoenen' die witte bloedcellen uit de bloedbaan vangen, waardoor ze aan de bloedvatwand kleven en daar ontsteking veroorzaken, wat de bloedvaten verder doet dichtslibben (en zo kan slagaderverkalking ook als een soort van ontstekingsziekte beschouwd worden).[150]

SAMENVATTING

Elke dag een **handvol walnoten** eten vermindert de kans op een hartaanval met 45 procent.

Walnoten zijn gezond voor **hart- en bloedvaten** omdat ze onder meer de volgende stoffen bevatten:

- omega-3-vetzuren die ervoor zorgen dat de bloedvaten minder ontsteken;

- verschillende vormen van vitamine E die maken dat de cholesterolpartikels minder kleverig zijn;
- het aminozuur arginine dat een vaatverwijdende stof is.

Bovendien toont onderzoek aan dat walnoten ervoor zorgen dat de **hersenen** minder snel verouderen.

Trede 5: Suikervervangers, gezonde oliën en smaakversterkers

- Suiker
- Zout
- Omega-6-rijke oliën (maïsolie, zonnebloemolie, palmolie, sesamzaadolie), margarine, boter, vetrijke sauzen

vervangen door

- Suikervervangers (stevia, tagatose, agavenectar)
- Gezonde smaakversterkers (kruiden, knoflook, ui, citroensap, azijn, kalium)
- Gezonde oliën (olijfolie, lijnzaadolie, walnootolie, koolzaadolie, sojaolie, perilla-olie)

Oliën, boter, margarine en vetrijke sauzen

Wat is het gezondst? Margarine of boter? Geen van beide, maar margarine is eigenlijk nog ongezonder dan boter. Wat op het eerste zicht vreemd lijkt, want werd margarine niet de laatste decennia gepromoot als het gezonde alternatief voor boter? Margarine bevat immers gezonde plantaardige vetten, terwijl boter gemaakt is van dierlijke vetten.

Toch is margarine ongezonder dan boter omdat de plantaardige vetten in margarine vooral uit ontstekingsbevorderende omega-6-vetzuren bestaan. En niet uit ontstekingsremmende omega-3-vetzuren. Nu zorgt deze omega-6-rijke margarine er wel voor dat de cholesterol daalt (iets waarvoor de margarineproducenten graag veel reclame maken), maar zoals reeds in dit boek ter sprake kwam speelt het cholesterolpeil geen belangrijke rol bij hart- en vaatziekten. Wat wel van belang is, is wat er met de cholesterol gebeurt: wordt hij geoxideerd door te veel vrije radicalen of wordt hij 'versuikerd' door te veel glucose in het bloed, waardoor de cholesterol plakkerig en gevaarlijk wordt. Dit verklaart ook de 'Israëlische paradox'. In Israël gebruiken gelovige Joden immers geen boter bij de maaltijd wegens religieuze wetten. Als vervangproduct voor boter gebruiken ze plantaardige margarine. Hierdoor hebben de Israeli een heel laag cholesterolniveau vergeleken met andere westerse landen, maar hebben ze één van de hoogste scores wat hart- en vaatziekten betreft.[151]

Kortom, niet de cholesterol is van belang, maar wel de verhouding omega-6/omega-3. En die zit scheef in margarine.

Maar margarinefabrikanten hebben ook mensen in dienst die wetenschappelijke artikelen lezen. En die hebben ook gelezen dat omega-3-vetzuren gezond zijn. Dus worden nu ook margarines verkocht 'met omega-3-vetzuren', wat in grote letters op de verpakking staat. Maar als je dan de ingrediëntenlijst wat nauwkeuriger bekijkt, dan zie je dat 100 gram margarine 17 gram omega-6-vetzuren bevat en slechts 3 gram omega-3-vetzuren. Wat nog altijd wil zeggen dat de omega-3-'rijke' margarine vijf keer meer ongezondere omega-6-vetzuren bevat dan omega-3-vetzuren...

Andere fabrikanten maken dan weer volop reclame met de boodschap dat hun margarine een bron is van gezonde 'essentiële vetzuren'. Essentiele vetzuren zijn vetzuren die het lichaam niet zelf kan aanmaken. Klinkt goed dus, zo'n kuip margarine die vol stoffen zit die essentieel zijn. Maar essentiële vetzuren zijn zowel omega-3- als omega-6-vetzuren. De omega-6-vetzuren kan het lichaam ook zelf niet aanmaken, maar dat is geen probleem, omdat we daar via onze ongezonde westerse voeding al veel te veel van binnenkrijgen. Zo geven fabrikanten hun product een schijn van gezondheid omdat hun margarine immers 'essentiële' vetzuren bevat. Essentieel zijn ze zeker, maar ook ontstekingsbevorderend en in veel te grote hoeveelheden aanwezig in onze voeding.

Ook wetenschappelijk hilarisch zijn de grote margarinefabrikanten die zeggen dat hun margarine de cholesterol doet verlagen 'in combinatie met een goed voedingspatroon en lichaamsbeweging'. Dat laatste staat er dan in kleine lettertjes bij. Uiteraard is een dergelijke stelling wetenschappelijk gezien volkomen waardeloos, want de cholesterol kan vooral verlaagd zijn door de extra lichaamsbeweging of door de gezonde voeding en niet door de margarine. Stel u zich een wetenschappelijk artikel voor met de titel: 'Twee keer per dag op uw kop staan verlaagt de cholesterol, in combinatie met een goede voeding en meer lichaamsbeweging'. Het artikel zou nog volkomen waar zijn ook, maar zou niet meteen in *Nature* verschijnen.

In de voedselzandloper wordt het gebruik van margarine en boter afgeraden. Boter of margarine op brood smeren is een typisch westerse gewoonte die volkomen overbodig en ongezond is. En tal van vetrijke sauzen zoals tartaar of mayonaise bevatten – net als margarine – veel ontstekingsbevorderende omega-6-rijke oliën. Omega-6-rijke oliën die veel in de keuken gebruikt worden zijn maïsolie en zonnebloemolie. Gebruik daarom vooral gezonde oliën, zoals olijfolie, lijnzaadolie, koolzaadolie, walnootolie en eventueel sojaolie. Deze oliën bevatten een goede verhouding omega-6- en omega-3-vetzuren, zeker vergeleken met omega-6-rijke oliën zoals zonnebloemolie of maïsolie.

Olie	Verhouding omega-6: omega-3
Goede verhouding	
Perilla	1:5
Lijnzaad	1:3
Koolzaad (Canola-olie)	2:1
Walnoot	5:1
Soja(boon)	7:1
Minder goede verhouding	
Zonnebloem	30:1
Palm	46:1
Maïs	83:1
Sesamzaad	137:1
Arachideolie (pindanoot), kokosnoot	Bevatten geen omega-3-vetzuren

Sommige lezers zullen opmerken dat walnootolie en sojaolie ook nog relatief veel omega-6-vetzuren bevatten vergeleken met omega-3-vetzuren (een beetje zoals de hedendaagse 'omega-3-rijke' margarine die nog altijd veel meer omega-6-vetzuren bevat). Maar de omega-6-:omega-3-verhouding in deze oliën is nog steeds superieur aan die van maïsolie of zonnebloemolie (die tientallen keer meer omega-6-dan omega-3-vetzuren bevatten). Bovendien bevatten deze oliën in tegenstelling tot margarine nog allerlei fytochemicaliën die gezond kunnen zijn voor het lichaam.

Olijfolie is een speciaal geval. Het is geen rijke bron van poly-onverzadigde omega-3-vetzuren, maar bevat vooral mono-onverzadigde vetzuren. Dat zijn vetzuren die in hun staart slechts één dubbele binding hebben. Olijfolie wordt vaak gepromoot als hartbeschermend, zogezegd omdat olijfolie het cholesterolpeil verlaagt of omdat olijfolie deel uitmaakt van het mediterraan dieet dat hartbeschermend is. Maar dit zijn geen redenen om aan te nemen dat olijfolie ook daadwerkelijk hartbeschermend is. Zo speelt een hoge cholesterol geen belangrijke rol in hart- en vaatziekten en vermindert het mediterraan dieet het risico op hartaanvallen misschien omwille van andere redenen dan olijfolie (bijvoorbeeld omdat in dit dieet meer noten, groente en fruit genuttigd worden). Recente studies tonen ook aan dat olijfolie geen beschermend effect heeft op hart- en vaatziekten, in tegenstelling tot het populaire idee dat olijfolie goed voor het hart is.[152] Maar in ieder geval *verhoogt* olijfolie niet de kans op hart- en vaatziekten, wat op zich al goed is voor een olie, omdat de meeste oliën in de keuken dat wel doen. Olijfolie lijkt wel verschillende verouderingsprocessen af te remmen, zowel in de huid[153] als in de hersenen. Zo bevat olijfolie bijvoorbeeld *oleocanthal*, een stofje dat de samenklontering van eiwitten in de ziekte van Alzheimer afremt.[154] En dit doet oleocanthal niet omdat het een antioxidant is, maar omdat het specifiek reageert met de samenklonterende eiwitten in de hersenen en omdat het ontsteking afremt. Zo toonde een artikel in *Nature* aan dat wie dagelijks 4 lepels extra vergine olijfolie slikt een ontstekingsremmende dosis binnenkrijgt die gelijkstaat aan 10 procent van de krachtige ontstekingsremmer Ibuprofen.[155]

SAMENVATTING

Boter is ongezond omdat het veel **verzadigde vetzuren** bevat (die overal in lichaam kunnen samenklonteren).

Margarine is ongezond omdat het verzadigde vetten, transvetten en ontstekingsbevorderende **omega-6-vetzuren** bevat.

Olijfolie is gezond omdat het **mono-onverzadigde** vetzuren bevat en stoffen (**fenolen**) zoals oleocanthal:

- olijfolie vermindert de cholesterol en is een belangrijk onderdeel van het mediterraan dieet, maar blijkt volgens recente studies toch niet hartbeschermend te zijn;
- olijfolie kan wel verouderingsprocessen in de hersenen (dementie) en de huid (rimpelvorming) afremmen.

Gezonde oliën zijn: olijfolie, lijnzaadolie, walnootolie, koolzaad-Canola-olie, perillaolie en eventueel sojaolie.

Ongezonde omega-6-rijke **oliën** zijn: maïsolie en zonnebloemolie en de producten die voor een groot deel uit deze oliën bestaan, zoals mayonaise.

Suiker en suikervervangers (stevia, tagatose, agavenectar)

We gebruiken overal suiker in: in koffie en thee, om jam te maken, om onze pappen zoeter te laten smaken, in yoghurt of op onze pannenkoek.

In dit boek kwam reeds vele malen de invloed van suiker op het lichaam aan bod, van een hoger risico op kankers (die een zeer hoog suikermetabolisme hebben) tot versnelde veroudering (via suiker die verbindingen vormt tussen de eiwitten in onze huid, ogen, nieren, hersenen enzovoort). Het advies van de voedselzandloper, en van nagenoeg alle voedingsexperts, is om de suikerinname te beperken. Maar: zijn er ook gezondere alternatieven voor suiker?

Het meest bekende vervangmiddel voor suiker is de kunstmatige zoetstof aspartaam, onder andere bekend van het 'zoetje'. Aspartaam is een kunstmatige zoetstof die gebruikt wordt om koffie en thee aan te zoeten, maar die zich ook in duizenden voedingsproducten bevindt, van frisdranken tot koeken en andere zoetigheden. Aspartaam wordt echter door heel wat gezondheidsexperts afgeraden. Niet alleen omdat het (zij het in heel hoge doses) kankerverwekkend is,[156] maar ook omdat het een negatieve invloed kan hebben op de hersenen. Aspartaam verstoort de neurotransmitterverhoudingen in het brein,[157] waardoor het de kans op depressies kan verhogen en migraineaanvallen kan veroorzaken.[158, 159] Aspartaam bevat immers *fenyl-alanine*, een voorloper van verschillende neurotransmitters.

Er zijn ook gezonde, natuurlijke, suikervervangers, zoals stevia. Stevia is afkomstig van de steviaplant die groeit in Zuid-Amerika. Stevia is 30 tot 100 keer zo zoet als gewone suiker. Hoewel het een heel zoet goedje is, helpt stevia de bloedsuiker te stabiliseren en de bloeddruk te verlagen.[160] Stevia wordt al 1500 jaar gebruikt in Zuid-Amerika en al twintig jaar in Japan, maar het was niet verkrijgbaar in Europa tot 2011, Frankrijk uitgezonderd (volgens professor Jan Geuns, bioloog en onderzoeker aan de universiteit van Leuven, valt dit te wijten aan de Europese suikerindustrie die stevia van de markt wou houden). Maar uiteindelijk is stevia nu overal in Europa verkrijgbaar.

Een ander gezond zoet alternatief is *tagatose*. Tagatose is een soort van melksuiker die even zoet smaakt als suiker, maar zeer slecht geabsorbeerd wordt door de darm. Hierdoor veroorzaakt tagatose amper stijgingen in de bloedsuikerspiegel.

Vervolgens is er nog agavenectar (ook wel agavestroop genoemd). Deze honingachtige stof is afkomstig van cactussap. Agavenectar is driemaal zoeter dan suiker, maar veroorzaakt minder sterke suiker- en insulinepieken dan gewone suiker of honing. Twee eetlepels agavenectar veroorzaken zelfs een suikerpiek die kleiner is dan die wanneer we een appel eten. Maar agavenectar bestaat nog steeds voornamelijk uit glucose en fructose, die wel uiteindelijk volledig door het lichaam opgenomen worden.

SAMENVATTING

Aspartaam is een ongezonde suikervervanger omdat:

- aspartaam de kans op kanker verhoogt (in zeer hoge doses);

- aspartaam de kans op migraineaanvallen en depressie kan verhogen.

Gezonde suikervervangers zijn:
- **stevia**: afkomstig van de steviaplant. Stevia is 30 tot 100 keer zo zoet als suiker;
- **tagatose**: een melksuiker die bijna niet opgenomen wordt in de darm;
- **agavenectar**: afkomstig van de agave-cactus. Agavenectar is driemaal zo zoet als suiker en veroorzaakt minder hoge suiker- en insulinepieken.

Zout en kalium

Vaak – laten we zeggen bijna altijd – wordt gezegd dat zout de bloeddruk verhoogt. En zoals we allemaal weten is een hoge bloeddruk niet gezond: de bloedvatwanden worden stijver en een hoge bloeddruk 'duwt' de cholesteroldeeltjes gemakkelijker in de bloedvatwanden. Ook moet het hart harder pompen om het bloed te laten stromen, waardoor de hartspier opzwelt, wat in ernstige gevallen zelfs hartfalen kan veroorzaken. En uiteraard, hoe hoger de bloeddruk, hoe meer kans dat ergens in het lichaam een bloedvat springt. Als dat in de hersenen gebeurt spreken artsen van een beroerte. Als het in de buik gebeurt dan is het een aortaruptuur.

Kortom, zout, een hoge bloeddruk en hart- en vaatziekten lijken een onafscheidelijk trio. Maar is zout wel zo schadelijk als we denken? Zo toont een groot onderzoek aan dat zout geen belangrijke rol lijkt te spelen bij het voorkomen van hart- en vaatziekten.[161] Volgens deze studie zou het voor gezonde personen zelfs beter zijn om wat meer zout te eten, omdat personen die meer zout eten juist minder kans hadden op hart- en vaatziekten. Deze studie moet wel voorzichtig geïnterpreteerd worden. De onderzoekers van deze studie hameren erop dat de zoutinname voor personen die *reeds* lijden aan hart- en vaatziekten ingeperkt moet worden. Maar ook andere studies tonen ook aan dat het minderen van zout geen preventieve invloed heeft op hart- en vaatziekten.[162] Deze studies kwamen uitgebreid in de media en doen veel mensen ertoe besluiten dat ze zich niet moeten inhouden wanneer ze zout op hun aardappelen strooien. Ze vergeten wel dat andere studies aantonen dat een te hoge zoutconsumptie het risico op bijvoorbeeld een hersenbloeding met 23 procent verhoogt.[163] In de geneeskunde is het belangrijk om voortdurend het hele plaatje in het oog houden.

Hoe komt het dan dat er altijd gezegd werd dat zout zo slecht is voor hart- en bloedvaten? De reden is dat zout inderdaad de bloeddruk (een beetje) verhoogt. En tal van andere studies tonen dan weer aan dat een hoge bloeddruk slecht is voor hart en bloedvaten. Maar zoals we al eerder in dit boek gezien hebben, mag je hieruit niet automatisch de conclusie trekken dat zout slecht is voor hart en bloedvaten. Het is niet omdat A de oorzaak is van B, en B zorgt voor C, dat A automatisch ook zorgt voor C. Zout verhoogt de bloeddruk en een hoge bloeddruk kan de bloedvaten beschadigen, maar daarom is zout ook niet meteen slecht voor onze bloedvaten. Volgens sommige onderzoekers kan zout ook een positieve invloed hebben op de insulinerespons of op het sympathisch zenuwstelsel, wat de kans op hart- en vaatziekten kan verminderen.

Wat wel duidelijk is, is dat de verhouding tussen de zout- en kaliuminname in het Westen volledig ontwricht is. We consumeren te veel zout en te weinig kalium. Deze stoffen balanceren elkaar immers in het lichaam. Misschien is de toename van hoge bloeddruk in het Westen niet zozeer te wijten aan een teveel aan zout, maar aan een te weinig aan kalium. Kalium bevindt zich vooral in fruit en groente. Onze verre voorouders aten in de oertijd een dieet vooral arm aan zout en rijk aan kalium. Nu is het net omgekeerd.

De kaliuminname kan drastisch verhoogd worden door veel groente en fruit te eten. Vooral bananen, avocado's, soja en zwarte chocolade bevatten veel kalium. Het is ook mogelijk om kalium net zoals zout te strooien op je eten – kalium heeft wel een meer bittere smaak dan zout. Hierbij is het belangrijk om de dagelijks aanbevolen hoeveelheid kalium niet te overschrijden. Die aanbevolen hoeveelheid ligt op een 3 à 4 gram kalium per dag. Toch kan een anderhalve gram al een belangrijk verschil uitmaken. Zo toonde een groot onderzoek aan dat personen die 1,64 gram meer kalium per dag innamen, 21 procent minder risico hadden op een beroerte.[164]

SAMENVATTING

Volgens enkele recente studies speelt de **zoutinname** een minder belangrijke rol in het voorkomen van hart- en vaatziekten.

In het Westen wordt echter te veel **zout** (natriumchloride) en te weinig **kalium** ingenomen.

Een **tekort aan kalium** zou een belangrijkere rol bij een hoge bloeddruk spelen dan een teveel aan zout.

Producten die **veel kalium** bevatten zijn fruit en groenten zoals:
abrikozen, peren, mango's, rozijnen, bananen, vijgen, tomaten, avocado's en soja.

Een **goede balans** tussen zout en kalium verlaagt de kans op beroertes.

Kruiden

Kruiden zijn de kneusjes in de keuken. Althans wat onze gezondheid betreft. We vinden kruiden geweldige smaakversterkers, maar omdat ze in kleine hoeveelheden op ons eten gesprenkeld worden, lijkt het alsof kruiden weinig in de pap te brokkelen hebben wat onze gezondheid betreft. Dit is echter een misverstand. Kruiden kunnen belangrijke gezondheidseffecten op het lichaam uitoefenen. Zo hebben veel kruiden een sterke kankerwerende werking. En dit geldt voor veelgebruikte kruiden zoals peterselie, tijm, rozemarijn, basilicum, oregano, marjolein of munt.

Neem peterselie. Peterselie bevat een stofje met sterke antikankereigenschappen, namelijk *apigenine*. Apigenine remt de bloedvatvorming (*angiogenese*) rond tumoren af. Tumoren bestaan zoals we zagen uit op hol geslagen cellen die niet meer willen stoppen met delen en uiteindelijk zo groot worden dat ze belangrijke zenuwen of bloedvaten afklemmen waardoor de patiënt sterft. Maar kankercellen hebben ook voedingsstoffen en zuurstof nodig. Die worden aangevoerd via de bloedvaten. Daarom scheiden kankercellen stoffen af die maken dat de bloedvaten rondom hen goed aangroeien, zodat de benodigde voedingsstoffen voor hun snelle groei voldoende aangeleverd kunnen worden. Deze bloedvatengroei noemen artsen angiogenese. Het is belangrijk om te weten dat deze bloedvatgroei veroorzaakt wordt door *groeifactoren*, stoffen die dus de groei van bloedvaten bevorderen.

Apigenine remt dus deze groeifactoren af, waardoor de bloedvatgroei en zo ook de tumorgroei afgeremd wordt. En beter nog, apigenine doet dit nagenoeg even goed als *imatinib*. Imatinib is echter een medicijn; het is een molecule die in laboratoria via computers, databases en andere hightech ontworpen werd en die behoort tot de nieuwe generatie anti-kankermiddelen. Imatinib werkt anders dan de gebruikelijke anti-kankermiddelen, de *chemotherapeutica*. Chemotherapeutica zijn eigenlijk zeer toxische stoffen, die de lichaamscellen vergiftigen. Kankercellen zijn veel gevoeliger voor de toxische chemotherapeutica dan lichaamscellen omdat kankercellen zo snel groeien en ongecontroleerd delen. Maar chemotherapeutica blijven ook toxisch voor de gewone lichaamscellen, vandaar dat mensen er zo ziek van worden.

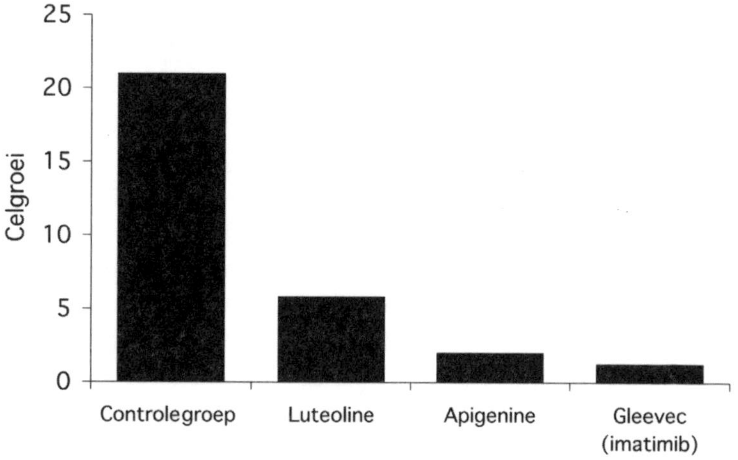

Apigenine remt bijna even sterk de celgroei of als Gleevec (imatinib). Luteoline is een andere stof die zich in groenten en kruiden bevindt en ook de celgroei afremt. De hoogste balk stelt de cellen voor die geen groeiremmende stoffen zoals apigenine toegediend kregen (de controlegroep). *Bron: The dietary flavones apigenin and luteolin impair smooth muscle cell migration and* VEGF *expression through inhibition of* PDGFR-*[beta] phosphorylation*, Cancer Prevention Research, *2008*

Nieuwe antikankermedicijnen zoals imatinib pakken kanker op totaal andere manier aan: moleculen zoals imatinib remmen eiwitten af die de groei van cellen regelen. Meestal zijn deze groeifactoren een soort van eiwitten die andere eiwitten in de cel 'aan' zetten of triggeren, waardoor de cellen kunnen groeien. Bij kanker is deze groei veel te sterk en ongecontroleerd. Imatinib is dus een groeifactor-remmer die specifiek snel groeiende kankercellen aanpakt. Artsen omschrijven imatinib als een 'wondermiddel'. Het medicijn verscheen op de cover van TIME *Magazine*, afgebeeld als 'the magic bullet' tegen een bepaalde vorm van kanker (chronisch myeloïde leukemie, CML). Het team van topwetenschappers dat imatinib ontwikkelde, ontving in 2009 een prestigieuze prijs 'voor het veranderen van een fatale kanker in een beheersbare chronische ziekte'. Maar de natuur had al iets gelijksoortigs klaargespeeld met peterselie. Apigenine, een stof die zich in peterselie bevindt, remt de groei en migratie van de spiercellen in bloedvaten nagenoeg even krachtig als imatinib ('Gleevec' als merknaam).

Om het met de woorden van de onderzoekers te zeggen:

> Het is interessant dat de remmende werking van apigenine en luteoline op *aortische gladde spiercellen* [een soort van cellen die zich in slagaders bevinden] gelijkaardig is als de remming die bereikt wordt door Gleevec, een drug die klinisch gebruikt wordt voor de behandeling van chronische myeloide leukemie.[165]

Opmerkelijk is dat hiervoor geen hoge concentraties van apigenine nodig zijn. De vereiste concentraties apigenine in het bloed om bovenstaand effect te verkrijgen, wordt bereikt door een hoeveelheid peterselie te eten die gebruikelijk is bij een maaltijd. Het is dus niet nodig om een gezuiverd hoogwaardig apigenineconcentraat rechtstreeks in de bloedbaan in te spuiten bijvoorbeeld.

Uiteraard wil dat niet zeggen dat patiënten met CML nu alleen maar gemalen peterselieblaadjes moeten eten. Wat deze en tal van andere onderzoeken wel aantonen is dat kruiden tal van stoffen bevatten die het risico op kanker verminderen en de kankergroei kunnen afremmen. Ook de farmaceutische industrie weet dit. Zo zijn verschillende bedrijven bezig met de ontwikkeling van medicijnen waarvan de moleculaire structuur sterk lijkt op flavonoïden die voorkomen in kruiden en groente. Een dergelijk medicijn dat in de ontwikkeling is, heet *alvocidib*, dat ook *flavoperidol* wordt genoemd. 'Flavo' verwijst naar flavonoïden. Alvocidib is een molecule die grote gelijkenis vertoont met flavonoïden zoals apigenine. Het verschil is dat de wetenschappers er een atoomgroepje hebben aangeplakt, zodat de werkzaamheid en absorptie verbeterd wordt en het een eigen originele molecule is die gepatenteerd kan worden. Je hoeft geen biochemicus te zijn om te zien dat de ruggengraat van alvocidib sterk lijkt op die van apigenine en andere flavonoïden:

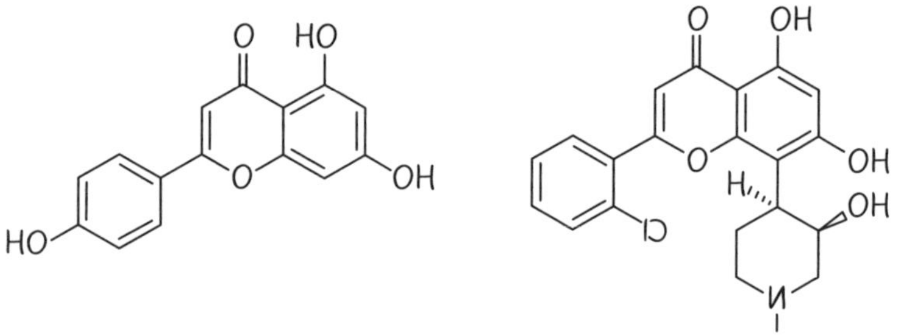

Apigenine (links) en rechts alvocidib, een nieuw antikankermedicijn.

Interessant is dat de farma-industrie ook bezig is om de werking van alvocidib te onderzoeken voor andere ziekten dan kanker. En toevallig zijn dit ook verouderingsziekten zoals slagaderverkalking[166] en ontstekingsziekten zoals artritis.[167] Slagaderverkalking en ontstekingsziekten zijn ook niet toevallig aandoeningen waarvoor het risico sterk verminderd kan worden via een gezonde voeding bestaande uit flavonoïderijke groente, fruit en kruiden.

Maar wat maakt precies dat een kruid het risico op kanker kan verminderen? Vaak wordt gezegd dat een stof beschermt tegen kanker omdat het een 'antioxidant' is. Het woord 'antioxidant' is een modewoord geworden dat nagenoeg alle ladingen moet dekken. Dat is niet goed, omdat het mensen verhindert nog na te denken over problemen. Veroudering? Dat is door te weinig antioxidanten! Kanker?

Te weinig antioxidanten! Reuma, rimpels of beschadigd DNA? Te weinig antioxidanten! Vroeger riepen we een god in om ziekte en gezondheid te verklaren, nu roepen we antioxidanten in om ziekte, gezondheid en veroudering te verklaren.

Een stof die een antikankerwerking uitoefent doet dat door meer dan slechts een antioxidant te zijn. Een dergelijke stof werkt bijvoorbeeld in op de volgende mechanismen in een cel:

1 De stof in kwestie remt *kinases* af. Kinases zijn proteïnen die allerlei andere proteïnen 'aan' zetten. Hierdoor zetten kinases de cel in werking en kunnen cellen groeien en delen.
2 De stof zorgt ervoor dat de *cell check proteïnes* beter hun werk doen. 'Cell check proteïnen' zijn eiwitten die de groeicyclus van cellen regelen. Wanneer deze groeicyclus verstoord wordt, kunnen cellen aan wildgroei doen en kan kanker ontstaan.
3 De stof remt *ontstekingsfactoren* af. Ontstekingsfactoren zijn eiwitten die witte bloedcellen activeren of lokken. Kankercellen gedijen het best in een omgeving waar veel ontsteking is. We verstaan hier ontsteking op moleculair niveau, geen grote etterende wonden dus, maar beschadigde celwanden en dergelijke waartussen zich witte bloedcellen wringen om de boel op te ruimen.

Er bestaat een stof die inspeelt op al deze drie mechanismen. Deze stof heet *curcumine*. Curcumine is een molecule afkomstig van kurkuma, een knalgeel poeder gemaakt van de geelwortel. Met dit poeder wordt onder meer kerriesaus gemaakt.

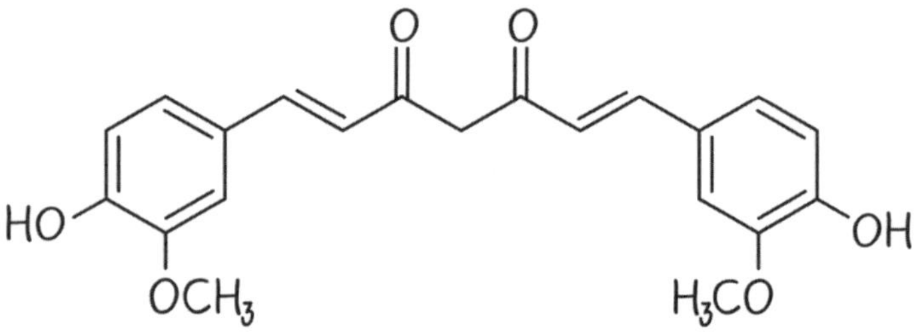

Curcumine

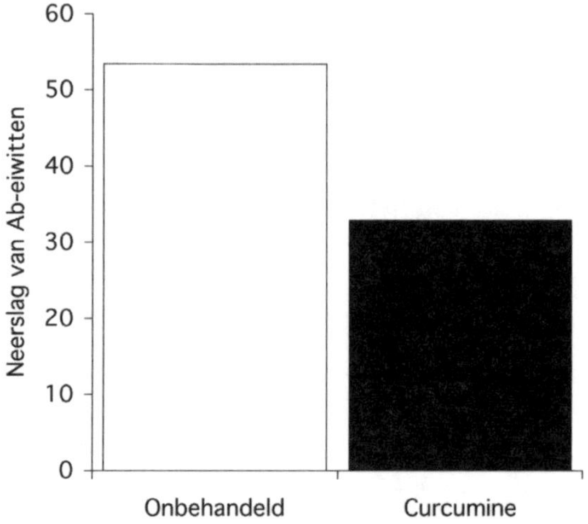

Curcumine remt de neerslag van AB-plaques af in muizen en dit met bijna de helft (zwarte balk). *Bron: The curry spice curcumin reduces oxidative damage and amyloid pathology in an Alzheimer transgenic mouse*, The Journal of Neuroscience, *2001*

Curcumine remt kinases af,[168, 169] reguleert de cell check proteins[170] en remt ontstekingsenzymen af[171]. Curcumine heeft niet alleen een kankerwerende werking, het zou ook verouderingsziekten zoals alzheimer kunnen afremmen. Studies tonen aan dat curcumine de neerslag van de proteïnen in de hersenen vermindert die alzheimer veroorzaken. Alzheimer ontstaat omdat rond de hersencellen proteïnen samenklonteren die uiteindelijk de hersencellen verstikken. Deze proteïnen heten *amyloid-beta* (Ab). Onderzoek bij alzheimer-muizen toont aan dat de neerslag van amyloid-beta-proteïnen met 43 procent verminderd wordt door curcumine.[172, 173]

Een andere studie toont aan dat er minder *lipofuscine* wordt gevormd bij ratten die curcumine via de voeding krijgen.[174] Lipofuscine wordt ook wel het 'verouderingspigment' genoemd. Het is een afvalstof die zich opstapelt in onze cellen als gevolg van het verouderingsproces. Het is een allegaartje van samengeklonterde eiwitten en geoxideerde vetten dat soms tot 70 procent van het celvolume inneemt bij oudere personen. Lipofuscine is dus een van de redenen waarom we verouderen. Slechts weinig stoffen kunnen de vorming van lipofuscine afremmen, maar curcumine zou daartoe in staat zijn.

In India hebben ze niet gewacht op de inzichten uit deze wetenschappelijke studies. Daar eten ze al duizenden jaren kurkuma en neemt deze stof een belangrijke plaats in de keuken in. Kurkuma kan in allerlei gerechten worden gebruikt, van vlees en vis tot het bereiden van soep en groente. Curcumine is een lichtjes vetachtige stof (wat ervoor zorgt dat deze stof de bloedhersenbarrière kan passeren). Om de opname in de darmen te bevorderen kan kurkuma best gegeten worden met andere vette stoffen, zoals olijfolie. Zwarte peper bevordert ook de opname van curcumine; het zorgt ervoor dat curcumine 20 keer beter wordt opgenomen.[175] Je kunt bijvoorbeeld elke dag een lepeltje kurkumapoeder op je salade strooien, samen met wat zwarte peper en olijfolie. Of een lepeltje kurkuma toevoegen aan je groentesoep- of sapje, samen met wat zwarte peper.

Niet alleen curcumine heeft een invloed op alzheimer en ontsteking in de hersenen. Kruiden zoals tijm, kamille, pepermunt, rozemarijn en oregano bevatten tal van flavonoïden die ontsteking in de hersenen kunnen verminderen, zoals *luteoline*. Zo kregen oude muizen gedurende 4 weken luteoline toegediend. Hun werkgeheugen verbeterde sterk en de ontstekingsparameters in hun hersenen daalden naar het niveau van jonge muizen.[176] Sommige stoffen in kaneel kunnen ook de ziekte van Alzheimer afremmen [177] en tevens een andere ouderdomsziekte bestrijden, zoals diabetes-type-2.[178] Een extract uit kaneel veroorzaakt 63 procent minder amyloid-beta samenklontering bij muizen met alzheimer volgens een recente studie verschenen in *PLoS Biology*.

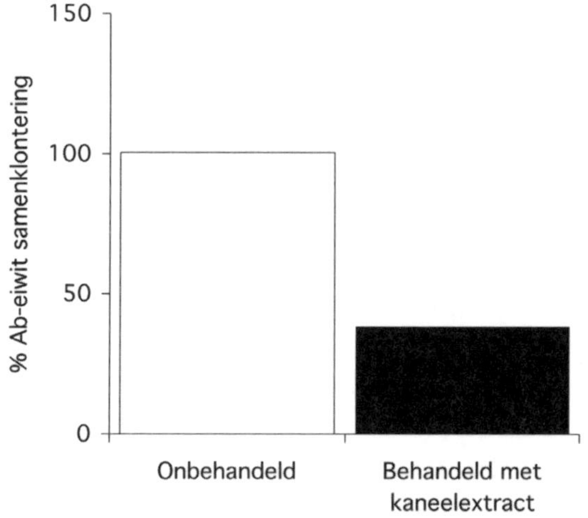

63 procent minder amyloid-beta samenklontering bij muizen met alzheimer die een extract uit kaneel toegediend kregen. *Bron: Orally administrated cinnamon extract reduces beta-amyloid oligomerization and corrects cognitive impairment in Alzheimer's disease animal models*, PLoS Biology, *2011*

Kortom, kruiden dienen niet alleen als smaakversterkers, maar ook ter preventie van tal van chronische aandoeningen en verouderingsziekten.

SAMENVATTING

Kruiden, zoals peterselie, tijm, rozemarijn, curcumine, basilicum, oregano, kaneel, marjolein of munt:

- verminderen het risico op **kanker** en vertragen de groei van kankercellen;
- hebben een positieve invloed op **verouderingsziekten** zoals dementie of diabetes.

Curcumine, een stof afkomstig van de geelwortel:

- remt de productie van **ontstekingseiwitten**;
- remt de productie van eiwitten die de **celgroei en kankergroei** bevorderen;
- remt het samenklonteren van **alzheimer**-eiwitten;
- zorgt ervoor dat er zich minder **lipofuscine** (een 'verouderingspigment') in de cellen opstapelt.

Knoflook, ui, kappertjes, ...

Knoflook en ui zitten vol met toxische stoffen. Schapen, koeien en katten die knoflook of ui eten kunnen zelfs *hemolysis* ontwikkelen, waarbij de rode bloedcellen openbarsten omdat de toxische stoffen in knoflook en ajuin de rode bloedcellen beschadigen. Knoflook is dus niet alleen giftig voor vampiers.

Maar in lage doses zijn knoflook en ui gezond, net omdat ze de verdedigingslinies van onze cellen prikkelen en activeren (dit principe kwam al vele malen in dit boek ter sprake). Omdat knoflook en ui licht toxisch zijn, activeren ze ook in de lever enzymen die gespecialiseerd zijn in het afbreken van (andere) toxische stoffen die schade aan het lichaam kunnen toebrengen. Knoflook en ui activeren ook *glutathione*, een belangrijk eiwit dat vrije radicalen afbreekt.

Mensen die minstens een halve ui per dag eten, hebben 50

procent minder risico op maagkanker.[179] Ui beschermt ook tegen kankers die verder gaan dan het spijsverteringsstelsel, zoals borstkanker.[180] Maar knoflook is het meest bekend om zijn werking op hart- en bloedvaten. Knoflook verlaagt de bloeddruk en zorgt ervoor dat de bloedplaatjes minder kleverig worden, wat werd aangetoond in laboratoria (in vitro) en met proefpersonen (in vivo).[181] Knoflook kan dus dienen als preventie van hart- en vaatziekten. Natuurlijk, als iemand door een hartaanval getroffen is, dan zal knoflook hier nog maar weinig aan kunnen doen: de stoffen in knoflook kunnen niet magischerwijs het afgestorven hartspierweefsel terug tevoorschijn toveren. Dr. Khalid Rahman, biochemicus en onderzoeker aan de Universiteit van Liverpool, zegt over knoflook:

> Knoflook kan op zichzelf hart- en vaatziekten niet behandelen, maar knoflook zou hart- en vaatziekten kunnen voorkomen of hun ontwikkeling vertragen. Bewijs is zich echter aan het opstapelen dat knoflook ook nuttig kan zijn als een complimentaire behandeling voor hart- en vaatziekten. Omdat knoflook zo veel andere medische eigenschappen heeft [...] kan knoflook ook andere chronische ziekten verminderen die geassocieerd zijn met oxidatieve stress zoals kanker en diabetes. Dr. Khalid Rahman *(Bron: Vitasearch, The experts speak: cardiovascular disease and garlic)*

De stoffen in knoflook zijn het meest krachtig wanneer knoflook rauw gegeten wordt, bijvoorbeeld als toevoeging aan salade, peulvruchten of in gezonde sauzen en vinaigrettes. Toevoeging van knoflook aan oliën zoals olijfolie maakt dat de vetoplosbare stoffen in knoflook nog beter opgenomen kunnen worden.

SAMENVATTING
Knoflook en ajuinen zijn licht toxisch, waardoor ze:
- de verdedigingslinies van onze cellen prikkelen, zodat **vrije radicalen** sneller afgebroken worden;
- enzymen (eiwitten) activeren die **toxische stoffen** afbreken in de lever.

Hierdoor vermindert de kans op kanker en chronische ziekten zoals hart- en bloedvatenziekten en diabetes.

Vooral knoflook verlaagt het risico op **hart- en bloedvatziekten** door onder meer het samenklonteren van de bloedplaatjes af te remmen.

Trede 6: Voedingssupplementen

Medicatie **versus** 'Intelligente' voedingssupplementen.

Voedingssupplementen
Voedingssupplementen zijn een miljardenbusiness. En we worden dus van alle kanten aangespoord om ons gezond te slikken. Hebben we wel die voedingssupplementen nodig? Ja en nee. Spijtig genoeg wordt deze kwestie vooral zwart-wit benaderd. Aan de witte zijde heb je de anti-aging- en gezondheidsgoeroes die zweren bij voedingssupplementen en 'antioxidanten' in de vorm van heilzaam vitamine E, grammen vitamine C en 'hartversterkend' co-enzym Q10. Aan de andere kant zijn er de critici die het kind met het badwater weggooi-

en en zeggen dat alle voedingssupplementen onzin zijn, en dat een voldoende gezonde en gevarieerde voeding volstaat.

Laat ik het zo stellen: sommige voedingssupplementen kunnen genomen worden. Dit zijn dan voedingssupplementen waarvan wetenschappelijk bewezen is (in grote studies!) dat ze een gezondheidseffect hebben. Meestal zijn dit ook stoffen waarvan is aangetoond dat een groot deel van de bevolking er een tekort aan heeft. Dat 'tekort' moet juist geïnterpreteerd worden. Je hebt immers twee soorten van tekorten: de 'deficienties' en de 'suboptimale tekorten'. Wanneer artsen en de overheid het over een tekort hebben, dan bedoelen ze meestal deficiënties. Deficiënties zijn ernstige tekorten, vaak zo ernstig dat je er echt ziek van wordt. Een suboptimaal tekort daarentegen is een mild tekort, waarvan je in de meeste gevallen niet ziek wordt, maar dat op lange termijn je gezondheid kan ondermijnen en veroudering kan versnellen. Het zijn de suboptimale tekorten die veel meer voorkomen dan de officiële deficienties.

Neem bijvoorbeeld vitamine D. Veel overheden en gezondheidsinstellingen definiëren een tekort als een persoon minder dan 10 nanogram per milliliter (ng/ml) aan vitamine D in het bloed heeft. Hij is dan vitamine D-deficiënt. Dat wil zeggen dat hij zo weinig vitamine D heeft dat hij rachitis kan krijgen, een ziekte waarbij de botten misvormd zijn. Vitamine D is immers onder meer nodig om calcium vanuit de darmen op te nemen. Volgens een studie in een gemiddelde stad in Groot-Brittannië heeft één op vier Britten een vitamine D-deficiëntie (dus een hoeveelheid vitamine D in hun bloed van minder dan 10 ng/ml).[182] En dat zelfs aan het eind van de zomer (vitamine D wordt gemaakt via zonlicht). Dus zeggen veel critici van voedingssupplementen dat voor de meeste Britten (namelijk 75 procent) vitamine D niet nodig is. Maar er is een groot verschil tussen een deficiëntie en een suboptimale hoeveelheid van een stof in je bloed. Zo toont onderzoek verschenen in *The Lancet* aan dat personen met minder dan 20 ng/ml vitamine D dubbel zoveel risico lopen op darmkanker vergeleken met personen die voldoende vitamine D hebben.[183] Ander onderzoek, eveneens verschenen in *The Lancet*, beveelt aan dat een optimale dosis vitamine D in het bloed tussen de 30 en 60 ng/ml moet liggen.[184] En bij bewoners van zonnige landen (mensen maken immers vitamine D aan via zonlicht) ligt de gemiddelde dosis vitamine D in het bloed zelfs tussen de 50 en 90 ng/ml. Kortom, 'slechts' een kwart van de Britten heeft een 'officiële' deficiëntie (minder dan 10 ng/ml in het bloed), maar de overgrote meerderheid van de Britten zou echter een suboptimale hoeveelheid vitamine D in het bloed hebben (minder dan 30 à 60 ng/ml) die de kans op kanker (en nog verschillende andere chronische ziekten, zoals we zullen zien) drastisch verhoogt. Wanneer de overheid en medische laboratoria dus spreken over een tekort, bedoelen ze meestal een deficiëntie, een zeer zwaar tekort. Een veel groter gedeelte van de bevolking is dan misschien wel niet deficiënt, maar heeft wel een suboptimaal tekort dat op langere termijn voor gezondheidsproblemen kan zorgen.

Dit was het belangrijke verschil tussen tekorten en deficiënties. Maar er bestaan nog heel wat andere misverstanden over voedingssupplementen. Vaak wordt beweerd dat voedingssupplementen niet nodig zijn als je gezond en gevarieerd eet. Maar dit is bijna nooit het geval. Ten eerste eet nagenoeg niemand gezond en gevarieerd, ook niet diegenen die denken dat ze gezond en gevarieerd eten. Om echt volledig gezond en gevarieerd te eten zou je elke dag bijvoorbeeld zeewier moeten eten om voldoende jodium binnen te krijgen. En tevens een hoop gedroogde shiitake-paddenstoelen in de winter om voldoende vitamine D op te nemen. En meer dan een halve kilo groente om voldoende magnesium en foliumzuur binnen te krijgen. Weinig mensen eten echter dagelijks zeewier, gedroogde paddenstoelen en hopen groente. Bovendien kunnen we ons afvragen of onze gezonde voeding nog wel zo gezond is. Fruit en groente bevatten immers veel minder vitamines en mineralen dan vroeger omdat ze overkweekt worden. Fruit en groente worden al tientallen jaren zo geselecteerd dat ze er vooral mooi, stevig en groot uitzien, zodat ze goed presenteren in de supermarkt. Ze worden niet meer geselecteerd op hun nutritionele inhoud. Bovendien zorgen moderne cultivatietechnieken ervoor dat groente en fruit groeien op overteelde landbouwgrond, arm aan vitamines en mineralen, waardoor ook groente en fruit arm zijn aan vitamines en mineralen.[185, 186] Zo bevat groente sinds 1940 24 procent minder magnesium, 27 procent minder ijzer, 46 procent minder calcium en 76 procent minder koper.

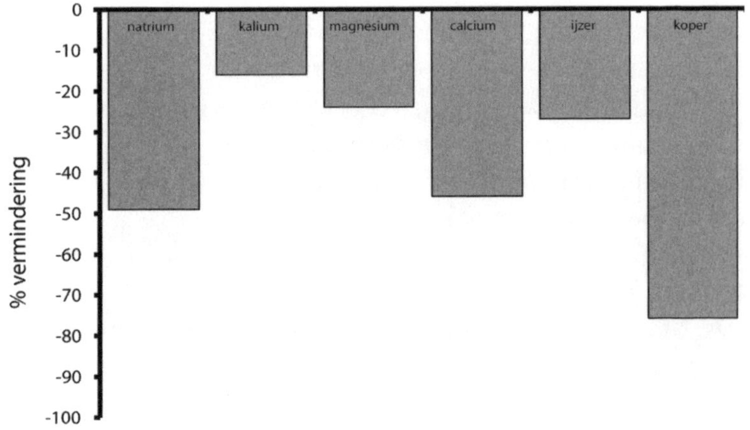

Groente bevat veel minder mineralen dan in 1940. *Bron:* A study on the mineral depletion of the foods available to us as a nation over the period 1940 to 1991. *David Thomas, gebaseerd op studies van R.A. McCance en E.M. Widdowson, Ministry of Agriculture, Fisheries and Foods and the Royal Society of Chemistry*

Kortom, een tomaat is niet meer hetzelfde als een tomaat van pakweg zestig jaar geleden. We kunnen ons dus afvragen of een 'gezond en gevarieerd dieet' nog steeds voldoende nutriënten aanbrengt. Mede om deze tekorten aan te vullen voegen de wetenschappers van Harvard aan hun voedseldriehoek een dagelijks multivitaminesupplement toe.

Aan de andere kant bestaat natuurlijk het gevaar dat mensen hun geweten gaan afkopen met voedingssupplementen. Iemand die ongezond eet kan dan een dagelijks multivitamientje slikken om toch 'voldoende' vitamines en mineralen binnen te krijgen. Dat is natuurlijk onzin. Zo werd er een gekend experiment verricht waarbij onderzoekers muizen een schijnbaar 'optimaal' dieet gaven: het was een dieet dat alle mineralen en vitamines bevatte die muizen nodig hebben, plus de vereiste koolhydraten, calorieën en vetten. Hoewel de muizen alle vitamines en mineralen in de geschikte doses innamen, samen met voldoende calorieën, werden de muizen na verloop van tijd ziek en stierven ze sneller. Dit is natuurlijk omdat een gezonde voeding uit veel meer stoffen bestaat dan die paar tientallen bekende vitamines en mineralen. Groente, fruit, noten, cacao en vette vis bevatten duizenden soorten flavonoïden, vetzuren en fytochemicaliën, waarvan de meeste nog niet ontdekt zijn. Het is onmogelijk om al deze bestanddelen in een voedingssupplementenpil te stoppen, of het zou een pil van een kilo moeten zijn.

Er is ook een ander gevaar aan voedingssupplementen. En dat is dat een bepaalde vitamine of antioxidant de opname van gelijkaardige vitamines en antioxidanten kan verhinderen. Neem bijvoorbeeld bètacaroteen. Deze stof bevindt zich onder meer in worteltjes en geeft ze hun oranje kleur. Bètacaroteen wordt in het lichaam ook omgezet in vitamine A. Bètacaroteen wordt verkocht als voedingssupplement omdat het een 'geweldige antioxidant' is en een voorloper van vitamine A. Volgens een grote vitaminewebsite is bètacaroteen een 'anti-agingmicronutriënt van de hoogste orde, in staat om ziekte te bestrijden, de algemene gezondheid te verbeteren en een langere levensduur te bewerkstelligen'.

Onderzoek toont echter aan dat personen die bètacaroteensupplementen slikken meer kans hebben op long- en prostaatkanker en cardiovasculaire ziekten en een vergrote algemene sterfte vertonen.[187] Eén verklaring hiervoor is dat er verschillende soorten caroteen bestaan. In voedingssupplementen bevindt zich echter maar één soort caroteen, namelijk bètacaroteen. Het gevolg is dat de opname-eiwitten in de darmen en onze cellen, die gespecialiseerd zijn in het opnemen van caroteen uit onze voeding, verzadigd raken met die ene soort bètacaroteen en de andere soorten carotenen niet meer kunnen opnemen. Deze andere carotenen zijn echter ook nodig om het lichaam gezond te houden. Zo zou niet zozeer bètacaroteen, als wel vooral alfacaroteen een antikankereffect hebben. Kortom, een supplement met maar één soort caroteen verhindert de opname van al die andere carotenen. Wat de kans op kanker en de algemene sterfte verhoogt.

Idem voor vitamine E. Vitamine E-supplementen bevatten meestal maar één soort vitamine E, namelijk alfa-tocoferol. Er bestaan echter minstens 8 soorten vitamine E. Als iemand dagelijks hoge doses vitamine E slikt, dan raken de receptoren in de darm die de verschillende types vitamine E opnemen verzadigd met één soort vitamine E. Hierdoor krijg je minder van de andere soorten E-vitamines binnen.

Daarnaast bestaan er tal van hardnekkige mythes rond antioxidanten en voedingssupplementen. In bijna elk gezondheidsmagazine- of boek wordt verteld dat vitamine E goed is voor hart en bloedvaten. Ja, die ene soort vitamine E, namelijk alfatocoferol, zou het risico op hart en bloedvaten drastisch verminderen volgens heel wat gezondheidsgoeroes. En inderdaad, er zijn tal van studies die aantonen dat vitamine E het risico op hart en vaatziekten vermindert. Maar dat zijn kleine en meestal slecht uitgevoerde studies die verschenen zijn in wetenschappelijke tijdschriften met een lage impactfactor. Laten we eens kijken naar wat grote onderzoeken zeggen. CHAOS (*Cambridge Heart Antioxidant Study*) toonde aan dat vitamine E het aantal niet-dodelijke hartaanvallen verminderde, maar dat vitamine E geen invloed had op het aantal *dodelijke* hartaanvallen. Dit is op zich al vreemd. Immers, als vitamine E echt zo gezond is voor hart en bloedvaten dan zou je verwachten dat ook het aantal dodelijke aanvallen vermindert. Andere studies tonen totaal geen effect aan voor vitamine E. Volgens GISSI (11.324 proefpersonen) beschermt vitamine E niet tegen hartaanvallen (maar omega-3-vetzuren hadden wel een effect). Idem voor HOPE (*Heart Outcomes Prevention Evaluation-study*), met 9541 proefpersonen die vitamine E kregen, en het MRC/BHF-onderzoek (*Medical Research Council/Britisch Heart Foundation-study*), dat 20.536 deelnemers telde en waarin een mengsel van vitamine E, vitamine C en bètacaroteen geen effect hadden op het voorkomen van hart- en vaatziekten. Desalniettemin kan je vandaag de dag geen gezondheidsboek of -rubriek openslaan waarin niet staat dat vitamine E zeer gezond is voor hart- en bloedvaten, om dan nog niet te spreken over internet. Een halfuurtje opzoekwerk in medische databases toont echter aan dat vitamine E ondanks zijn geweldige antioxidantactiviteiten niet werkzaam is tegen hart- en vaatziekten.

Iets dergelijks zien we bij vitamine C, de 'super-antioxidant'. Al is het verhaal hier wel wat ingewikkelder. Van vitamine C wordt gezegd dat deze vitamine zo gezond is omdat het een antioxidant is. De vitamine-C aanhangers steunen daarvoor op slecht uitgevoerde, kleinschalige studies en natuurlijk op de boeken van Nobelprijswinnaar Linus Pauling. Pauling is een chemicus en een van de weinige stervelingen die twee Nobelprijzen won, één voor chemie en één voor de vrede. Pauling zweerde bij het gebruik van vitamine C en heeft daarover gezondheidsboeken geschreven die bestsellers werden. Hij beval hoge doses vitamine C aan, namelijk enkele grammen per dag. Dat hij een mooie 94 jaar oud werd, schrijven veel mensen toe aan de hoge doses vitamine C die hij gebruikte. Hierbij vergeten ze wel dat de levensduur van professoren gemiddeld al tien jaar hoger ligt dan die van een arbeider en dat Pauling ook gezond at en leefde.

Maar ergens had Pauling een punt. Hij had immers aangetoond dat kankerpatiënten die hoge doses vitamine C kregen zomaar eventjes viermaal langer leefden dan patiënten die geen vitamine C kregen. Andere studies die dit wilden bevestigen, onder meer uitgevoerd in de befaamde Mayo-kliniek in de VS, toonden echter geen effect aan van vitamine C op kanker. Over en uit, lijkt het op het eerste gezicht. Maar het grote verschil tussen deze onderzoeken en die van Pauling was dat in de studie van Pauling de vitamine C intraveneus ingespoten werd, terwijl in de andere studies de vitamine C oraal (via de mond) werd gegeven. Oraal toegediende doses hebben blijkbaar geen effect, maar intraveneuze wel. Waarom zou dat zo zijn? Omdat vitamine C in hoge doses een pro-oxidant is in plaats van een antioxidant! Inderdaad, vitamine C, de meest gekende antioxidant die er bestaat, kan ook een pro-oxidant zijn. Als vitamine C intraveneus ingespoten wordt, dan komen hoge doses in de bloedbaan terecht en kan vitamine C kanker bestrijden omwille van zijn pro-oxidantactiviteit. Vitamine C kan immers reageren met het ijzer in onze cellen. Wanneer vitamine C in contact komt met ijzer dan vormt het gevaarlijke en bijzonder reactieve hydroxylradicalen (via de Fenton-reactie voor de chemici onder ons). Deze hydroxylradicalen zijn vrije radicalen die reageren met het DNA en de eiwitten in onze cellen en deze zo beschadigen.

Vooral kankercellen zijn gevoelig voor de pro-oxidantactiviteit van vitamine C. Dit omdat kankercellen snel en ongecontroleerd groeien, waardoor ze hun ijzerhuishouding niet goed op orde kunnen houden. In kankercellen zit het ijzer niet meer netjes verpakt, maar slingert het vrij rond, waar het kan reageren met de vitamine C om vrije radicalen te vormen die zeer toxisch zijn voor de kankercellen. Kortom, in hoge doses is vitamine C even toxisch als een chemotherapeuticum. Maar ook onze gewone cellen kunnen beschadigd raken door hoge doses vitamine C, zij het in mindere mate dan kankercellen.

Veel gezondheidgoeroes lazen echter alleen de studie van

Pauling waarin beschreven stond hoe vitamine C de kankeroverleving bevorderde. En omdat ze niet op de hoogte zijn van de biochemie erachter, beweren ze nog steeds dat hoge doses vitamine C gezond zijn.

Er is nog een andere reden waarom hoge doses vitamine C niet aan te raden zijn. Een teveel aan vitamine C wordt immers gewoon uitgeplast. Dat is omdat het lichaam de hoeveelheid vitamine C strikt regelt (wellicht omdat de stof ook een toxische pro-oxidant kan zijn). Maar uiteraard wil dat niet zeggen dat we nu het kind met het badwater moeten weggooien. Integendeel, de aanbevolen dagelijkse hoeveelheid van vitamine C is 60 milligram. Dat is dan weer te laag. Hoe hebben overheidsinstellingen deze veel te lage dosis berekend? Ze baseerden zich op onderzoeken die aantonen dat enkele tientallen milligrammen vitamine C voldoende zijn om scheurbuik te voorkomen en dat mensen bij inname van doses vanaf 60 mg, vitamine C beginnen uit te plassen. Maar dat is geen goede redenering. Scheurbuik is een ernstige ziekte die ontstaat wanneer mensen echt véél te weinig vitamine C hebben. Het tandvlees begint te bloeden, er treden inwendige bloedingen op in de buik, patiënten voelen zich moe, zwak en misselijk. Kortom, die 60 mg is misschien de minimale dagelijkse hoeveelheid die je nodig hebt als je een achttiende-eeuwse matroos bent in dienst van de Britse marine en al maanden ronddobbert in de Stille Oceaan. Maar voor een eenentwintigste-eeuwse persoon die streeft naar een optimale gezondheid is deze dosis veel te laag. Het lichaam heeft vitamine C immers niet enkel nodig om scheurbuik te voorkomen, maar ook bijvoorbeeld voor de aanmaak van neurotransmitters, voor de collageensynthese, voor het energiemetabolisme enzovoort.

Kortom, die 60 mg die de aanbevolen dagelijkse hoeveelheid is, is veel te weinig en de grammen vitamine C die gezondheidsgoeroes aanraden is dan weer overdreven veel. En zo wordt het publiek heen en weer getrokken in een schijnbaar debat waarbij het antwoord eigenlijk vrij eenvoudig is.

Het beste is om een middelmatige dosis vitamine C te nemen, tussen de 200 à 400 mg per dag. Dit omdat onderzoek aantoont dat het lichaam volledig verzadigd is met 400 mg vitamine C (en niet reeds vanaf 60 mg vitamine C) en omdat onderzoek aantoont dat vitamine C vanaf doses van 500 mg een pro-oxidant is in plaats van een antioxidant.[188] Voor rokers mag deze dagelijkse dosis het dubbele zijn.

En zo komen we bij een belangrijk punt: een teveel van de meeste voedingssupplementen is vooral goed voor de portefeuille van de voedingssupplementenfabrikanten. Terwijl een te weinig aan bepaalde vitamines en mineralen slecht kan zijn voor de gezondheid op lange termijn. Daarom is een multivitaminesupplement ideaal, om mogelijke tekorten van bepaalde vitamines en mineralen te dekken. Want die tekorten zijn er zeker, vooral bij ouderen. Oudere personen nemen vitamines, mineralen en fytochemicaliën minder goed op, omdat de maag minder maagzuur aanmaakt en de darmen minder goed werken. Deze verminderde absorptie begint al rond de leeftijd van veertig jaar.

In de tabel onderaan zien we een percentage van de bevolking dat minder dan de GGB (geschatte gemiddelde behoefte) inneemt voor verschillende vitamines en mineralen. Volgens de tabel heeft meer dan de helft van de Amerikanen een tekort aan magnesium. Nagenoeg elke Amerikaan heeft te weinig vitamine E en de helft van de 70-plussers heeft te weinig vitamine B6. Uiteraard verschilt de Amerikaanse manier van leven van die in Europa, maar dit is een trend waartoe we allemaal evolueren.

We mogen hierbij niet vergeten dat de geschatte gemiddelde behoefte (GGB) nog lager is dan de aanbevolen dagelijkse hoeveelheid (ADH) die de overheid aanraadt. En zoals we al hebben gezien, is de ADH reeds voor veel producten vaak te laag, omdat ze vooral gericht is op deficiënties en niet op suboptimale tekorten. Als we zouden kijken naar suboptimale tekorten, dan zouden de onderstaande getallen nog veel verontrustender zijn.

Tekorten aan nutriënten in de VS.

Nutriënt	**Populatiegroep**	**Percentage van de bevolking dat minder dan de *geschatte gemiddelde behoefte* nuttigt**
IJzer	Vrouwen 14-50 jaar	16
Magnesium	Iedereen	56
Zink	Iedereen	12
Vitamine B6	Vrouwen ouder dan 71 jaar	49
Vitamine C	Iedereen	31
Vitamine B9 (foliumzuur)	Volwassen vrouwen	16
Vitamine E	Iedereen	93

Bron: Usual nutrient intakes from food compared to dietary reference intakes, The National Health and Nutrition Examination Survey, 2001-2002

Tot nu toe heb ik vooral een kritische beschouwing gegeven over voedingssupplementen, vooral wat de antioxidanten betreft. Maar er zijn ook interessante voedingssupplementen. Dit zijn vooral stoffen waarvoor heel wat mensen een suboptimaal tekort hebben of die inwerken op het metabolisme en zo het ontstaan van verouderingsziekten kunnen afremmen. In tegenstelling tot al die gehypete antioxidanten noem ik dit 'slimme voedingssupplementen'. Magnesium is een voorbeeld van een slim voedingssupplement.

Magnesium speelt een belangrijke functie in het metabolisme. Het stabiliseert adenosinetrifosfaat (ATP). ATP wordt door wetenschappers ook wel de 'tweede belangrijkste molecule in het lichaam na DNA genoemd'. ATP is energie. Letterlijk. ATP doet nagenoeg alle moleculaire reacties draaien. We eten voedsel en ademen zuurstof in om ATP aan te maken. Magnesium kleeft aan de ATP-moleculen en stabiliseert ze, zodat ze beter hun werk kunnen doen en het energiemetabolisme optimaal blijft draaien. Omdat magnesium zo'n belangrijke rol speelt in het metabolisme, is het niet verbazend dat een (suboptimaal) tekort aan magnesium het risico op hart- en vaatziekten, type-2-diabetes, kanker, hoge bloeddruk, osteoporose, beroertes en andere verouderingsziekten verhoogt. Zo hebben mensen met voldoende magnesium in hun bloed 40 procent minder kans op hart- en vaatziekten en de helft minder kans op kanker.[189] Onderzoekers raden minstens 300 à 600 mg magnesium per dag aan. De meeste voedingssupplementen bevatten deze dosis echter niet omdat ze anders te groot zijn. Bovendien bevatten veel voedingssupplementen magnesiumoxide, wat maag en darmen kan irriteren (magnesiumoxide wordt in de geneeskunde zelfs gebruikt als laxeermiddel). Het magnesium verbonden aan een aminozuur geeft minder maag- en darmlast en wordt ook beter opgenomen.

Een andere groep van stoffen die een belangrijke rol spelen bij het metabolisme zijn de B-vitamines. Vitamine B1, B2, B3 en B5 zijn de olie in het complexe radarwerk van het metabolisme. Vitamine B9 en B12 zijn dan meer betrokken bij de aanmaak en de integriteit van het DNA. Tekorten van de B-vitamines zie je vooral in weefsels die heel metabolisch actief zijn, zoals zenuwweefsel, de nieren of het hart. Zo veroorzaakt een tekort aan vitamine B1 het syndroom van Wernicke en Korsakov. Bij deze onomkeerbare ziekte sterven zenuwcellen af en wordt het geheugen beschadigd. Wernicke-Korsakov komt vaak voor bij alcoholici omdat deze zich slecht voeden (en daarom vooral een tekort aan vitamine B1 oplopen). In de bekende Nurses' Health Study hadden vrouwen met het hoogste gehalte vitamine B9 45 procent minder kans op een hartaanval.[190] Soortgelijke percentages gelden ook voor vitamine B6. Volgens een ander onderzoek verschenen in *Neurology* hadden ouderen met een laag vitamine B12-gehalte zomaar even zes keer meer kans op het versneld inkrimpen van het hersenvolume.[191] Professor Walter Willett, een van de belangrijkste autoriteiten op het vlak van voeding en gezondheid, zegt over de B-vitamines: 'Onderzoek toont steeds meer aan dat verschillende ingrediënten uit een standaard multivitaminesupplement – vooral de vitamines B6, B12, B9 en vitamine D [zie verder] – essentiële spelers zijn in het voorkomen van hartziekten, kanker, osteoporose en andere chronische ziekten.'[83]

Aangezien de B-vitamines wateroplosbaar zijn wordt een teveel sowieso uitgescheiden in de urine. Een overdosis van B-vitamines komt dus bijna niet voor. Enkel zeer hoge doses kunnen bijwerkingen geven, bijvoorbeeld meer dan 500 mg vitamine B6 per dag (de aanbevolen dagelijkse hoeveelheid B6 is 2 mg). Het beste is om een vitamine B-complex te nemen. Dit is een supplement dat verschillende B-vitamines bevat. Dat is belangrijk omdat de verschillende B-vitamines elkaar versterken en samenwerken om de metabolische processen vlot te laten verlopen. Zo is er een groot onderzoek dat aantoont dat voedingssupplementen met B-vitamines het risico op een hartaanval *niet* verminderen.[192] Dat is echter ook logisch omdat er in die studie enkel vitamine B9 en B12 wordt gegeven en geen vitamine B-complex met onder meer B1, B2, B3, B5 en B6. Zo toont een andere studie aan dat het toedienen van vitamine B9, B12 én een extra B-vitamine, namelijk B6, de kans op een hartaanval en cardiovasculaire sterfte met bijna de helft doet verminderen.[193]

Ook jodium speelt een belangrijke rol in het metabolisme. Het regelt de snelheid van het metabolisme en de lichaamstemperatuur. Omdat jodium een belangrijke rol speelt in het aandrijven van onze energieprocessen, kan zelfs een mild tekort (dus geen officiële 'deficiëntie') voor gezondheidsproblemen zorgen, zoals moeheid en concentratiestoornissen.[194] Desondanks het feit dat jodium een belangrijke stof is, hebben bijna 70 procent van de Belgen een tekort aan jodium. Ook de Wereldgezondheidsorganisatie (WHO) erkent dat het jodiumtekort in Europa een groot medisch probleem vormt,[195] ondanks toevoeging van jodium in het brood en het zout. Bij het nemen van jodiumsupplementen moet je wel voorzichtig zijn. Een teveel aan jodium kan toxisch zijn, vooral voor de schildklier. 200 microgram is de maximumdosis voor een voedingssupplement.

Selenium is net zoals jodium een mineraal. Selenium is een interessante stof omdat het een belangrijke rol speelt in het *lichaamseigen* antioxidantensysteem. Ons lichaam bevat een uitgebreid eigen antioxidantensysteem onder de vorm van verschillende soorten eiwitten die vrije radicalen opruimen. Dit zijn eiwitten zoals *superoxide dismutase*, *catalase* en *gluthation peroxidase*, die gespecialiseerd zijn in het opvangen en onschadelijk maken van vrije radicalen. Een van de redenen waarom de meeste antioxidanten uit de supermarkt niet goed werken en weinig invloed hebben op de levensduur of het verouderingsproces, is omdat ze in het niets vallen bij het lichaamseigen antioxidantensysteem dat zich reeds in alle onze cellen bevindt. Vaak zorgt het innemen van antioxidanten via supplementen er zelfs voor dat het lichaamseigen antioxidantensysteem verzwakt, zodat we in het algemeen vatbaarder zijn voor schade door vrije radicalen. Dit principe kwam al meerdere malen aan bod.

Een van de belangrijkste eiwitten van het lichaamseigen antioxidantensysteem is glutathion peroxidase. Glutathion peroxidase heeft echter selenium nodig om te kunnen werken. Door selenium in te nemen wordt het lichaamseigen antioxidantensysteem versterkt en kunnen vrije radicalen dus beter opgeruimd worden.

Daarnaast is selenium ook van groot belang voor het immuunsysteem. Veel eiwitten in het immuunsysteem hebben immers ook selenium nodig om goed te functioneren. Zo verhindert selenium de replicatie en mutatie van virussen zoals het coxsackie-virus dat hartproblemen kan veroorzaken, het hepatitis B- en C-virus, dat leverfalen en leverkanker kan veroorzaken en het aidsvirus (hiv). Patiënten met hiv die een tekort aan selenium hebben, lopen twintigmaal(!) meer kans om te sterven dan hiv-patiënten die wel voldoende selenium in hun bloed hebben (en dit uiteraard rekening houdende met andere factoren zoals ondervoeding).[196] Volgens ander onderzoek met 18.709 deelnemers, liepen personen die de hoogste hoeveelheid selenium in hun bloed hadden, zes keer minder risico om een bepaalde vorm van artritis te krijgen. Artritis is een ontstekingsziekte veroorzaakt door het immuunsysteem dat de gewrichten aanvalt.[197]

Zoals reeds vele malen in dit boek ter sprake kwam, speelt het immuunsysteem ook een belangrijke rol bij het voorkomen van kanker. Dit omdat het immuunsysteem voortdurend net ontstane kankercellen opruimt en zo verhindert dat ze uitgroeien tot een tumor. Studies tonen aan dat selenium een belangrijke bescherming kan bieden tegen kanker. Volgens een studie van Harvard waaraan 34.000 personen deelnamen, hadden diegenen met veel selenium in hun bloed drie keer minder kans op prostaatkanker.[198] Volgens de *Nutritional Prevention of Cancer Trial* (de eerste echt deftige 'dubbelblind, gerandomiseerde, placebo-gecontroleerde interventiestudie' naar seleniumgebruik in een westerse populatie) hadden personen die seleniumsupplementen kregen de helft minder kans om te sterven aan kanker en liepen ze 63 procent minder kans op prostaatkanker, 58 procent minder kans op darmkanker en 46 procent minder kans op longkanker.[199]

De meeste Europeanen nemen echter dagelijks te weinig selenium in. De voornaamste reden daarvoor is dat er in de Europese bodem weinig selenium zit.[200] Selenium bevindt zich onder meer in groente en graan en de concentratie in deze planten is afhankelijk van hoeveel selenium er in de bodem zit. Normaal zou een persoon minstens 75 microgram selenium per dag moeten innemen. Aan deze dosis wordt het glutathion peroxidase (het seleniumbevattende lichaamseigen antioxidanteiwit) het meest verzadigd. De meeste Europeanen komen niet aan deze concentratie (ook niet de Belgen en Nederlanders, die niet in onderstaande grafiek inbegrepen zijn):

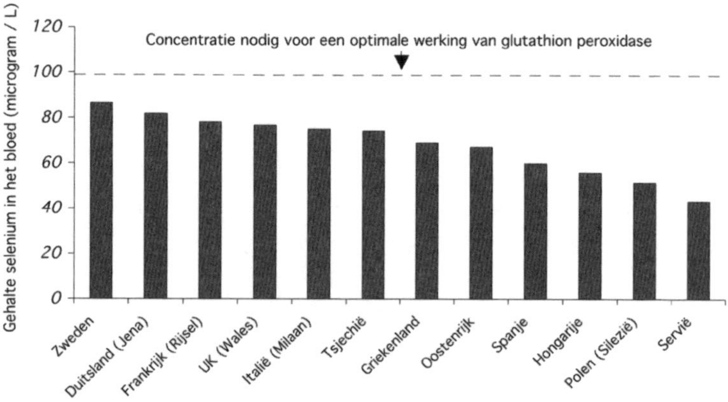

In veel landen neemt de bevolking te weinig selenium in om de lichaamseigen antioxidanteneiwitten optimaal te laten functioneren. *Bron: The importance of selenium to human health*, The Lancet, 2000

Maar volgens sommige onderzoekers is deze 75 microgram nog niet voldoende. Om ook het glutathion peroxidase in de cellen te verzadigen (en niet alleen het glutathion peroxidase in het bloed) zou 100 microgram per dag ingenomen moeten worden.[201] En het antikanker- en immuunstimulerend effect van selenium doet zich pas voor bij nog hogere doses, zoals 200 microgram per dag. Daarom raden sommige onderzoekers aan om in totaal tot 200 microgram selenium per dag in te nemen.

Onlangs heeft de Europese Unie een nieuwe richtlijn uitgevaardigd betreffende de aanbevolen hoeveelheid selenium. Die is vastgelegd op 55 microgram per dag, wat zelfs nog minder is dan de 75 microgram die nodig is om het glutathion peroxidase in het bloed te verzadigen. Binnen tien jaar of zo zal deze aanbevolen dosis nog wel eens verhoogd worden.

Selenium is een krachtig middel. Wat ook wil zeggen dat het zeer snel toxisch kan zijn. Bij het nemen van seleniumsupplementen is het belangrijk dat je niet te veel inneemt. De maximale dosis is vastgelegd op 400 microgram per dag, maar het beste is om in totaal maximaal 200 microgram per dag in te nemen. Dat wil zeggen dat een voedingssupplement maximaal ongeveer 100 microgram selenium mag bevatten, zeker omdat in de dagelijkse voeding en eventueel in een bijkomend multivitaminesupplement ook al selenium zit. Bij het slikken van voedingssupplementen, zeker wat selenium en jodium betreft, is het raadzaam om een arts te raadplegen die gespecialiseerd is in voeding en preventieve geneeskunde.

Vitamine D is een andere interessante stof die een belangrijke invloed op het lichaam heeft. En waar veel mensen een 'suboptimaal tekort' aan hebben.

Vitamine D is een vetoplosbare vitamine en lijkt qua structuur op een hormoon. Vitamine D wordt via zonlicht in de huid gemaakt. In de huid bevinden zich pre-vitamine D-moleculen die via zonnestraling omgezet worden in vitamine D (na eerst nog eens lever en nieren gepasseerd te hebben). Vitamine D is vooral gekend als de vitamine die nodig is om rachitis te voorkomen. Rachitis is het scheefgroeien van de beenderen, wat vaak voorkwam bij arbeiderskinderen in de negentiende eeuw die amper buiten in het zonlicht kwamen omdat ze de hele dag in fabrieken moesten werken. Maar de laatste decennia hebben wetenschappers ontdekt dat vitamine D niet enkel een rol speelt bij de opbouw van de botten en de calciumopname. Deze vitamine heeft ook een belangrijke invloed op het immuunsysteem en speelt ook een rol bij kanker, hart- en vaatziekten en diabetes.

Zo hebben vrouwen met weinig vitamine D in het bloed vijf keer meer kans op borstkanker dan vrouwen met veel vitamine D in het bloed.[202] Een andere studie, die verscheen in *The Lancet*, toonde aan dat baby's die voldoende vitamine D-supplementen kregen, 80 procent (!) minder kans hadden op type-1-diabetes.

Deze onderzoeken zijn interessant in verband met een bepaalde stelling die ik vaak hoor, en dat is dat voedingssupplementen 'onnatuurlijk' zijn: dat als we de natuur gewoon zijn gang laten gaan (en dus vooral gezond eten en leven) voedingssupplementen niet nodig zijn. Daar zijn twee argumenten tegenin te brengen. Ten eerste leven de meeste mensen niet meer 'natuurlijk'. Het is geen toeval dat de vitamine D-baby's in de *Lancet*-diabetes-studie allemaal in Scandinavië wonen, waar zonlicht minder voorkomt. De menselijke soort is ontstaan in Afrika waar meer dan voldoende zonlicht was. Naarmate de millennia verstreken is de mens steeds meer letterlijk en figuurlijk zijn grenzen gaan verleggen en hebben mensen zo'n 65.000 jaar geleden vanuit Afrika Europa gekoloniseerd. Omdat Europa een voor ons 'onnatuurlijke' omgeving was (met veel minder zonlicht), hebben we een blanke huid ontwikkeld om zo meer vitamine D te kunnen opnemen. Vitamine D is dus de reden waarom er blanken bestaan. Maar vandaag de dag leven we nog veel onnatuurlijker, in huizen en achter ramen, verstoken van zonlicht. Als we dan even buitenkomen is het om in de wagen of trein te stappen. En dan klaag ik nog niet over het Belgische weer. Kortom, we leven totaal niet meer zoals vroeger, zeker als we ook nog eens ons ongezond voedingspatroon, ons gebrek aan lichaamsbeweging en al die nieuwe vormen van stress in beschouwing nemen. De stelling dat we 'de natuur maar zijn gang moeten laten gaan' is niet meer van toepassing omdat we gewoonweg niet meer natuurlijk leven.

Dus dan kunnen 'onnatuurlijke interventies' zoals voedingssupplementen wel van pas komen, evenals naar de fitness gaan, onze voeding stomen of een lichtklok op ons nachttafeltje installeren.

Tenslotte mogen we ook niet vergeten dat de natuur niet altijd het beste met ons voorheeft. Moeder Natuur zit met maar één ding en dat is de voortplanting van de individuele leden van de soort (de natuur is zelfs niet bekommerd om de 'soort in zijn geheel', wat een belangrijke nuance is). Daarom dat we er mooi en jong uitzien tot de leeftijd van dertig jaar. Dan begint de aftakeling en het verouderingsproces, omdat Moeder Natuur geen zier meer om ons geeft: ze verwacht immers dat we ons tegen dan hebben voortgeplant. Kortom, vanaf dertig jaar begint het allemaal langzaam maar zeker mis te lopen: afvalstoffen stapelen zich op in onze cellen, onze zenuwreflexen nemen af, spiermassa wordt steeds meer vervangen door vet, de huid verliest zijn elasticiteit, enzovoort. Nog steeds beweren dat 'we de natuur zijn gang maar moeten laten gaan' en niet proberen te zorgen voor een optimale gezondheid en metabolisme, zou zonde zijn omdat we maar één leven en één lichaam hebben en de natuur geen zier om ons geeft wanneer we de dertig gepasseerd zijn.

Maar terug naar vitamine D. Hoe kan vitamine D nu het risico op kanker en type-1-diabetes verminderen? Bij beide ziekten speelt het immuunsysteem een belangrijke rol. Vitamine D regelt, kalibreert en versterkt het immuunsysteem. Het immuunsysteem ruimt jonge kankercelhaarden op, wat de werking van vitamine D tegen kanker verklaart. Bij type-1-diabetes slaat het immuunsysteem juist op hol en valt het de lichaamseigen *bètacellen* in de alvleesklier aan. Deze bètacellen produceren insuline. Als deze bètacellen door het immuunsysteem vernietigd worden, dan kunnen patiënten geen insuline aanmaken, zodat de suiker in de bloedbaan blijft rondhangen en overal schade aanricht.

Vitamine D speelt ook een belangrijke rol bij andere immuunziekten, zoals multiple sclerose (MS). Bij MS worden de zenuwen aangevallen door het immuunsysteem, zodat overal in het lichaam zenuwen beschadigd worden. Hierdoor kunnen personen met MS plots dubbel zien, een verlamd ledemaat krijgen, evenwichtsproblemen hebben, enzovoort. Onderzoek wijst uit dat personen met een vitamine D-gehalte dat hoger is dan 40 ng/ml zo maar even 62 procent minder kans hebben op MS dan personen met een lager vitamine D-gehalte.[203] En inderdaad, een recente studie in *Neurology* toonde aan dat personen met MS die vitamine D toegediend krijgen, 41 procent minder MS-aanvallen hebben.[204] Dat is beter dan de 'reguliere' behandeling van MS, waarin het medicijn bèta-interferon wordt toegediend. Bèta-interferon zorgt voor een reductie van MS-aanvallen van maximaal 30 procent. Bovendien heeft dit medicijn veel bijwerkingen (80 procent van de patiënten voelt zich 'griepachtig' met vermoeidheid en spierpijnen) en het kost handenvol geld (852 euro voor 4 doses). Vitamine D-capsules kosten minder dan een euro per stuk en hebben nagenoeg geen bijwerkingen.

Vitamine D speelt ook een rol bij andere ziekten dan die waarbij het immuunsysteem betrokken is. Zo kan een te lage hoeveelheid vitamine D een rol spelen bij depressie, zeker bij oudere personen. Die komen immers veel te weinig buiten in de zon en kunnen ook minder goed vitamine D in hun huid omzetten. In het *Tijdschrift voor Psychiatrie* wordt zelfs aanbevolen om bij elke oudere persoon met een depressie standaard het vitamine D-gehalte te controleren.[205] Vitamine D is ook betrokken bij hart- en vaatziekten. Personen met voldoende vitamine D in hun bloed hebben meer dan 50 procent risicoreductie op een hartaanval.[206]

Kortom, dr. John White en dr. Luz Tavera-Mendoza, twee vitamine D-onderzoekers, stellen het volgende:

> Een duidelijk verband tussen een lage hoeveelheid vitamine D en kankers, auto-immuniteit, infectieziekten en andere aan-

doeningen suggereren dat de huidige aanbevolen dagelijkse hoeveelheid voor deze kritische voedingsstof aan revisie toe is. (*Bron:* Scientific American, *november 2007*)

En inderdaad, zoals voor zo veel voedingsstoffen geldt, is de aanbevolen dagelijkse hoeveelheid veel te laag. Vitamine D-onderzoekers raden dan ook aan om vitamine D in supplementen in te nemen in hogere doses dan aanbevolen wordt door de overheid. De aanbevolen dagelijkse hoeveelheid van de overheid bedraagt 200 eenheden (of 5 microgram) vitamine D per dag. Wetenschappers raden aan om 2000 à 4000 eenheden per dag te nemen,[203] minstens tien keer meer dus.

Maar zoals voor veel stoffen geldt, kan een teveel aan vitamine D ook gevaarlijk zijn. Vitamine D is een vetoplosbare vitamine. Dat wil zeggen dat een teveel niet via de urine wordt uitgescheiden (zoals bij de wateroplosbare B-vitamines of vitamine C), maar opgeslagen wordt in het vet en in de lever. Om een overdosis vitamine D op te lopen, moet je echter al zeer veel vitamine D innemen, meer dan 10.000 eenheden per dag gedurende vele maanden.[207] De toxische dosis in het bloed is dan meer dan 150 ng/ml. Ideaal is dat het vitamine D-gehalte in het bloed tussen de 30 en 60 ng/ml ligt. We hebben gezien dat in zonnige landen de hoeveelheid vitamine D zelfs tussen de 50 en 90 ng/ml ligt. Dit gegeven zou de zogenaamde 'Franse paradox' kunnen verklaren, namelijk de observatie dat hart- en vaatziekten minder voorkomen in zonnige landen rond de Middellandse Zee. We hebben immers gezien dat vitamine-D ook beschermt tegen hart- en vaatziekten. Sommige wetenschappers geloven daarom dat de Middellandse Zeebewoners niet zozeer minder hartaanvallen hebben omdat ze een pastarijk en olijfolievol mediterraan dieet nuttigen, als wel omdat ze gewoonweg meer blootgesteld worden aan zonlicht. En inderdaad, in landen met minder zonlicht, zoals in Scandinavië of Canada, komen ook meer ziekten voor waarin vitamine D een rol speelt. Zo komt multiple sclerose dertien keer minder voor in Brazilië dan in Canada.[208]

Soms beweren mensen dat vitamine D-supplementen niet nodig zijn, omdat eventjes in de zon liggen reeds voldoende is om een hoge dosis vitamine D aan te maken. En inderdaad, 20 minuutjes in de middagzon liggen kan ervoor zorgen dat het lichaam 10.000 eenheden vitamine D aanmaakt. De voorwaarde is echter dat je volledig naakt in de middagzon moet liggen en dat de zon een evenaarszon is. Omdat België en Nederland op een hoge breedtegraad liggen, valt het zonlicht schuiner in waardoor het zonlicht minder krachtig is. Bovendien, als de zon al schijnt, dan is meestal niet heel ons lichaam blootgesteld aan de zon. Hierdoor maken veel mensen te weinig vitamine D aan, zelfs tijdens de zomer. Wat verklaart waarom zo'n groot deel van de bevolking een suboptimaal tekort heeft aan vitamine D.

Aangaande voedingssupplementen kunnen we besluiten dat onderzoek aantoont dat de aanbevelingen van de overheid voor verschillende voedingsstoffen te laag zijn. Aan de andere kant worden we om de oren geslagen met antioxidantensupplementen die ons moeten beschermen tegen hart- en vaatziekten, cognitieve achteruitgang en veroudering. De meeste van deze beweringen zijn onwaar of sterk overdreven.

Van groter belang is om suboptimale tekorten (en niet alleen deficiënties) van bepaalde stoffen te voorkomen. Deze stoffen zijn niet zozeer de populaire antioxidanten zoals vitamine C, vitamine A of E, maar de B-vitamines, magnesium, jodium, selenium en vitamine D. Veel van deze stoffen spelen een belangrijke rol in het metabolisme en het lichaamseigen antioxidantensysteem. Bovendien zorgen suboptimale tekorten van deze stoffen ervoor dat er gedurende decennia aan onze gezondheid geknibbeld wordt. Hierdoor kunnen we sneller verouderen of zijn we vatbaarder voor tal van chronische ziekten.

SAMENVATTING

Wat voedingssupplementen betreft toont onderzoek, verschenen in tijdschriften met een hoge impactfactor, aan dat:
- antioxidanten de levensduur niet verlengen;
- de meeste antioxidanten op lange termijn ongezond zijn;
- vitamine E geen rol speelt in het voorkomen van hart- en vaatziekten;
- vitamine C een pro-oxidant kan zijn (vooral in hoge doses).

Het is belangrijk een verschil te maken tussen:
- **deficiënties**: dit zijn zware tekorten die op korte termijn tot gezondheidsproblemen leiden;
- **suboptimale tekorten**: dit zijn lichte tekorten die op lange termijn tot gezondheidsproblemen leiden en die het verouderingsproces versnellen.

Slimme voedingssupplementen:
- spelen vooral in op het **metabolisme** (zoals magnesium, B-vitamines en jodium);
- activeren het **lichaamseigen antioxidantensysteem** (zoals selenium);
- vullen veelvoorkomende **suboptimale tekorten** aan (zoals vitamine D).

Merk op dat geen enkele van deze slimme voedingssupplementen 'antioxidanten' zijn.

Voorbeelden van slimme voedingssupplementen zijn:
- **magnesium** (300 à 600 mg per dag, gebonden aan een aminozuur);
- een B-vitamine complex met de vitamines B1, B2, B3, B5, B6, B9 en B12 (enkele malen de aanbevolen dagelijkse hoeveelheid per dag);
- **jodium** (maximum 200 microgram per dag);
- **selenium** (maximum 100 microgram per dag);

- **vitamine D** (2000 eenheden of 50 microgram per dag);
- dit eventueel aangevuld met een **multivitaminecomplex** om zich van de meeste vitamines en mineralen te voorzien.

Groenten, fruit, noten, paddenstoelen, vette vis en peulvruchten bevatten duizenden andere stoffen die zich niet in voedingssupplementen bevinden en die een belangrijke invloed op onze gezondheid hebben.

Medicatie

We gebruiken te veel medicijnen. Een reden daarvoor is dat we denken dat geneesmiddelen ons genezen. Dit is echter een grote misvatting. De meeste medicatie geneest geen ziekten, maar onderdrukt de symptomen van een ziekte. Bovendien onderschatten we de bijwerkingen van medicatie. Een reden daarvoor is dat het lichaam zeer sterk is. Er moet – op moleculair vlak – al heel wat schade plaatsvinden alvorens we ons ziek gaan voelen en van bepaalde medicatie dus bijwerkingen ondervinden. Maar dat neemt niet weg dat op lange termijn deze bijwerkingen onze gezondheid kunnen schaden. Medicatie blijft altijd een lichaamsvreemd product dat delicate evenwichten verstoort.

Neem bijvoorbeeld bloeddrukverlagende medicatie. Een bloeddrukverlager 'geneest' hoge bloeddruk niet. Een bloeddrukverlager zoals de 'calcium-kanaalblokkeerders' is een pilletje dat triljarden van een bepaald soort molecule bevat. Wanneer u dat pilletje slikt, dan worden deze moleculen in de bloedbaan opgenomen en gaan ze plakken aan bepaalde eiwitten. Deze eiwitten zijn kleine calciumkanaaltjes in de spiercellen in uw bloedvaten. Hierdoor worden deze calciumkanaaltjes geblokkeerd en vloeit er minder calcium de spiercellen binnen, zodat de spiercellen in de bloedvaten zich ontspannen en de bloedvaten uitzetten en de bloeddruk daalt. Kortom, bloeddrukmedicatie verlaagt uw bloeddruk door op moleculair niveau een bepaald mechanisme te verstoren en niet door de oorzaak van de bloeddrukstijging aan te pakken. Bovendien hechten deze bloeddrukverlagende moleculen zich niet alleen op de calciumkanaaltjes in de spiercellen van de bloedvaten, maar ook in het hart (wat het hart minder krachtig doet samentrekken), de hersenen (wat het versturen van hersensignalen verandert), de darm (wat constipatie veroorzaakt) enzovoort. Dit veroorzaakt tal van bijwerkingen, terwijl deze medicatie de kern van het probleem niet oplost, namelijk de oorzaak van een te hoge bloeddruk. Die valt voornamelijk te vinden in een ongezond eetpatroon.

Dit geldt voor nagenoeg alle medicatie, behalve bijvoorbeeld de antibiotica of chemotherapeutica, die bepaalde ziekten daadwerkelijk kunnen genezen. Maar de meeste medicaties doen niets aan de oorzaak, maar onderdrukken vooral de symptomen. Maagzuurremmers onderdrukken de productie van maagzuur en behandelen niet de oorzaak van een teveel (of een te weinig?) aan maagzuur. Slaappillen verdoven patienten, maar lossen de oorzaak van de slaapproblemen niet op. Cholesterolverlagers onderdrukken de aanmaak van cholesterol maar onderdrukken niet de slechte eetgewoontes die tot een hoge cholesterol leiden.

Buiten het feit dat de meeste medicatie enkel symptomen onderdrukt, heeft medicatie ook tal van bijwerkingen die we vaak onderschatten. Ik bespreek enkele voorbeelden van veelgebruikte medicatie, die juist zoveel wordt voorgeschreven omdat ze zo weinig bijwerkingen heeft. Zoals de *protonpompinhibitoren* (PPI's), die tot de meest verkochte medicijnen behoren.

De protonpompinhibitoren zijn een klasse van maagzuurremmers. De moleculen waaruit deze maagzuurremmers bestaan, kleven op een bepaalde soort van eiwitten die voorkomen in de wand van onze maagcellen. Deze eiwitten maken maagzuur aan. De PPI-moleculen verhinderen dat deze eiwitten hun werk kunnen doen, waardoor minder maagzuur wordt gemaakt en mensen minder klachten van zure oprispingen hebben. Klinkt allemaal goed, zeker omdat de PPI-moleculen vooral de eiwitten in de maagcellen treffen en er dus weinig bijwerkingen zijn.

Het probleem is echter dat het lichaam maagzuur nodig heeft. Zo zorgt maagzuur voor de opname van mineralen zoals calcium, magnesium en ijzer. Deze mineralen reageren immers met het maagzuur, zodat ze een andere lading krijgen. Het is dankzij deze andere lading dat deze mineralen door de darm opgenomen kunnen worden. Als personen minder maagzuur aanmaken, nemen ze dus ook minder mineralen op. Mineralen zoals calcium, wat bijvoorbeeld de kans op fracturen verhoogt. Een studie die in 2006 in het gereputeerde *Journal of the American Medical Association* verscheen, toonde aan dat personen die protonpompinhibitoren nemen, bijna 3 keer meer kans hebben op heupfracturen.[209] Naast de opname van mineralen zorgt maagzuur ervoor dat de bacteriën die we via ons voedsel opnemen gedood worden. Het maagzuur 'steriliseert' het voedsel als het ware. Maar als er minder maagzuur wordt aangemaakt door het innemen van PPI's, dan kunnen meer bacteriën ongeschonden de maag passeren en de darm koloniseren. Vanuit de darm kunnen deze bacteriën ook in de bloedbaan lekken en infecties veroorzaken.[210] Zo is aangetoond dat personen die PPI's nemen 2 tot 5 keer zoveel kans hebben op een longontsteking (afhankelijk van de leeftijd en de duur van de behandeling)[211] en 3 keer meer kans op een infectie door een gevaarlijke darmbacterie (*Clostridium difficile*).[212] Minder gevaarlijk, maar weinig bevorderlijk voor de gezondheid, is de kolonisatie van de darm door ongezonde bacteriën. Volgens een studie hadden personen die PPI's namen 8 keer meer kans op een infectie van de dunne darm door overwoekering van darmbacteriën. Een dergelijke infectie kan niet enkel erge diarree veroorzaken, maar kan ook symptoomloos verlopen en de absorptie van belangrijke vitamines en mineralen verminderen.

En we zouden het bijna vergeten, maar maagzuur is ook

nodig voor het verteren van ons voedsel. Door het nemen van PPI's wordt het voedsel niet voldoende verteerd en komen te grote stukken minder goed verteerde eiwitten in de dikke darm terecht. Zo veroorzaken deze eiwitfragmenten niet alleen bacteriële overgroei, maar gaat het immuunsysteem ook antilichamen aanmaken tegen deze eiwitfragmenten. Deze antilichamen kunnen dan ook gelijkaardige eiwitten in het lichaam aanvallen, wat auto-immuunziekten zoals astma, coeliakie (glutenallergie) of artritis kan veroorzaken.

PPI's kunnen aldus de kans verhogen op fracturen, infecties en auto-immuunziekten. Maagzuurremers zijn echter bekend als medicatie met zeer weinig bijwerkingen. En dat is zo. Vergeleken met heel wat andere medicatie zijn PPI's heel onschadelijke medicatie, die vele maanden of jaren aan een stuk genomen mogen worden. Maar medicatie verstoort altijd belangrijke evenwichten in het lichaam. Vooral de langetermijngevolgen van medicatie worden onder tafel geveegd, want geen enkele wetenschappelijke studie loopt lang genoeg om te zien dat een verminderde magnesiumopname door een PPI misschien dertig jaar later de kans op hart- en vaatziekten verhoogt. Of dat de verminderde calciumopname ervoor zorgt dat binnen twintig jaar osteoporose optreedt. Bovendien zouden deze onderzoeken gigantisch veel kosten omdat ze zo lang duren en omdat enorm veel proefpersonen eraan moeten deelnemen, gezien ze over deze lange periode door tal van andere ziekten en aandoeningen belaagd kunnen worden.

Een ander voorbeeld van medicatie die veel wordt voorgeschreven zijn slaapmiddelen. Slaapmedicatie behoort net als protonpompinhibitoren tot een van de meest verkochte geneesmiddelen. Slaappillen zijn benzodiazepines of afgeleide stoffen daarvan. Benzodiazepines zijn moleculen die kleven op belangrijke eiwitkanalen die zich in de wand van onze hersencellen bevinden. Hierdoor gaan deze kanalen zich meer openzetten en vloeien meer negatief geladen chlooratomen de hersencellen binnen. Deze chlooratomen gaan dan op eiwitten kleven en hierdoor de werking van de eiwitten in de hersencellen verhinderen. Hierdoor worden de hersencellen minder actief, waardoor we slaperig worden. Deze medicatie doet dus niets aan de slaapproblemen zelf, ze verdooft de patiënt gewoon.

Slaapmiddelen zorgen ervoor dat de mensen sneller in slaap vallen, maar de slaap is wel minder diep en minder verkwikkend. Ze veranderen namelijk de slaaparchitectuur. De slaaparchitectuur duidt op de verschillende slaapfases tijdens de slaap. Elke slaapfase heeft een bepaalde duur en een kenmerkend EEG-patroon (een EEG-patroon is het gevolg van de elektrische activiteit van de hersenen). Zo verkorten benzodiazepines de diepe slaap (oftewel de deltagolfslaap), waardoor de patiënt minder diep slaapt.

Daarnaast zijn slaapmiddelen heel verslavend. Dat wil zeggen dat al na een week slaappillen slikken onze hersenen niet meer zonder kunnen. Als we dan geen slaapmedicatie nemen, zijn de hersencellen juist overactief waardoor we nog moeilijker in slaap vallen. En alsof dat nog niet vervelend genoeg is, zorgen benzodiazepines op langere termijn voor vergeetachtigheid, concentratiestoornissen, sufheid, evenwichtsstoornissen (met een verhoogde kans op vallen, een groot probleem bij ouderen) en paradoxaal genoeg ook agressie, impulsiviteit en geïrriteerdheid. Officieel raadt het Belgisch Centrum voor Farmacotherapeutische Informatie (BCFI) artsen aan om slaapmedicatie niet langer dan een week voor te schrijven. Heel wat patiënten die ik ontmoet, nemen al jaren slaapmedicatie en kunnen uiteraard niet meer zonder. Dat verstoorde slaappatroon kan dan op lange termijn voor andere problemen zorgen, zoals een verhoogde vatbaarheid voor depressies en fibromyalgieachtige klachten.

Trouwens, een ontwenningseffect komt ook voor bij protonpompinhibitoren. Wanneer patiënten stoppen met PPI's, dan valt de 'rem' weg die gedurende maanden of jaren de maagzuurproductie onderdrukte. Het gevolg is dat de maag plots te veel maagzuur aanmaakt, zodat de patiënt bijna niet anders kan dan weer naar de maagzuurremmers te grijpen.[210] Dit is ook het fascinerende aan het menselijk lichaam: je kunt het bijna nooit te slim af zijn. Door een medicijn te slikken worden bepaalde problemen wel onder de mat geveegd, maar op lange termijn steken vaak dan weer geheel nieuwe problemen de kop op.

Laat ik nog één populair geneesmiddel aanhalen, namelijk de pijnstiller paracetamol. Paracetamol is bekend onder de merknaam Dafalgan of Perdolan. Paracetamol wordt veel voorgeschreven omdat het een zeer milde pijnstiller is, die heel wat minder bijwerkingen heeft dan andere pijnstillers zoals aspirine, Voltaran (diclofenac), Nurofen of Apranax. Paracetamol heeft het meest gunstige bijwerkingenprofiel van alle pijnstillers. Paracetamol is verkrijgbaar in pillen van 500 milligram en 1 gram (1000 mg). Vaak nemen mensen de tabletten van 1 gram omdat die een beter effect hebben. Ze nemen ook verschillende tabletten per dag, zoals op de bijsluiter staat. Paracetamol is echter schadelijk voor de lever. 8 gram paracetamol kan reeds volstaan om acuut leverfalen op te lopen. Dat wil zeggen dat slechts acht pillen van 1 gram paracetamol voldoende zijn om de lever zo te vergiftigen dat de levercellen massaal afsterven, wat een potentieel dodelijke aandoening is. In combinatie met alcohol is het effect nog groter. Wanneer iemand alcohol drinkt dan kunnen reeds vier tabletten van 1 gram paracetamol volstaan om acuut leverfalen te krijgen.[213] In de VS wordt paracetamol ook gebruikt als zelfmoordmiddel omdat het zo toxisch is (wat een zeer pijnlijke doodsstrijd veroorzaakt). 10 à 15 gram paracetamol is al een lethale dosis. En dat allemaal voor de meest onschuldige pijnstiller.

Natuurlijk, als iemand één tablet paracetamol neemt,

krijgt die geen leverfalen. Idem als deze vier tabletten verspreid over een dag ingenomen worden. Maar het is niet moeilijk om zich voor te stellen dat één tablet ook niet bijzonder gezond is voor de lever. Leverfalen is een uiting op macroniveau, namelijk de hele lever die er de brui aan geeft. Dat wil zeggen dat op moleculair niveau de schade zodanig groot is dat de levercellen massaal afsterven. En dergelijke moleculaire schade, zij het in veel mindere mate, begint reeds op te treden als je al één tablet paracetamol neemt. Gelukkig is het lichaam bijzonder veerkrachtig, zodat de meeste mensen niet voelen hoe hun lever afziet wanneer ze wat paracetamol nemen. Dat is iets wat je al vlug als arts leert: het lichaam kan zeer veel aan en patiënten mogen zich gelukkig prijzen dat ze meestal niet precies weten wat er allemaal op moleculair niveau gebeurt wanneer ze bepaalde medicatie nemen (of een bepaalde ziekte hebben).

Kortom, medicatie zou eigenlijk niet zo onbezonnen ingenomen mogen worden. Zoals we gezien hebben, heeft zelfs de meest onschuldige medicatie bijwerkingen. En de overgrote meerderheid van de medicatie onderdrukt enkel de symptomen in plaats van de oorzaak op te lossen. Een van de grote problemen waarmee onze gezondheidszorg kampt, is de overmedicatie van patiënten. Dit teveel aan medicatie veroorzaakt dan maar al te vaak bij patiënten nieuwe gezondheidsproblemen. Waarvoor dan weer medicatie wordt bijgegeven. Patiënten krijgen pillen te slikken zonder de oorzaken echt aan te pakken. Ik heb oudere patiënten gezien die zestien verschillende soorten medicatie nemen, waarbij de ene soort medicatie diende om de bijwerkingen van de andere medicatie te onderdrukken. De Belgen behoren niet voor niets tot de grootste pillenslikkers van Europa.

Dat heeft natuurlijk veel redenen. Eén reden is dat het voor een arts veel gemakkelijker en sneller is om een patiënt een bloeddrukverlager of een statine te geven dan een halfuur lang het belang van gezonde voeding uit te leggen. Bovendien zijn veel mensen ook niet bereid om bepaalde veranderingen in hun levensstijl door te voeren en willen ze gewoon een pilletje 'om snel van hun klachten af te zijn'.

Persoonlijk geloof ik dat de kern van het probleem de volgende is: aan onze universiteiten wordt aan studenten geneeskunde veel te weinig lesgegeven over preventieve geneeskunde en het belang van voeding voor het bevorderen van onze gezondheid en het voorkomen van chronische ziekten. Hierdoor kunnen wij artsen ook onze patiënten niet voldoende en overtuigend genoeg informeren. In het beste geval zeggen we tegen een patiënt dat hij 'veel groente en fruit moet eten en niet te veel vetten'. Dat is niet overtuigend voor een patiënt. Maar als je als arts tegen een patiënt kunt zeggen dat bepaalde types kanker 5 tot 10 keer minder voorkomen als hij gezonder eet, of dat de kans op alzheimer met 76 procent kan verminderd worden door 3 keer per week een vruchtensapje te persen, dan zullen heel wat meer patiënten overtuigd raken. Het is dan aan de patiënten om te beslissen of ze de moeite willen doen om gezonder te leven of niet.

SAMENVATTING

De meeste geneesmiddelen genezen niet maar **onderdrukken de symptomen** van ziekten.

Veel mensen onderschatten de **bijwerkingen** van geneesmiddelen.

Zelfs medicatie gekend omwille van haar **geringe bijwerkingen** verstoort nog steeds evenwichten in het lichaam. Enkele voorbeelden van deze medicatie zijn maagzuurremmers (protonpompinhibitoren), slaapmedicatie en pijnstillers.

Patiënten zouden **beter geïnformeerd** moeten worden over de gevolgen van medicatie en het belang van gezonde voeding voor het lichaam (onder meer met concrete cijfers).

Redenen waarom dit niet gebeurt zijn tijdsgebrek, het onderschatten van de intelligentie of motivatie van de patiënt en vaak te weinig opleiding van zorgverleners in preventieve geneeskunde (met een te grote focus op het genezen van ziekten in plaats van het in stand houden van de gezondheid).

5

Enkele inzichten betreffende onze gezondheid

Sporten? Of beweging?

Sporten om gewicht te verliezen is geen goed idee. Het werkt gewoonweg niet. Niet sport, maar voeding is cruciaal om af te vallen. Stel dat iemand op een dag twee chocoladerepen eet. Die persoon heeft er dan 500 kilocalorieën extra bij. Om deze 500 kilocalorieën om te zetten in energie moet hij twee uur fietsen. Wie gewoonweg nog maar twee bonbons eet, moet een uur en twintig minuten wandelen om al deze calorieën om te zetten in beweging. Deze zoetigheden gewoonweg niet eten bespaart je dus een halve namiddag sporten.

Onderzoek toont ook aan dat sporten amper een invloed heeft op het gewicht en dat wat je eet veel belangrijker is om gewicht te verliezen. En dat geldt nog meer voor mensen met overwicht. Een grote studie aan de universiteit van Harvard toont aan dat lichaamsbeweging en sporten gewoonweg niet voldoende zijn voor mensen met overgewicht om verdere gewichtstoename te voorkomen.[214] Ze moeten in de eerste plaats letten op wat ze eten. Wie gewicht wil verliezen kan zijn fitnessabonnement beter omruilen voor een dieetboek.

En toch is sporten gezond. Niet zozeer om af te vallen, als wel om tal van chronische aandoeningen te voorkomen. Sport vermindert de kans op een hartaanval, dementie, depressie en een beroerte. Bovendien is het nooit te laat om te sporten. Een studie die in *The Lancet* verscheen, toonde aan dat personen die op middelbare leeftijd nog beginnen te sporten (en dit slechts twee keer per week) 62 procent reductie hadden voor de ziekte van Alzheimer.[215] 62 procent! Dat is een getal waar een neuroloog van begint te watertanden. Of neem een andere aandoening die vaak voorkomt bij oudere personen, vooral wanneer ze een hoge bloeddruk hebben: de miniherseninfarcten. Dit zijn kleine infarctjes in het brein, veroorzaakt door een klein bloedvaatje dat springt. Een groot herseninfarct daarentegen (een beroerte), zorgt vaak voor plotse opvallende uitvalsverschijnselen, zoals een spraakstoornis of een verlamde arm. Maar de miniherseninfarcten springen minder in het oog. Ze treden continu en overal op in de hersenen, en veroorzaken geen opvallende uitvalsverschijnselen zoals een verlamde arm, maar zorgen voor meer globale hersenschade, die zich kenmerkt door concentratieverlies, vergeetachtigheid, moeite om herinneringen op te halen, trager denken, enzovoort. Een studie in *Neurology* toonde aan dat personen die regelmatig bewegen 40 procent minder kans hebben op deze mini-infarcten.[216]

Dat sporten ook goed is voor het gemoed, blijkt volgens talloze studies die aantonen dat sporten helpt tegen depressie. Sporten is minstens even goed om een depressie te behandelen als antidepressiva en volgens sommige studies zelfs nog beter.[217] Ik herinner me het verhaal van een patiënte die al vele jaren depressief was. Ze had nagenoeg alle antidepressiva uitgeprobeerd, inclusief hele exotische cocktails van antidepressiva, maar niets hielp. Totdat ze op een gegeven moment besloot om elke avond een halfuur te gaan wandelen, weer of geen weer, zin of geen zin. Na twee weken voelde ze zich al beter en na drie maanden was ze na vele jaren van haar depressie verlost. Mensen die sporten ervaren in de dagen erna meer motivatie en hebben meer zin om dingen te ondernemen. Dat is ook logisch, omdat onderzoek aantoont dat lichaamsbeweging ervoor zorgt dat de hersencellen meer neurotransmitters zoals serotonine en dopamine afscheiden. Sporten maakt dat de hersenen ook nog allerlei andere stoffen afscheiden die de hersencellen onderhouden en stimuleren. Deze stoffen zorgen voor de aanleg van extra zenuwverbindingen en voor beter functionerende hersencellen. Dat effect valt zelfs op hersenscanners te zien. Gewoon drie keer per week veertig minuutjes wandelen vergrootte de hippocampus, een hersengebied betrokken bij het geheugen.[218] Opvallend was dat de controlegroep in het onderzoek, die niet wandelde en 'enkel' aan gewichtheffen en stretchen deed, geen groei in de hippocampus vertoonde. We komen hier zo meteen op terug.

Het is een groot misverstand te denken dat om 'voldoende' te bewegen je goed moet sporten en je je moe moet maken. Of erger nog, dat je flink moet zweten en je hartslag flink moet opzwepen. Dat is echter allemaal niet nodig. Bij lichaamsbeweging is niet de intensiteit van belang, maar wel de frequentie. Dat wil zeggen dat je op geregelde tijdstippen moet bewegen. Dus niet één keer per week twee uur intensief lopen, zwemmen of basketballen, maar liever vier keer per week een halfuurtje wandelen. Wandelen is een van de gezondste sporten die een mens kan doen. We hebben zonet gezien dat wandelen ervoor zorgde dat bepaalde gebieden in de hersenen groter worden, en dat gewichtheffen dat effect niet had. Dat wandelen gezond is voor het lichaam, heeft een lange voorgeschiedenis. Moeder Natuur heeft mensen gemaakt om te wandelen. In de oertijd vingen we onze prooien niet zozeer door er achteraan te rennen, maar door er achteraan te wandelen. Stel je even een oerlandschap voor, dertigduizend jaar geleden. Onze voorouders staan voor een kudde gazelles en kiezen een gazelle uit. Ze beginnen er achter te wandelen. De gazelle kijkt verschrikt op, loopt dan een paar honderd meter verder en gaat weer verder met grazen. Maar onze voorouders geven niet op, en komen in de verte verder aangewandeld. De gazelle kijkt weer op, loopt een paar honderd meter verder en stopt dan weer om wat te grazen, hoewel iets zenuwachtiger dan daarvoor. En ondertussen komen onze voorouders weer in de verte volhardend aangeslenterd. Enzovoort. Totdat na een paar dagen de gazelle uitgeput neervalt van vermoeidheid en stress en onze voorouders ook eens een stuk vlees op het menu hebben. Niet door er achteraan te rennen dus, maar door er achteraan te wandelen als een mens. Mensen zijn vrij uniek in het dierenrijk wat het afleggen van grote afstanden betreft en dit in een continu traag tempo. Dat 'trage tempo' mag ook iets hoger liggen, zoals snelwandelen. Intensief lopen of sporten daarentegen is dan weer niet gezond, en het verkort zelfs de levensduur.[219] Wat ook niet meteen verbazend is. Topsporters worden niet meteen honderd jaar en meestal hebben ze zelfs een flinke bierbuik wanneer ze de vijftig voorbij zijn omdat hun mitochondriën kapotgesport zijn.

Ik kom soms patiënten tegen die er bijzonder goed voor hun leeftijd uitzien: zeventig- of tachtigjarigen die er kwiek, vitaal en twintig jaar jonger uitzien. Ik kan het dan natuurlijk nooit nalaten om hen allerlei vragen te stellen over hun levenswijze. Vaak vertellen ze me dat ze vaak wandelen. Zo kwam ik een kwieke 89-jarige man tegen die er – buiten een herpesinfectie in het gelaat – bijzonder goed uitzag. Wat die man elke morgen deed sinds hij met pensioen was, was een halfuurtje op zijn hometrainer rustig fietsen. Kortom, niet zozeer sporten is van belang, als wel bewegen en vooral in beweging blijven.

Een mooi artikel in *Nature* toont het belang van lichaamsbeweging bij het voorkomen van chronische ziekten zoals hart- en vaatziekten en diabetes. Hier zie je een figuur uit deze studie:

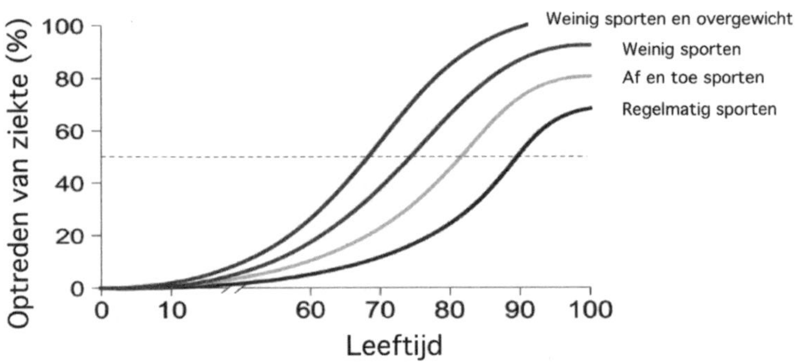

Bron: Handschin, C. and Spiegelman, B.M. (2008), Nature *454: 463-469*

Met *chronic exercise* wordt regelmatig sporten bedoeld. Een zeventigjarige die regelmatig sport heeft ongeveer 10 procent kans op een chronische ziekte, maar een even oude leeftijdgenoot die niet sport, heeft ongeveer 40 procent kans op een chronische ziekte. Dit effect is nog meer uitgesproken als de niet-sporter obees is of een bierbuikje heeft. Die heeft 5 keer zoveel risico op een chronische ziekte dan de regelmatige sporter.[220]

We kunnen ons afvragen waarom lichaamsbeweging zo goed is bij het voorkomen van chronische aandoeningen. De reden daarvoor is dat lichaamsbeweging ontsteking vermindert. Mensen ontsteken continu en overal. Hierbij bedoel ik micro-ontstekingen, dus ontsteking op cellulair en moleculair niveau. Er zijn continu ontstekingen in onze bloedvaten, wat zorgt voor het dichtslibben van de bloedvaten (slagaderverkalking). Er zijn ontstekingen in ons vetweefsel, wat maakt dat we diabetes kunnen ontwikkelen, er zijn ontstekingen in de hersenen en in andere organen, wat de kans op alzheimer en kanker verhoogt. Door te sporten wordt deze overal in het lichaam voorkomende micro-inflammatie meer onderdrukt, wat beschermt tegen atherosclerose, dementie, diabetes en kanker.

Inderdaad, sporten kan zelfs het risico op kanker verminderen. Grote studies tonen aan dat vrouwen die aan sport doen 49 tot 79 procent minder kans hebben op borstkanker, afhankelijk van de leeftijd en het type borstkanker.[221] Mannen met prostaatkanker kunnen hun herval verminderen met 70 procent als ze sporten.[222] Vrouwen met borstkanker kunnen hun herval verminderen met 50 tot 60 procent. Dr. Demark-Wahnfried, een onderzoekster naar borstkanker, zet deze risicoreductie door lichaamsbeweging op hetzelfde niveau als Herceptin, een nieuw en revolutionair geneesmiddel tegen borstkanker dat 'als een keerpunt in de strijd tegen het lijden en de sterfte aan kanker' wordt aanzien volgens de woorden

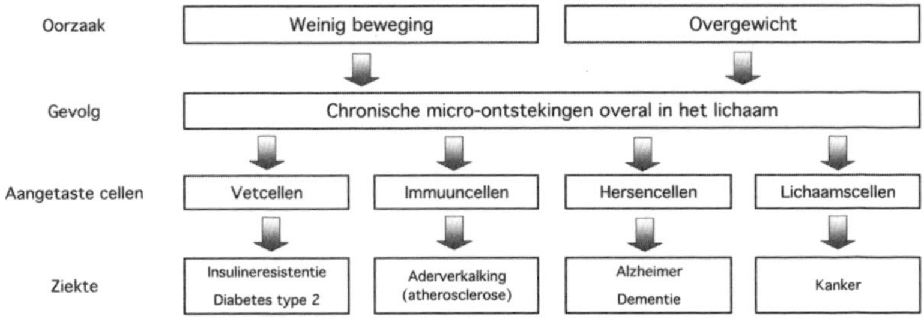

Bron: Handschin, C. and Spiegelman, B.M. (2008), Nature *454: 463-469*

van dr. Von Eschenbach, directeur van het Amerikaanse National Cancer Institute.[223]

Maar zoals reeds gezegd is de regelmaat van belang. Om een effect te hebben wat borstkanker betreft, moeten patiënten minstens 6 keer per week een halfuur wandelen, maar voor darmkanker bijvoorbeeld is dit het dubbele. Maar als je daarmee als kankerpatiënt je herval minstens kan halveren, loont dat ongetwijfeld de moeite.

Kortom, veel onheil kan voorkomen worden door bijvoorbeeld slechts driemaal per week twintig minuutjes te sporten. Tijd maken om te sporten is niet makkelijk, zeker 3 keer per week, maar dit kan ingepland worden, zelfs in het drukste schema. Probeer te sporten met vrienden, zodat je elkaar motiveert. Stel een duidelijk wekelijks schema op, zodat je weet wanneer je moet sporten en je andere activiteiten er rond kan plannen. Voor diegenen die een smartphone hebben: installeer een personal coach-app. Dit is een programmaatje dat via je gps in je gsm traceert hoeveel kilometer je gelopen, gefietst of gewandeld hebt. Om de paar minuten zegt een stem wat je gemiddelde snelheid is en hoeveel afstand je al hebt afgelegd, plus een paar complimenten voor je prestatie. Heel motiverend.

Sommige mensen kopen een hometrainer of loopband voor thuis. De ervaring van veel sportcoaches en artsen is echter dat de meeste mensen na een paar weken hun hometrainer links laten liggen. Het is immers vrij saai om enkele malen per week op een fiets te trappen ondertussen starend naar een muur. Los dit probleem op door voor je hometrainer een tv of een laptop te plaatsen, zodat je een film kunt zien, desnoods met een hoofdtelefoon op zodat de dialogen niet overstemd worden door het getrap van je pedalen. Voor anderen volstaat een cd-speler of een radio om zich niet al te snel te vervelen op een hometrainer. Hoe dan ook, zolang thuis sporten maar niet vervelend is.

SAMENVATTING

Sporten om af te vallen werkt niet als voeding niet eerst wordt aangepakt.

Regelmatig bewegen, onder de vorm van **aërobe beweging** (zoals fietsen, wandelen of zwemmen):

- vermindert de kans op dementie (met 62 procent), hartaanvallen, beroertes en miniberoertes (met 40 procent);
- werkt minstens zo goed als antidepressiva voor depressies;
- vermindert micro-ontstekingsreacties overal in het lichaam;
- kan de kans of herval op sommige kankers (zoals borstkanker) tot 79 procent verminderen.

Met een fikse tred **wandelen** is een van de gezondste vormen van beweging.

Niet de intensiteit van de sport is van belang, maar wel de **regelmaat**. Drie keer per week twintig minuten bewegen is het minimum.

Om te blijven volhouden:

- sport met vrienden of familie;

- plan je sportactiviteiten op voorhand en op vaste tijdstippen in je agenda;
- registreer je vooruitgang in een schriftje of met een smartphone (aantal uren gesport, aantal kilometers afgelegd, enzovoort).

Anaërobe oefeningen (zoals gewichtheffen):
- stabiliseren vooral de suikerspiegels en maken de weefsels meer insulinegevoelig (waardoor de suikers sneller uit de bloedbaan verwijderd worden);
- remmen sarcopenie af (het afnemen van de spiermassa bij het ouder worden).

Veroudering echt afremmen

De anti-aging-business bloeit als nooit tevoren. Groeihormoonkuren en antioxidanten moeten ervoor zorgen dat schadelijke vrije radicalen hun drieste werk niet meer kunnen doen, waardoor het verouderingsproces vertraagd wordt. Ik heb in dit boek uitgelegd dat groeihormoon veroudering juist versnelt en dat (degelijk uitgevoerd) wetenschappelijk onderzoek aantoont dat antioxidanten veroudering niet afremmen.

Wetenschappelijk gezien is er maar één methode die het verouderingsproces aanzienlijk kan afremmen en die heeft te maken met onze voeding. Deze interventie heet *calorierestrictie*. Calorierestrictie (CR) bestaat eruit dat iemand ongeveer één vierde minder eet dan hij normaal nodig heeft. Als een volwassen vrouw bijvoorbeeld 2000 kilocalorieën nodig heeft, dan zou ze met calorierestrictie dagelijks slechts 1500 kilocalorieen eten. Het is vreemd dat minder eten er juist voor zorgt dat je langer leeft. Je zou zeggen dat een lichte uithongering maakt dat je sneller verzwakt en sneller aftakelt omdat het lichaam niet voldoende calorieën binnenkrijgt.

Calorierestrictie werd ontdekt door Clive McCay, een biochemicus en onderzoeker aan de Cornel University. Hij wilde weten wat er zou gebeuren als je ratten gedurende een groot deel van hun leven weinig voedsel geeft. Hij verwachtte dat zijn ratten vroeger zouden sterven omdat ze nooit voldoende te eten krijgen, maar het omgekeerde was juist waar. De levensduur van de ratten steeg en deze toename van de levensduur was evenredig met de mate van calorierestrictie. Bij fikse calorierestrictie, waarbij de ratten minder dan de helft te eten kregen dan ze normaal gesproken nodig hebben, steeg de levensduur van 1000 dagen naar 1800 dagen, wat overeenkomt met een levensduur voor mensen van 150 jaar![224] Ook bleven de ratten veel gezonder tot in hun oude dagen: het risico op kanker werd veelvouden lager, evenals de kans op diabetes, hart- en vaatziekten en cognitieve achteruitgang. Op

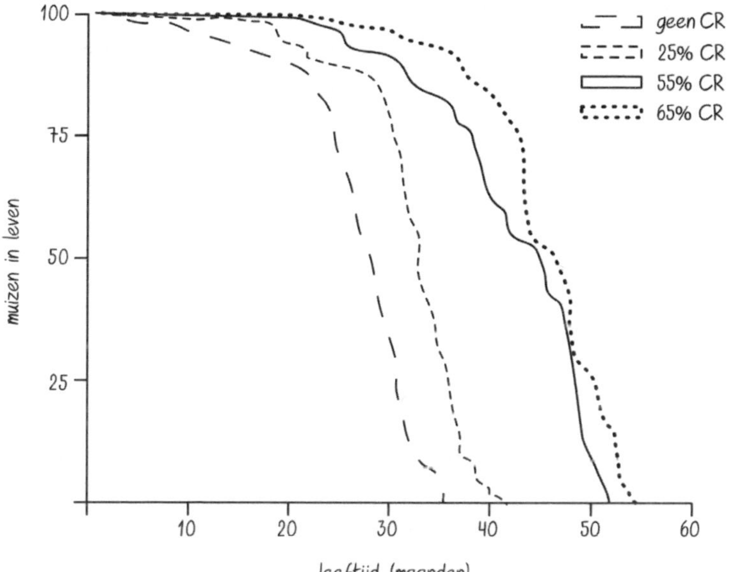

Door minder te eten verouderen organismen minder snel. Tegen de tijd dat de meeste muizen die een normaal dieet volgen dood zijn, is de meerderheid van de calorierestrictiemuizen nog in leven. *Bron: The retardation of aging in mice by dietary restriction: longevity, cancer, immunity and lifetime energy intake.* Journal of Nutrition, *1986*

oude leeftijd waren deze ratten nog fit en zag hun vacht er glanzend uit.

Ook bij meer verwante diersoorten dan ratten heeft calorierestrictie een belangrijk effect op het verouderingsproces. Onlangs zijn de eerste resultaten in *Science* verschenen van een grote studie die het effect van calorierestrictie bij resusapen onderzocht. Gedurende twintig jaar aten deze apen 30 procent minder dan 'normaal'. De resultaten waren spectaculair. Na twintig jaar was al 37 procent van de niet-calorierestrictieapen gestorven, terwijl slechts 13 procent van de calorierestrictieapen gestorven was. Kortom, de sterfte bij de resusapen die aan calorierestrictie deden was 3 keer lager. De apen onder calorierestrictie hadden bovendien veel minder last hadden van ouderdomsverschijnselen zoals verlies van spiermassa, kanker, hart- en vaatziekten en het inkrimpen van het hersenvolume. Het meest spectaculair was de invloed van calorierestrictie op diabetes. 40 procent van de apen die zoveel mochten eten als ze wilden, ontwikkelden diabetes of prediabetes, terwijl geen enkele van de CR-apen problemen kreeg met hun suikermetabolisme.[225]

Heel interessant is dat calorierestrictie de *maximale* levensduur verhoogt. Er is immers een groot verschil tussen een stof die de *gemiddelde* levensduur of die de *maximale* levensduur verhoogt. De gemiddelde levensduur voor een mens is ongeveer tachtig jaar. De maximale levensduur voor de mens is ongeveer 120 jaar. De maximale levensduur wordt vooral door de genen bepaald (en calorierestrictie werkt in op genetisch niveau door transcriptiefactoren en dergelijke te regelen), terwijl de gemiddelde levensduur vooral bepaald wordt door onze levensgewoontes. Iemand die bijvoorbeeld vitamine C-supplementen neemt, zal misschien zijn gemiddelde levensduur wat kunnen verlengen (zeker als hij een tekort aan vitamine C heeft), maar vitamine C zal niet de maximale levensduur verlengen. Dat is een belangrijke nuance, omdat vi-

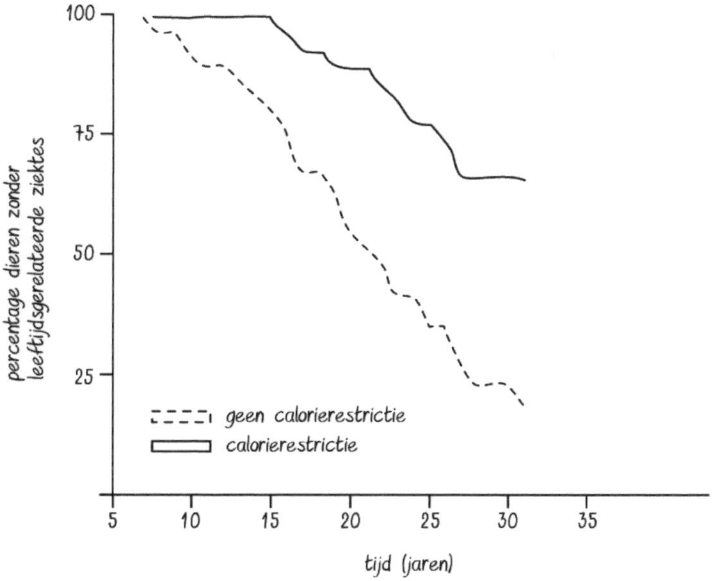

Een matige calorierestrictie (30 procent minder calorieën nuttigen) vermindert drastisch de kans op verouderingsziektes bij resusapen. *Bron: Caloric restriction delays disease onset and mortality in resus monkeys*, Science, *2009*

tamine C immers het echte verouderingsproces niet afremt. Stoffen of interventies die de maximale levensduur verlengen, zijn stoffen die echt veroudering afremmen. Er zijn zeer weinig stoffen of interventies bekend in de wetenschap die de maximale levensduur verhogen, zoals calorierestrictie of rapamycine (de stof die in een vorig hoofdstuk muizen langer deed leven door de eiwitproductie af te remmen).

Hoe kan calorierestrictie veroudering nu afremmen? Als je via calorierestrictie minder eet dan 'normaal' nodig is, gaat het lichaam denken dat het zich in een moeilijke omgeving bevindt, met schaarse voedingsbronnen en het gevaar om aan verhongering te sterven. Het lichaam gaat dus de groeiprocessen in het lichaam trager laten lopen, omdat groei energie kost en er niet genoeg voedsel aanwezig lijkt te zijn. Het lichaam zal niet alleen de groei stopzetten, maar zal ook meer energie investeren in het onderhoud van de cellen. Dit omdat voedsel schaars is en het lichaam nog lang met dezelfde cellen voort moet en deze cellen maar beter goed onderhouden kunnen worden.

Calorierestrictie remt dus de groei af en bevordert het onderhoud. In dit boek hebben we al vaak gezien hoe groei maakt dat we sneller verouderen. Onder groei bij volwassenen verstaan we het voortdurend opbouwen en vervangen van cellen, eiwitten, DNA enzovoort. Als de groei door calorierestrictie afgeremd wordt, dan verouderen we minder snel. Daarentegen, als we eten zoals we in onze westerse samenleving gewoon zijn, met een overvloed aan voedsel, dan gaat het lichaam niet meer over op een veiligheidsmodus, maar laat het alle remmen los: er worden volop eiwitten aangemaakt, de mitochondriën (de energiecentrales van onze cellen) draaien op volle toeren zodat veel vrije radicalen geproduceerd worden, hormonen worden volop aangemaakt en afgescheiden enzovoort. Al deze onbezonnen cellulaire activiteit maakt dat het lichaam sneller veroudert.

In de VS zijn er verschillende groepen opgericht door mensen die aan calorierestrictie doen. Ik heb al heel wat personen ontmoet die calorierestrictie volgen. Deze personen zien er opvallend jonger uit voor hun leeftijd. Bovendien hebben ze veel gezondere lichaamsparameters: een lagere bloeddruk, minder algemene ontsteking in hun lichaam, een hoger, gezond HDL-cholesterolpeil, een betere glucose- en insulinehuishouding enzovoort. Allemaal parameters vergelijkbaar met die van jongere personen. De medische geschiedenis kent ook talrijke personen die zeer oud werden en vaak was het dan zo dat deze personen nooit veel aten.

Hoe vroeger iemand begint met calorierestrictie, hoe langer die persoon leeft. Maar het is nooit te laat om aan calorierestrictie te beginnen. Dr. Roy Walford, een bekend onderzoeker naar calorierestrictie, schat dat wanneer iemand op zijn 50 à 60 jaar met calorierestrictie begint, hij nog steeds 10 tot 15 jaar langer kan leven. En nog veel meer jaren minder geplaagd wordt door chronische ziekten. Dat blijkt onder meer uit een studie verricht door dr. Eduardo Vallejo. Hierbij werden 180 65-plussers onderverdeeld in twee groepen. Eén groep kreeg een standaard dieet van 2300 kilocalorieën per dag, terwijl de andere groep de ene dag een standaard dieet van 2300 kilocalorieën kreeg en de andere dag een dieet van 885 kilocalorieën. Hierdoor at deze laatste groep gemiddeld 1590 kilocalorieën per dag, wat overeenkomt met een gemiddelde calorierestrictie van 30 procent. De studie duurde drie jaar. De ouderen die aan het calorierestrictiedieet meededen, lagen gemiddeld de helft minder in het ziekenhuis en ook hun sterfte was de helft lager vergeleken met de personen die een gewoon dieet nuttigden met 'voldoende calorieën'.[226]

Belangrijk bij calorierestrictie is natuurlijk dat mensen geen essentiële voedingsstoffen tekortkomen. Ze moeten altijd voldoende voedingsstoffen zoals vitamines en mineralen innemen. Dit concept heet in het Engels CRON: *calorie restriction under optimal nutrition* – calorierestrictie met optimale voeding. Calorierestrictie is bovendien ook niet voor iedereen geschikt. Voor zwangeren, jongeren (die nog moeten groeien) en personen met ernstige ziekten zoals amyotrofe laterale sclerose (ALS, een zenuwziekte) wordt calorierestrictie afgeraden.

Voor heel wat mensen is calorierestrictie een brug te ver. Ze denken dat mensen die aan calorierestrictie doen zich uithongeren en voortdurend rondlopen met een knorrende maag. Dat is echter niet het geval: je eet gewoon minder, ongeveer een vierde. Het lichaam past zich snel aan deze nieuwe gewoonte aan, zodat mensen al snel geen hongergevoel meer hebben wanneer ze een kleinere maaltijd nuttigen.

De voedselzandloper voorgesteld in dit boek steunt op het

concept van calorierestrictie. De basis van de zandloper is immers groente. Groenten bevatten zeer veel nutriënten en heel weinig calorieën. Nutriënten zijn gezonde stoffen zoals vitamines, mineralen en flavonoïden. Wie dus veel groente eet, krijgt veel gezonde stoffen binnen en tevens weinig calorieën. Het omgekeerde is wanneer iemand junkfood eet: dat voedsel bevat zeer veel calorieën maar zeer weinig nutriënten. Een gezonde maaltijd bevat dus automatisch weinig calorieën, zodat je al aan een soort van calorierestrictie doet.

Bovendien zijn groenten heel vezelrijk. Hierdoor vullen ze sneller de maag en verlaten ze de maag ook minder snel dan ongezonde voeding. Wie gezond eet, voelt zich aldus sneller verzadigd, hoewel die persoon juist minder calorieën geconsumeerd heeft. Een onderzoek aan de universiteit van Alabama toont aan dat personen die een gezond dieet volgen dat uit veel groente, vezels en fruit bestaat, al verzadigd zijn na het consumeren van slechts 1500 kilocalorieën, terwijl wanneer deze proefpersonen maaltijden aten die bestonden uit industrieel bereid voedsel met veel suikers en vetten, ze pas verzadigd waren na het eten van 3000 kilocalorieën![227] Kortom, wie gezond voedsel eet doet automatisch aan een soort van calorierestrictie.

De samenstelling van gezond voedsel zorgt ervoor dat in ruil voor weinig calorieën veel gezonde nutriënten en vezels ingenomen worden. Hierdoor val je af, zelfs al mag je van de voedselzandloper zoveel eten als je wilt. Mensen die zich voortdurend bezighouden met calorieën tellen zijn eigenlijk verkeerd bezig.

Aan een vierde minder calorieën kom je trouwens snel. Wie bijvoorbeeld één maaltijd minder per dag eet, heeft al bijna een derde minder calorieën binnen. Zo kan bijvoorbeeld de avondmaaltijd afgeschaft worden, of althans vervangen worden door een zeer lichte maaltijd. Veel mensen eten echter 's avonds net de grootste warme maaltijd van de dag. Dat wordt door veel voedingsspecialisten afgeraden. Al dat eten ligt op de maag wanneer je gaat slapen, zodat mensen gemakkelijker last hebben van zure oprispingen. Bovendien moet al dat voedsel verteerd worden terwijl we slapen. Tijdens onze slaap bewegen we niet meer, zodat de opgenomen calorieën niet omgezet worden in beweging en gemakkelijker opgeslagen worden als vet. Een maaltijd verteren kost het lichaam bovendien veel energie. Normaal gesproken passeert elke minuut een liter bloed de darmen. Na de maaltijd kan dat oplopen tot 4 liter per minuut! (het hart pompt ongeveer 5 à 6 liter bloed per minuut rond). Die enorme toevoer van bloed is nodig om voldoende energie te voorzien voor de darmen en om voldoende voedingsstoffen uit de darmen op te nemen.

Op het moment dat je slaapt, kan deze energie dus beter besteed worden aan de herstel-en onderhoudsprocessen van het lichaam, dan aan het verteren van een rijke avondmaaltijd. Ideaal zou zijn om 's morgens de grootste maaltijd te nuttigen, 's middags een kleinere maaltijd en 's avonds een lichte maaltijd of zelfs geen maaltijd (hoogstens wat licht verteerbaar fruit om het hongergevoel te stillen). Het gezegde: ''s Morgens moet je eten als een koning, 's middags als een prins en 's avonds als een bedelaar' slaat de spijker op de kop. 's Avonds niet meer uitgebreid moeten koken bespaart niet alleen tijd, het is ook nog eens goed voor de gezondheid.

En het kan vruchten afwerpen. Zo had ik een man op het spreekuur die veel was afgevallen. In zijn dossier las ik dat hij 40 kilo had verloren. Ik vroeg wat hij gedaan had om dit gewicht te verliezen. 'Niets,' antwoordde hij. 'Ik at gewoonweg 's avonds geen maaltijd meer, enkel wat fruit en zo.' Het tegenovergestelde las ik in een interview met de lijvige ex-politicus en ex-beursgoeroe Jean-Pierre van Rossem, die zijn verbazing niet onder stoelen of banken steekt dat hij maar geen gewicht kan verliezen: 'Ik eet alleen 's avonds een volledige maaltijd. Overdag lepel ik potjes yoghurt met citroensmaak uit, ongeveer tien per dag, en drink ik liters Coca-Cola zero. En toch weeg ik nog 110 kilo!' Buiten het feit dat Coca-Cola zero vol aspartaam en fosfaten zit en yoghurt ongezond is voor de darmen, zorgt de zware avondmaaltijd ervoor dat 's nachts de kilo's alles doen behalve wegsmelten.

Nog één ding alvorens verder te gaan. Soms hoor ik mensen zeggen dat een beetje overgewicht gezond is. Studies van verzekeringsmaatschappijen en wetenschappelijke onderzoeken tonen immers aan dat personen met licht overgewicht een minder hoge sterfte hebben. Vaak concluderen mensen daaruit dat licht overgewicht aldus gezond is. Maar dat is een verkeerde conclusie. In de groep van magere mensen zitten immers ook de meest zieke personen. Personen die kanker, aids of tbc hebben, zijn meestal mager omdat ze door deze ziekten veel gewicht verloren. Ook rokers wegen gemiddeld minder – omdat je van roken afvalt. In de groep van de magere personen zitten aldus ook veel ongezonde personen, die de gemiddelde sterfte van de groep magere personen verhogen. Hierdoor lijkt het alsof alle magere personen minder lang leven – wat natuurlijk niet het geval is.

SAMENVATTING

Calorierestrictie is de enige methode waarvan wetenschappelijk is aangetoond dat ze het verouderingsproces aanzienlijk kan vertragen.

Bij calorierestrictie eet je ongeveer één vierde minder calorieën dan 'normaal gezien' nodig is.

Hierdoor gaat het lichaam over in een soort van **energiebesparingstoestand** zodat:

- minder eiwitten, hormonen en andere stoffen worden aangemaakt;
- de cellen beter onderhouden worden.

Gezonde voeding is een soort van calorierestrictie omdat gezonde voeding:

- weinig calorieën bevat en veel nutriënten (vitamines, mineralen, flavonoïden);
- veel vezels bevat die de maag sneller vullen zodat je minder eet;
- vaak stoffen bevat die het metabolisme sneller doen draaien (zoals EGCG in groene thee, omega-3-vetzuren in vis of jodium in zeewier).

Door **'s avonds** een lichte of geen maaltijd te eten:
- wordt de dagelijkse calorie-inname sterk verminderd;
- hoeft het lichaam 's nachts minder energie te investeren in vertering en blijft er meer energie over voor lichamelijke herstelprocessen;
- wordt de energie gewonnen uit het voedsel niet meteen opgeslagen in de vorm van vet;
- vermindert de kans op terugvloei van maagzuur ('reflux').

Het is een misverstand dat **een beetje overgewicht** gezond is.

Geest en lichaam

Toen ik stage liep op de afdeling cardiologie (hart- en vaatziekten), viel het me op dat de meeste patiënten die een hartaanval hadden opgelopen ofwel te dik ofwel te dun waren. De ene groep patiënten had te veel buikvet, terwijl de anderen mager waren. Deze magere personen maakten meestal een nerveuze of angstige indruk, en hun nachtkastje stond vaak vol met slaapmedicatie en kalmeringsmiddelen. Het is in de medische literatuur geen geheim dat zowel te veel buikvet als chronische stress de kans op een hartaanval aanzienlijk verhoogt.

Onder buikvet (*viseraal* of *abdominaal vet*) wordt vet verstaan dat zich ophoopt in de buik: ook wel bekend als een 'buikje' of 'bierbuikje'. Dat buikvet is medisch gezien veel ongezonder dan vet dat zich opstapelt op andere plaatsen in het lichaam, zoals ter hoogte van de billen en het achterste. Dat soort vet noemen artsen 'onderhuids' vet. Personen met veel buikvet hebben vaak de vorm van een appel. Personen met veel onderhuids vet zien er meer uit als een peer (omwille van de vetopstapeling op de billen en het achterste).

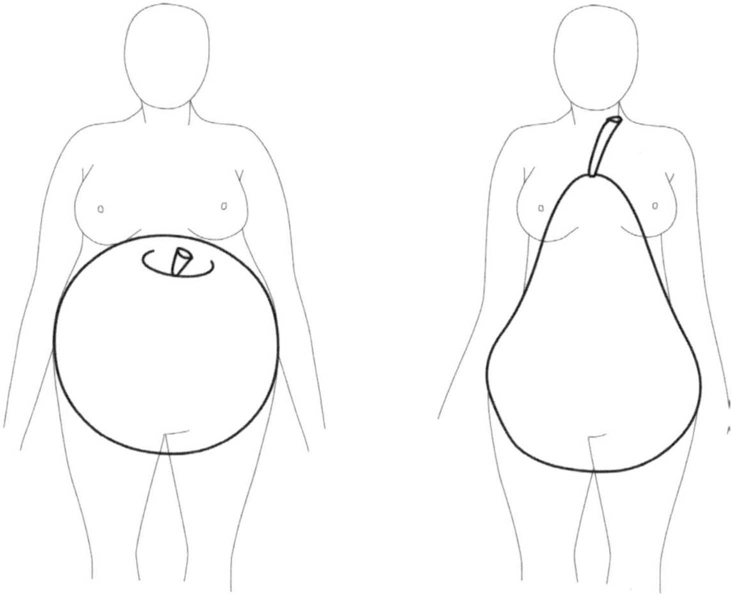

Kortom, twee personen kunnen evenveel wegen en evenveel vet in hun lichaam hebben, maar de appelvormige persoon met veel buikvet loopt een veel hoger risico op een hartaanval dan de even zware persoon bij wie het vet vooral in de billen en het achterste zit. De reden daarvoor is dat buikvet tal van ontstekingsfactoren afscheidt die zeer ongezond zijn. Deze ontstekingsfactoren (*adipokines*) doen de bloedvaten dichtslibben, maken dat het lichaam slechter reageert op insuline (zodat de kans op diabetes drastisch verhoogt), creëren overal micro-ontstekingen en kunnen zelfs de hersenen beschadigen. Personen met veel buikvet hebben bijna 3 keer zoveel kans op dementie.[228] Zo zie je hoe de buik het verafgelegen brein kan beïnvloeden. Maar het omgekeerde geldt ook: de hersenen kunnen ook het lichaam sterk beïnvloeden.

Een tweede soort patiënten op de afdeling cardiologie waren immers de magere nerveuze of angstige types. Stress, angst en woede hebben een grote invloed op onze gezondheid. Deze invloed wordt van nature onderschat, omdat stress en woede nu eenmaal onstoffelijke zaken zijn. En van onstoffelijke zaken is het moeilijk om zich voor te stellen hoe die een invloed kunnen hebben op ons stoffelijk lichaam. Maar het verband tussen geest en lichaam is duidelijk. Volgens een studie die in het medische tijdschrift *Circulation* verscheen, blijkt dat mensen die van nature gemakkelijk kwaad worden en sneller uit hun slof schieten (type A-persoonlijkheden), 3 keer meer risico op een hartaanval hebben.[229] En wie aanhoudende stress ervaart, heeft 2,5 keer meer kans op een hartaanval.[230] Psychiaters weten allang dat personen met een depressie veel vatbaarder zijn voor hart- en vaatziekten. Een studie bij vrouwen die een hartaanval hebben gehad, toonde aan dat de vrouwen die daarna een depressie doormaakten of sociaal geïsoleerd waren, 4 keer meer kans hadden op een nieuwe hartaanval dan vrouwen die gelukkiger waren.[231] Wetenschappers zijn het erover eens dat een depressie een even grote risicofactor is voor hart- en vaatziekten als roken of diabetes![232]

Wat deze onderzoeken aantonen, is dat de psyche onze gezondheid sterk kan beïnvloeden. Geest en lichaam zijn niet gescheiden. Het is verkeerd om zoals de Franse filosoof Descartes een onderscheid te maken tussen geest en lichaam, omdat de geest een product is van het lichaam (namelijk van onze hersenen) en het lichaam sterk beïnvloed wordt door de geest. Iemand die vaak angstig of depressief is, is veel vatbaarder voor hartaanvallen, net zoals iemand die weinig sport of ongezond eet (en dus een ongezond lichaam heeft) veel meer kans heeft op depressies, angststoornissen en zelfs schizofrenie.

Via tal van verschillende mechanismen interageren onze zogenaamde 'onstoffelijke' geest en het 'stoffelijk' lichaam met elkaar. Wanneer we stress ervaren, dan scheidt het lichaam het hormoon *cortisol* af. Cortisol maakt het lichaam klaar voor 'de strijd' of klaar 'om te vluchten'. Vroeger was een gevaarlijke situatie een situatie waarin een sabeltandtijger kwam aangerend, nu is dat bijvoorbeeld wanneer we een PowerPoint moeten presenteren die we niet goed genoeg konden voorbereiden. Cortisol verhoogt de bloeddruk en maakt het bloed meer 'stolbaar'. Een verhoogde bloeddruk zorgt er immers voor dat er meer bloed naar de ledematen en spieren stroomt, zodat we kunnen vechten of vluchten. Door het bloed wat meer stolbaar te maken, zullen we niet te sterk bloeden wanneer een sabeltandtijger een arm of een been openrijt. Dat was misschien allemaal handig in de oertijd, maar nu zorgt cortisol ervoor dat die hogere bloeddruk en dat meer stolbaar bloed onze kans op een hartaanval aanzienlijk verhogen.

Cortisol onderdrukt ook het immuunsysteem. Hierdoor worden we vatbaarder voor infecties en zelfs kanker, omdat het immuunsysteem onder andere kankercellen opruimt. In een gekende studie die in het tijdschrift *Science* verscheen, werden muizen geïnjecteerd met tumorcellen in een zodanige dosis dat die tumorcellen in 50 procent van de gevallen kanker veroorzaken. De muizen werden in drie groepen ingedeeld: één groep muizen kreeg om de zoveel tijd een stroomschok (een stressvolle gebeurtenis), een andere groep muizen kreeg ook om de zoveel tijd een stroomschok, maar kon deze meteen afzetten door op een hendel te duwen en de controlegroep kreeg geen stroomschokken. De groep muizen die de stroomschokken konden doen stoppen, leden uiteraard ook onder stress, maar ze hadden een gevoel van controle over de stress. Stress is immers het ergst wanneer je totaal geen gevoel van controle hebt over de situatie en je je lot niet meer in eigen handen hebt.

De resultaten waren opzienbarend. Van de muizen die stroomschokken kregen was na verloop van tijd nog maar 23 procent in leven. Van de muizen die ook stroomschokken kregen, maar deze konden controleren, was 64 procent nog in leven. Van de controlegroep was de helft van de muizen aan de kanker overleden, zoals voorspeld.[233] De muizen die blootgesteld werden aan oncontroleerbare stress hadden bijna 3 keer meer kans om aan de kanker te sterven vergeleken met de muizen die een gevoel van controle hadden.

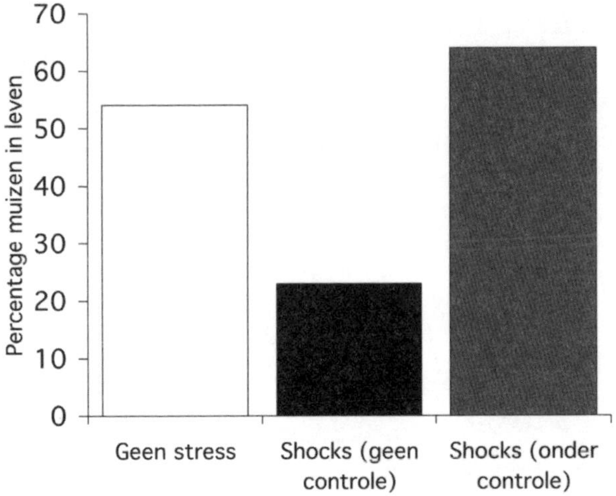

Muizen sterven sneller door stress. *Bron: Tumor rejection in rats after inescapable or escapable shock*, Science, *1982*

We weten nu dat stress een belangrijke invloed heeft op onze gezondheid. Maar het is in deze hectische wereld niet gemakkelijk om rustiger en meer ontspannen te leven. Toch bestaan er talrijke ontspanningsmethodes die ons hierbij helpen, zoals meditatie, yoga, zelfhypnose of ademhalingstechnieken. Personen die aan meditatie doen hebben een sterker immuunsysteem (en zijn minder ziek) en hebben een lagere bloeddruk. Meditatie kan de kans op hartaanvallen en beroertes aanzienlijk verminderen. Volgens een studie in *Circulation* waaraan 201 personen deelnamen, bleek dat de totale sterfte van diegenen die dagelijks twee keer twintig minuten mediteerden maar liefst 43 procent lager was.[234] De bekende psychiater dr. Norman Rosenthal zei in het kader van deze studie dat 'als meditatie een medicijn was, het een *billion-dollar blockbuster* zou zijn'.

Ontspanningsoefeningen maken dat je niet alleen ontspannen bent in de uren erna. Na verloop van slechts enkele weken ga je je ook meer ontspannen voelen door de dag heen, zelfs zonder eerst ontspanningsoefeningen te doen. Aangetoond is dat meditatie permanente veranderingen in de hersenen teweeg kan brengen. Zo zorgen regelmatige meditatieoefeningen ervoor dat bepaalde gebieden in de hersenschors dikker worden, zodanig dik dat wetenschappers dit zelfs kunnen detecteren met hersenscanners.[235]

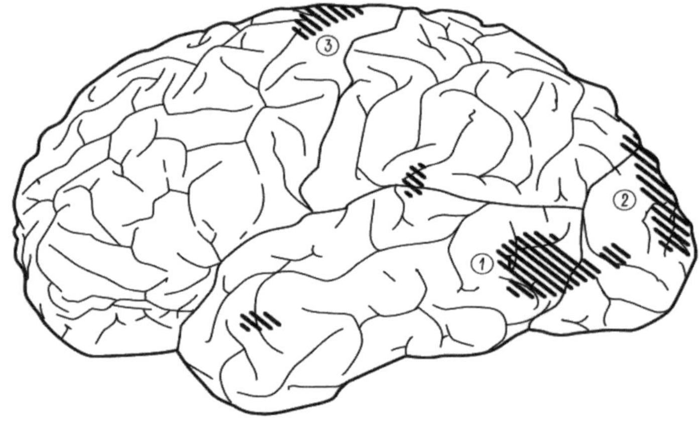

Enkele gebieden van de hersenschors die dikker worden bij het mediteren:
1. Insula
2. Brodmann 9 en 10
3. Somatosensorische cortex
Bron: Meditation experience is associated with increased cortical thickness, Neuroreport, *2005 (met toestemming van dr. Sara Lazar)*

Er bestaan enorm veel verschillende vormen van meditatie, maar grofweg kunnen al deze meditatievormen onderverdeeld worden in twee groepen: gesloten en open meditatie.

Bij gesloten meditatie gaan mensen zich op één punt concentreren. Dat kan een stip zijn ergens op een muur waarnaar ze staren, of een repetitief geluid dat ze al dan niet zelf maken, of door zich een bepaald voorwerp voor te stellen. Bij open meditatie, zoals *mindfulness*, gaan mensen hun gedachten 'onbevooroordeeld' aanschouwen en loslaten. Hoewel mindfulness de laatste jaren heel populair is geworden, is mijn indruk dat gesloten meditatie krachtiger is. Zeker als je bijvoorbeeld op bed ligt of op een stoel zit en eerst enkele minuten staart naar een punt dat net iets boven je blikveld ligt (zodat je een beetje naar boven moet staren). Dit naar boven staren activeert heel andere neurale netwerken dan wanneer iemand bijvoorbeeld naar beneden kijkt of gewoon recht voor zich uit staart.[236] Als mensen na enkele minuten lichtjes naar boven staren de ogen sluiten, dan blijven hun ogen nog een tijdje in die stand staan. Je krijgt dan de indruk dat je kijkt naar een punt dat zich midden op je voorhoofd bevindt, een punt dat in het Verre Oosten ook wel het 'derde oog' genoemd wordt en waarop de befaamde hindoestip geschilderd wordt. Deze techniek activeert neurale netwerken die een rol spelen bij het lichaamsbeeld, zodat mensen na verloop van tijd in een soort van trance kunnen terechtkomen.

Naast meditatie kun je ook aan yoga doen. Zelfhypnose is een andere ideale manier om je te ontspannen en meer individueel. Het bestaat eruit dat je thuis ontspannen in je stoel gaat zitten of op je bed gaat liggen, en al dan niet even staart naar dat 'derde oog', terwijl je luistert naar een cd met een zachte stem die autosuggesties naar je toefluistert, zoals: 'adem diep in en uit en voel hoe je borstkas langzaam op en neergaat' of 'voel hoe je oogleden langzaam maar zeker zwaar worden' of 'hoe een warm gevoel in je vingertoppen ontstaat' enzovoort.

Ook de ademhaling speelt een zeer belangrijke rol bij ontspanning – en ook bij angst. Veel mensen ademen verkeerd. Zo is het belangrijk om door de buik te ademen en niet door de borst. Veel te veel mensen ademen door de borst, wat een onnatuurlijke ademhaling is. Mensen ademen normaal gesproken enkel door de borst wanneer ze een zware inspanning leveren. Maar wanneer ze continu via de borst ademhalen en ondertussen gewoon op een stoel zitten, dan versturen receptoren in de borst verkeerde signalen naar de hersenen. De hersenen interpreteren deze signalen als 'opgepast, er wordt hier geademd door de borst, dus er wordt hier een zware inspanning geleverd'. De hersenen denken dat het lichaam zich in een toestand van stress en gevaar bevindt, waardoor mensen zich ook meer gestrest en angstig gaan voelen. Wie continu door de borst ademhaalt, gaat zich spontaan zenuwachtiger en meer gespannen voelen. Ook hebben mensen door deze borstademhaling meer de neiging om te hyperventileren. Soms kunnen zelfs de spieren tussen de ribben geïrriteerd geraken, zodat men pijn op de borst krijgt. In het ziekenhuis heb ik vaak patiënten gezien die dachten dat ze een hartaanval hadden, terwijl ze gewoon door hun borstkas ademhaalden en zich zo al hyperventilerend aandienden met pijn op de borst. En dan lig je daar, omringd door een ECG-toestel, enkele verplegers en een dokter die vertellen dat er eigenlijk niets aan de hand is.

Een goede ademhaling gebeurt dus via de buik en gebeurt traag: minstens vijf tellen inademen en vijf tellen uitademen. Een van de beste manieren om stress en angstgevoelens onder controle te krijgen is door zich even recht in een stoel te zetten, met één hand op de buik en één hand op de borst (die niet mag op- en neerbewegen) en dan tien keer langzaam in en uit te ademen door de buik. Het lichaam en de hersenen gaan dit nieuwe ademhalingspatroon interpreteren en er automatisch voor zorgen dat we ons veel rustiger voelen. Momenteel verschijnen er ook allerlei studies over de zenuwbanen die lopen tussen de longen, het hart en de hersenen. Die studies tonen aan dat personen die rustiger ademen ook een betere hartslag hebben en hierdoor zelfs minder kans lopen om te sterven.[237]

Samen met een goede ademhaling is ook een goede lichaamshouding van groot belang. Dit klinkt misschien vreemd, maar zoals gezegd leven mensen niet meer natuurlijk. We eten ongezond voedsel, we bewegen amper nog, we leven te veel binnenshuis verstoken van zonlicht en we brengen het grootste gedeelte van ons leven al zittend door. Hierdoor gaat onze lichaamshouding automatisch veranderen en verzwakken bepaalde spiergroepen en worden pezen en ligamenten stijver, waardoor we vatbaarder worden voor rug- en nekklachten. En dat niet alleen.

Een slechte lichaamshouding kan tal van niet te onderschatten negatieve effecten op het lichaam uitoefenen. Een gebogen onderrug, voorovergebogen schouders of slecht gepositioneerde nek kunnen allerlei zenuwen, bloedvaten en organen in het lichaam afknellen, wat verschillende chronische klachten kan veroorzaken, zoals vermoeidheid, hoofdpijn, buikpijn, kortademigheid, nekpijn, rugklachten en zelfs zure oprispingen. Zo herinner ik me een jonge twintiger die al meer dan vijf jaar last had van brandend maagzuur, spierpijnen en vermoeidheid. Hij was een fervent sporter, maar moest stoppen wegens vermoeidheid. Hij was in die tijd ook tien kilo afgevallen, omdat hij bijna niets meer kon eten – na elke maaltijd kreeg hij pijnlijke, zure oprispingen. Hij had allerlei dokters en professoren opgezocht, van gastro-enterologen tot endocrinologen en huisartsen. Maagzuurremmers, maagledigingsversnellers en nog andere medicatie boden weinig verlichting. De jongeman was lang en mager, met een typisch tienerachtige slungelige houding. Ik raadde hem aan om naar een kinesist te gaan voor oefeningen die de rugspieren en heupspieren verstevigen, zodat zijn rug naar achteren zou worden getrokken en zijn ingedrukte ribbenkast meer zou worden opengetrokken. Na enkele oefensessies voelde hij zich al opmerkelijk beter, en na enkele weken was hij zo goed als verlost van zijn klachten. Waarschijnlijk zorgde zijn te voorovergebogen lichaamshouding ervoor dat onder meer het middenrif werd afgeklemd, waardoor ook de bloedvaten en zenuwen die richting maag lopen, afgeklemd geraakten, wat de maag ziek maakte. Ook had de jongeman een te rechte rug, wat bijgedragen kan hebben tot deze klachten (normaal heeft de rug twee natuurlijke krommingen, zodat de ruggengraat een soort van s-vorm heeft). Ik heb in de medische literatuur nog geen dergelijk geval gevonden, dus mocht deze 'gastrointestinale reflux en excessieve chronische vermoeidheid veroorzaakt door slechte posturale lichaamshouding of straight back syndrome' nog meer voorkomen, dan mag dit altijd het syndroom van Verburgh genoemd worden. Uiteraard is dit een ernstig (en hopelijk vrij zeldzaam) geval, maar het illustreert wat voor gevolgen een slechte lichaamshouding zoal op het lichaam kan hebben.

Vaak onderschatten we onze banale dagelijkse gewoontes, zoals voeding, ademhaling of lichaamshouding. Maar precies omdat deze zaken zo dagelijks en voortdurend zijn, kunnen ze continu onze gezondheid ondermijnen. Met alle gevolgen van dien.

SAMENVATTING

Niet alle mensen met overwicht hebben een even grote kans op een hartaanval. Er bestaan twee vormen van overgewicht:

- **'appelvormen'** hebben veel buikvet;
- **'peervormen'** hebben veel onderhuids vet (onder meer ter hoogte van de dijen en het zitvlak).

Buikvet is ongezond omdat het:

- ontstekingsfactoren afscheidt;
- de kans op hart- en vaatziekten, diabetes, depressies en dementie drastisch verhoogt.

De kans op een **hartaanval** wordt verhoogd door:
- een teveel aan buikvet (meestal bij mensen met overgewicht);
- een teveel aan stress (meestal bij magere en gespannen of angstige personen).

Stress zorgt voor:
- een verhoogde aanmaak van **ontstekingsfactoren** die de bloedvaten sneller doen dichtslibben;
- een toegenomen productie van **cortisol**, dat het bloed stolbaarder maakt en het immuunsysteem onderdrukt zodat de kans op kanker toeneemt.

Bij mensen die **regelmatig mediteren** is de totale sterfte 43 procent minder.

Een goede **ademhaling** (door de buik en de neus) en een goede **lichaamshouding** zijn belangrijk voor de algemene gezondheid.

Zonder anderen gaat het niet

Mensen zijn sociale wezens. Iemand opsluiten in een isolatiecel is een van de meest wrede straffen die je kunt bedenken. Ik heb weet van mensen die uit eenzaamheid psychotisch waren geworden. Mensen die eenzaam zijn gaan zelfs in de hersenen bepaalde stoffen afscheiden of genen activeren die wetenschappers kunnen opsporen.

Gedurende miljoenen jaren hebben onze voorouders altijd in stamverband geleefd, waardoor we uitgebreide sociale vermogens hebben ontwikkeld, zoals empathie en taal. Het gedeelte van onze ogen rondom onze iris is zelfs wit geworden (het 'oogwit'), zodat we nog beter de non-verbale communicatiesignalen van onze soortgenoten kunnen begrijpen (apen hebben geen oogwit: hun oogwit is zwart).

Als sociale wezens is het voor onze gezondheid van groot

belang om in contact te blijven met onze medemensen; om sociaal te zijn dus. Tal van studies tonen aan dat mensen die sociaal zijn langer gezond blijven en minder kans hebben om te sterven. 'Sociaal' wil natuurlijk niet zeggen dat je elke dag in een café moet rondhangen of met vrienden het ene festival na het andere moet afschuimen, maar dat je tijd en aandacht besteedt aan je partner, vrienden, familie en de samenleving in zijn geheel. Onder dat laatste kan vrijwilligerswerk verstaan worden, of het oprichten van een vereniging of het dienen van een goed doel. Dit komt allemaal op hetzelfde neer: het dienen van 'een hoger doel' dat verder gaat dan je eigen zelf.

Zelfs een heel klein beetje sociaal zijn kan al een groot effect hebben: het sterftecijfer van bejaarden die een plant hadden die ze zelf moesten verzorgen, lag de helft lager dan diegenen die een plant hadden die ze niet zelf moesten verzorgen.[238] Een plant water geven kan er dus voor zorgen dat je langer leeft. Een artikel in het *American Journal of Cardiology* liet zien dat personen die een hartaanval hadden gekregen én die een huisdier hadden, 6 keer minder kans hadden om te sterven vergeleken met personen die geen huisdier hadden.[239] Soms doet een arts er goed aan om eens een hond of een plant voor te schrijven.

De mogelijkheid om met anderen te praten en emoties te delen heeft zelfs een invloed op het voortschrijden van kanker. Een studie in *The Lancet* toonde aan dat vrouwen met borstkanker die in een zelfhulpgroep zaten tweemaal zo lang overleefden dan vrouwen die niet in een praatgroep zaten.[240] Omtrent deze studie is heel wat beroering ontstaan. Sommige nieuwe studies toonden immers geen effect van praatgroepen op kanker. Dit kon verklaard worden omdat in deze studies de vrouwen ook niet psychisch gelukkiger werden van deze praatgroepen, zodat het ook logisch is dat er geen lichamelijke veranderingen optreden. Recentere studies toonden echter aan dat het effect van praatgroepen vooral geldt voor vrouwen die aan een bepaalde vorm van borstkanker lijden, namelijk de oestrogeen-receptor-negatieve borstkanker. Bij dit soort borstkanker zagen onderzoekers zelfs een verdrievoudiging van de overlevingstijd van vrouwen die lid waren van een praatgroep.[241]

Wat deze en tal van andere onderzoeken aantonen is dat mensen zulke sociale wezens zijn en zodanig anderen nodig hebben dat hun eigen lichamelijke gezondheid ervan afhangt. Het is ironisch dat in deze tijden van mobiele telefoons, e-mail, honderden vrienden op Facebook en verbeterde transportmogelijkheden mensen echter eenzamer zijn dan ooit tevoren.

SAMENVATTING

Mensen zijn **sociale wezens** die elkaar nodig hebben.

Het verzorgen van een plant of huisdier of het deelnemen aan praatgroepen kan het risico op kanker of een hartaanval sterk verminderen.

Tot slot: nog enkele tips om gewicht te verliezen

De voedselzandloper is geen dieet, maar een gezonde manier van leven. Een manier van leven die als doel heeft om het verouderingsproces te vertragen en pas in de tweede plaats gewichtsverlies nastreeft. Maar net zoals bij diëten omvat het toepassen van de voedselzandloper een verandering in het voedingspatroon. Voor sommigen zal dit zelfs een totale verandering zijn. En aangezien mensen gewoontedieren zijn, is het niet gemakkelijk om een dergelijke verandering door te voeren. Bovendien maken al die verslavende suikers en vetten het er niet makkelijker op. Hier volgen enkele tips die een dieet succesvol kunnen maken.

1 Verwijder de verleidingen

Gooi alle chips, koeken en andere suikerrijke troep, die je het water in de mond doen lopen als je er alleen al aan denkt, in de vuilnisbak. Zorg ervoor dat zich in de koekenkast, koelkast en kelder alleen maar gezonde tussendoortjes bevinden: druiven, bessen, noten, appels, aardbeien, donkere chocolade, havermoutpap enzovoort. Als er geen zakken chips, snoeprepen of cake in huis zijn, dan kan je niet anders dan tijdens een hongeraanval je toevlucht zoeken tot een kom met aardbeien, havermoutpap of walnoten.

2 Eet veel kleine tussendoortjes

Honger zorgt ervoor dat mensen irrationele keuzes maken. En dat ze grijpen naar ongezond suikerrijk voedsel terwijl ze zelf wel beter weten. Honger doet mensen immers al watertanden als ze nog maar denken aan lekkere bonbons of een zak chips. Veel gesnoep kan echter voorkomen worden door honger te voorkomen. En dat doe je best door continu gezonde tussendoortjes te eten, zodat je nooit echt honger krijgt. Eet bijvoorbeeld standaard om 10.30 uur een appel met een stukje zwarte chocolade en om 15.00 uur een banaan met een kom havermoutpap. Zo vermijd je dat je plots echt honger krijgt, waardoor de drang tot iets zoets en ongezonds veel moeilijker te weerstaan is.

Veel gezonde tussendoortjes eten zorgt er bovendien voor dat het metabolisme blijft draaien. De maag en darmen blijven de hele dag door verteren, wat energie kost, zodat je nog meer afvalt. Sommigen gaan nog verder en stappen af van de drie hoofdmaaltijden en vervangen ze door vijf of zes kleinere maaltijden. Zolang dat metabolisme maar blijft draaien, zou ik zeggen!

3 Eet 's avonds een kleine maaltijd en 's morgens een flink onbijt

Eet 's avonds een lichte maaltijd. Dan slaap je beter, het lichaam slaat minder onnodige calorieën op en hoeft minder energie te investeren in de vertering, zodat deze energie besteed kan worden aan onderhoudsprocessen.

Anderzijds is een stevig ontbijt nodig om je lichaam aan het begin van de dag weer 'af te stellen' voor al het voedsel dat die dag gaat volgen. Personen die 's morgens geen ontbijt eten, worden sneller dik dan personen die dagelijks evenveel calorieën tot zich nemen maar wel ontbijten.

4 Weet waarom je eet

Sommige mensen eten niet alleen om hun honger te stillen. Ze eten uit gewoonte, zoals 's avonds een ijsje voor de tv of een potje yoghurt na elke maaltijd. Het is belangrijk om vraagtekens bij deze gewoontes te plaatsen. Het doorbreken van deze gewoontes is soms moeilijk, maar als ze vervangen zijn door nieuwe, goede gewoontes, heb je weer voor enkele decennia gewonnen.

Andere mensen eten om bepaalde problemen te ontvluchten. Ze eten vanwege stress, omdat ze ongelukkig zijn, uit eenzaamheid of om bepaalde angsten te ontvluchten. Als dit het geval is, is het belangrijk om voor jezelf uit te zoeken waarom je gestrest, angstig of ongelukkig bent. Schrijf deze redenen desnoods op, met de mogelijke oplossingen voor deze problemen. Als deze problemen te zwaar zijn, is het van belang om hulp te zoeken bij een professionele zorgverlener.

5 Maak een noodkit

Ik noem dit een EHBE-kit: Eerste Hulp Bij Eetaanvallen-kit. Deze kit bestaat uit een portie gezonde tussendoortjes die genuttigd kunnen worden voor wanneer je te veel honger hebt en snakt naar iets zoets. Deze kit kun je in je auto, handtas of je bureau stoppen. Een EHBE-kit onder handbereik is nodig omdat er in onze maatschappij vaak geen gezond eten in de buurt is. Krijg maar eens honger in een treinstation waar enkel hotdogkraampjes en snoepautomaten staan. De EHBE-kit zorgt ervoor dat je niet moet grijpen naar vet-en suikerrijke caloriebommen zonder enige vorm van nutriënten. Een EHBE-kit kan eenvoudig zijn: een appel in een handtas, een banaan in een rugzak of een pakje noten op je bureau.

6 Houd een eetdagboek bij

Een eetdagboek bijhouden is een eenvoudige vorm van neurofeedback. Je kunt in een eetdagboek bijvoorbeeld je gewicht noteren, samen met de datum, zodat je je eigen vooruitgang (of achteruitgang) kunt volgen. Als je dan zelf kunt zien hoe je maand na maand gewicht verliest, motiveert dit nog meer. Mensen kunnen in een eetdagboek ook hun gedachten en gevoelens neerschrijven omtrent voeding en hun lichaam. Wie dan eens zondigt, kan dat dan in zijn eetdagboek schrijven, samen met de reden waarom en hoe dit in het vervolg voorkomen kan worden. Hieruit kun je veel leren en motivatie putten. In een eetdagboek kun je ook noteren wat je dagelijks eet, zodat je een inzicht krijgt in je eetpatroon. Het is zelfs mogelijk om een digitaal eetdagboek bij te houden, bijvoorbeeld in een Excel-document of via een onlinegezondheidsprogramma, waar je dagelijks je gewicht kunt bijhouden, met grafiekjes, te bereiken mijlpalen, tips en al.

7 Eet traag en bewust

Een goede vertering begint al in de mond. Iedereen heeft rond zijn mond zes stevige speekselklieren zitten, die dagelijks samen anderhalve liter speeksel vol met spijsverteringsenzymen afscheiden. Een mens zou gemiddeld dertig keer op elke hap moeten kauwen. In deze wereld, vol met verleidingen, mogelijkheden en verplichtingen is traag kauwen niet vanzelfsprekend, maar slecht verteerd voedsel zorgt ervoor dat voedingsstoffen minder goed worden opgenomen en dat de darmen extra belast worden.

Bovendien zorgt trager eten ervoor dat je lichaam genoeg tijd heeft om stoffen aan te maken die een verzadigingsgevoel geven. Als iemand traag eet, dan heeft die nog maar weinig gegeten alvorens deze verzadigingsstoffen afgescheiden worden en heeft hij geen zin meer om verder te eten. Als die persoon daarentegen een heel bord erdoor jaagt in minder dan een kwartier, dan gaat hij nog steeds honger hebben omdat het lichaam gewoonweg nog niet de tijd heeft gehad om verzadigingsstoffen af te scheiden.

Traag eten is wel saai. Om te voorkomen dat je je gaat vervelen bij al dat gekauw kun je proberen 'bewust' te eten: geniet van de smaak, concentreer je op de textuur van het eten in je mond, geniet van de kleuren van het voedsel op je bord. Denk na over het traject dat de tomaat heeft afgelegd alvorens op je bord te komen, van toen deze tomaat nog niet meer was dan een zaadje dat door een arbeider in een grote tomatenplantage in Spanje in de grond werd geplant tot het moment dat jij deze tomaat nu met smaak opeet. Sommige filosofische zielen kunnen nog een stapje verder gaan en zich er bij het kauwen over verwonderen hoe de atomen waaruit hun tomaat bestaat zich ooit in het binnenste van reuzensterren bevonden die miljarden jaren geleden explodeerden. Inderdaad, het dagelijkse is gevuld met wetenschappelijke mirakels!

Conclusie

Met de regelmaat van de klok worden nieuwe diëten de wereld in gestuurd. Sommige diëten worden al vlug vergeten, andere groeien uit tot ware hypes, om dan weer vervangen te worden door nieuwe voorstellen van de volgende lading dieetgoeroes.

Veel wetenschappers en voedingsdeskundigen staan negatief tegenover deze diëten. Deze diëten zijn ongezond, omdat de meeste van hen zich concentreren op de caloriegroepen. Er bestaan drie caloriegroepen: de koolhydraten (suikers), vetten en proteïnen. Veel diëten gaan bepaalde caloriegroepen als 'goed' of 'slecht' bestempelen. Volgens het Atkins-dieet moet je vooral de koolhydraten laten en mogen vetten en eiwitten à volonté. Volgens het paleodieet moet je vooral eiwitten eten onder de vorm van vlees. Volgens de meer klassieke diëten moet je vooral vetarm eten. Zulke diëten, die telkens bepaalde caloriegroepen uitsluiten en andere caloriegroepen voortrekken, zijn per definitie slechte diëten. Het is verkeerd te zeggen dat bepaalde caloriegroepen goed of slecht zijn. Wat van belang is, is niet de caloriegroep op zich, maar in welke vorm een bepaalde caloriegroep aangeleverd wordt. Zo zijn koolhydraten zowel gezond als ongezond. Koolhydraten zijn ongezond in de vorm van koekjes, witbrood of aardappelen, maar gezond in de vorm van fruit en peulvruchten.

Vetten zijn zowel gezond als ongezond. Vetten zijn ongezond in de vorm van transvetten en verschillende verzadigde vetten, zoals het geval is in gefrituurd voedsel, cake en boter, maar ze zijn bijzonder gezond als ze verpakt zitten in vette vis en noten. Eiwitten zijn zowel gezond als ongezond. Ze zijn slecht voor onze gezondheid in hun dierlijke vorm, zoals het geval is in rood vlees, maar ze zijn gezond als ze aangeleverd worden in de vorm van plantaardige proteïnen in groente of quorn.

Kortom, alle caloriegroepen zijn van belang. Probeer niet 'de vetten' te vermijden of 'op-zijn-Atkins' de koolhydraten te verwaarlozen, maar concentreer je op de soort van vetten, suikers en eiwitten. Al de drie caloriegroepen moeten aan bod komen. De voedselzandloper geeft weer hoe deze caloriegroepen op een gezonde manier aangeleverd kunnen worden.

Een ander probleem is dat veel diëten uit verschillende fases bestaan. Zoals de inductiefase, aanvalsfase, consolidatiefase, onderhoudsfase enzovoort. Een reden waarom dieetgoeroes hun populaire diëten in zulke fases onderverdelen, is om hun dieet een wat meer wetenschappelijker elan te geven. En omdat een gezond voedingspatroon niet patenteerbaar is. Daarom bedenken ze een hoop ingewikkelde fases om hun dieet toch een eigen, persoonlijke tint te geven. Bovendien willen ze in de eerste fase een snel gewichtsverlies realiseren. Dat gebeurt in de 'aanvalsfase'. Dat maakt dat mensen denken: hé, dat dieet werkt echt wel goed want ik ben vier kilo kwijtgeraakt in twee weken. Maar een te snel gewichtsverlies is ongezond. Los van het feit dat dit snelle gewichtsverlies vaak bereikt wordt door veel proteïnen te eten, is het per definitie slecht voor het lichaam om snel gewicht te verliezen.

Ten eerste toont onderzoek aan dat snel afvallen de levensduur van proefdieren zoals ratten en muizen verkort.[242] Natuurlijk zullen we waarschijnlijk nooit kunnen achterhalen of dit ook voor mensen geldt, omdat een dergelijk onderzoek tientallen jaren zou duren en gigantisch veel zou kosten. Maar volgens heel wat onderzoekers zorgt te snel afvallen ervoor dat het lichaam op metabolisch niveau beschadigd

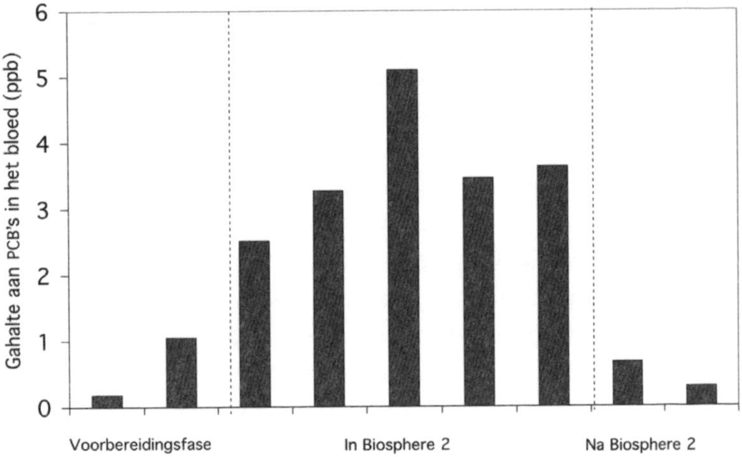

Het gehalte aan toxische PCB's steeg bij proefpersonen in Biosphere 2 omdat ze te snel afvielen. *Bron: Physiologic changes in humans subjected to severe, selective calorie restriction for two years in Biosphere 2: health, aging and toxicological perspectives*, Toxicological Sciences, *1999*

wordt, zodat op langere termijn de levensduur korter is.[243]

Een andere reden waarom snel afvallen niet gezond is, is dat bij een te snel gewichtsverlies veel toxische stoffen vanuit de slinkende vetmassa in de bloedbaan terechtkomen. Tal van toxische stoffen, zoals pesticides, dioxines en PCB's, zijn immers vetoplosbare stoffen die opgeslagen worden in het lichaamsvet. Daar kunnen ze weinig kwaad doen. Maar als iemand snel gewicht verliest, dan lekken deze stoffen vanuit de krimpende vetmassa de bloedbaan in, waar ze wel ongezonde effecten in het lichaam kunnen veroorzaken. Dit proces werd voor het eerst uitvoerig geobserveerd in de proefpersonen die gedurende jaren in *Biosphere 2* verbleven, een gigantische serre die volledig afgesloten was van de buitenwereld (inclusief zuurstof en voeding). De bedoeling van het *Biosphere 2*-project was om te zien of een groepje mensen in totale afzondering voor lange tijd konden overleven, wat interessante gegevens kan opleveren in verband met het koloniseren van andere planeten of het maken van lange ruimtereizen in grote ruimteschepen. De acht wetenschappers die in *Biosphere 2* leefden en vooral groente, noten, fruit en zaden aten, vielen uiteraard af, en des te spectaculairder omdat er tevens ook te weinig voedsel was. Maar terwijl hun gewicht snel daalde, stegen de hoeveelheden toxische stoffen in hun bloed aanzienlijk. Te snel afvallen maakte dat de toxines vanuit het vet te snel in de bloedbaan geloosd werden.[244]

Er zijn dus verschillende redenen om niet te snel gewicht te verliezen. Daarom raden artsen ook aan om de periode van gewichtsverlies uit te spreiden over minstens zes tot negen maanden, en idealiter over één à twee jaar. Zes maanden is het minimum. Zes maanden is immers de minimale hoeveelheid tijd die het metabolisme nodig heeft om zich aan te passen. Kortom, al die crashdiëten en al die diëten met hun 'fases' van snel gewichtsverlies zijn niet zonder risico op lange termijn.

Zoals reeds in dit boek ter sprake kwam, moet een goed dieet in de eerste plaats zelfs niet gericht zijn op gewichtsverlies, maar op het voorkomen van chronische verouderingsziekten. Dat is de essentie van een 'echt' dieet. Bovendien moet dat dieet gebaseerd zijn op een grondige kennis van het menselijk metabolisme en vooral het hele metabolische plaatje in het oog houden. Een voedingsmiddel kan wel de kans op cardiovasculaire aandoeningen verkleinen, maar kan evengoed het risico op dementie verhogen. Daarnaast moet het dieet passen in de evolutionaire voorgeschiedenis van onze soort. Zo leefden onze voorouders gedurende honderdduizenden jaren zonder brood, pasta, aardappels, melk of grote hoeveelheden vlees. Ten slotte moet het dieet ook gebaseerd zijn op inzichten afkomstig van grote en goed uitgevoerde onderzoeken en niet van kleinschalige, door de dieetgoeroes uitverkoren onderzoeken die in hun straatje passen.

Sommige van de goed uitgevoerde studies zijn 'veldstudies'. Enkele bekende van deze veldstudies zijn de onderzoeken naar bevolkingsgroepen die leven in de Blauwe Zones. Blauwe Zones zijn gebieden in de wereld waar mensen gemiddeld veel ouder worden en ook op veel hogere leeftijd nog in goede gezondheid vertoeven. Zulke zones zijn bijvoorbeeld het eiland Okinawa voor de kust van Japan, bepaalde gebieden in Sardinië of een religieuze gemeenschap in Californië (namelijk de Zevendedagsadventisten die gezonde voeding als een pijler van hun geloof beschouwen). In Okinawa bijvoorbeeld komen vijfmaal meer honderdjarigen voor dan in het Westen. Dit is niet zozeer een kwestie van genen, omdat Okinawanezen die in Brazilië leven, gemiddeld zeventien jaar vroeger sterven dan hun familieleden in Okinawa.[245]

Als we kijken naar de gemeenschappelijke factoren van deze eeuwelingen in de Blauwe Zones, dan zien we dat ze voornamelijk een voedselpatroon nuttigen zoals dat in dit boek beschreven werd. Ze eten veel fruit en groente, peulvruchten, noten, vette vis en kruiden zoals curcumine, hebben genoeg blootstelling aan de zon (vitamine D), drinken weinig of geen alcohol buiten eventueel een glas rode wijn, eten met mate (calorierestrictie), eten weinig of geen rood vlees en zuivelproducten en doen aan regelmatige (lichte) lichaamsbeweging.

Maar Blauwe Zones hoeven niet altijd aan de andere kant van de wereld te liggen. Ze komen ook voor in Nederland of België. Elke persoon die een beetje gezond eet, kan al zijn eigen Blauwe Zone creëren. Onlangs werd een grote studie gepubliceerd waarin 120.000 Nederlanders gedurende vijfentwintig jaar gevolgd werden. De mannen in de studie die niet rookten, een normaal gewicht hadden, regelmatig sportten en gezond aten (veel groente, fruit, noten, peulvruchten, vis en niet te veel vlees) leefden 8,5 jaar langer. De vrouwen die dit gezonde levenspatroon volgden, leefden gemiddeld vijftien jaar langer.[246] De onderzoekers baseerden zich voor hun studie op het mediterrane dieet, maar zoals we in dit boek gezien hebben kan dit dieet nog veel gezonder (en minstens even lekker).

Mensen zijn gefascineerd door hoge ouderdom. Een hoge leeftijd in goede gezondheid is wat we allemaal wensen. In dit tijdperk van medicatie en het menselijke genoom lijkt het alsof onze gezondheid vooral buiten onze invloed ligt. Gezond zijn lijkt vooral een kwestie van goede genen of de juiste medicijnen. Medicatie kan echter nog maar weinig oplossen wanneer het te laat is. En onze genen spelen vooral een rol wat de maximale levensduur betreft. Wie honderd jaar of ouder wil worden, moet goede genen hebben. Maar wie op zijn tachtigste nog een sudoku wil oplossen of nog een verre reis wil maken, heeft er groot belang bij gezond te eten. De laatste levensdecennia zullen bovendien ook veel vruchtbaarder zijn, aangezien een gezond voedingspatroon niet alleen de levensduur verlengt maar ook de ziektevrije levensjaren exponentieel doet toenemen.

Dit boek wilde het belang van voeding voor onze gezondheid aantonen. Ergens is het ook vanzelfsprekend dat datgene wat we eten cruciaal is voor onze gezondheid. Elk atoom waaruit ons lichaam is opgebouwd is immers afkomstig van het voedsel dat we eten. We zijn letterlijk wat we eten. Of, om het met een gedichtje van Walter de la Mare te zeggen:

It's a very odd thing –
As odd as odd can be –
That whatever Miss T. eats
Turns into Miss T.

Het is een zeer vreemde zaak
Zo vreemd als vreemd kan zijn
Dat alles wat Miss T. verorbert
in Miss T. verandert.

Menu's en recepten

Het is een spijtige zaak dat in onze maatschappij gezonde voeding heel wat duurder is geworden dan ongezonde voeding. Gezond voedsel kost niet alleen meer geld, het kost ook meer tijd om het te kopen en te bereiden. Elke dag gezond eten op tafel is niet eenvoudig. Fruit en groente dienen bovendien continu gekocht te worden omdat ze in tegenstelling tot koeken of chips veel sneller bederven. Je kunt een stuk fruit ook niet zoals een snoepreep gewoon uit de kast nemen en opeten: je moet het eerst wassen of bereiden.

Het is spijtig dat gezonde voeding en de belangrijke gezondheidsvoordelen die daaruit voortvloeien steeds meer een zaak lijken te worden van een soort van elite. In het Verenigd Koninkrijk en de VS zijn daarom allerlei projecten gestart om vooral de minder gegoeden in de samenleving te onderwijzen in het belang van gezonde voeding. En hoe deze theorie in de praktijk om te zetten.

Deze theorie in praktijk omzetten is echter niet altijd een evidente zaak. Hier wordt een eerste aanzet gegeven om de theorie van de voedselzandloper in de praktijk om te zetten. In dit hoofdstuk komen verschillende gerechten en menu's aan bod. Deze gerechten zijn samengesteld volgens de voedselzandloper en zijn gericht op het vertragen van het verouderingsproces en het gewichtsverlies dat er automatisch uit voortvloeit.

Laat ik eerst echter beginnen met een korte schets te geven van wat ik zelf eet tijdens een doordeweekse dag. Die dag begint als volgt:

’s Morgens net na het opstaan drink ik een glas water (op kamertemperatuur, niet uit de koelkast). Dan maak ik een kop groene thee met citroen klaar. Twintig minuten later ontbijt ik (ik doe eerst verschillende andere ochtendtaken zoals wassen, scheren, omkleden enzovoort).

Tijdens het ontbijt doe ik het volgende:

- ik schep wat havermoutpap op uit een grote kom die in de koelkast stond (en die genoeg havermoutpap bevat voor drie dagen) en warm de pap op in de magnetron;
- ik eet met de warme havermoutpap aardbeien, een banaan en wat walnoten;
- als dessert eet ik blauwe druiven;
- ik pers twee sinaasappels uit in een glas en voeg daaraan toe twee scheppen van de overblijvende sinaasappelvezels;
- ik slik mijn jodium-, magnesium-, selenium- en vitamine B-voedingssupplementen.

Rond 11.00 uur in de voormiddag begin ik wat honger te krijgen en eet ik een appel. Soms eet ik een appel vlak voor het middagmaal, zodat mijn maag al gevuld is met vezels. Deze vezels vertragen de maaglediging en vlakken de suikerspiegels in mijn bloed af die zullen volgen op het middagmaal.

Om 13.00 uur neem ik een middagmaal: zalm met salade, broccoli en paddenstoelen. Het dessert is een potje sojayoghurt met wat blauwe bosbessen.

Om 15.30 uur krijg ik trek. Ik eet een appel met een stuk zwarte chocolade. Als ik veel honger heb, eet ik havermoutpap met een stukje zwarte chocolade.

Om 18.30 uur open ik een blik makreel. Ik giet hierover wat olijfolie. Ik maak salade klaar met olijfolie, azijn, peper en curcumine. Ik eet hierbij witte bonen op smaak gebracht met knoflook, peper, zout en zelfgemaakte mayonaise (op basis van olijfolie).

Ik zorg ervoor dat ik tijdens de dag twee liter vocht heb gedronken, vooral in de vorm van water en twee koppen groene thee.

Ik eet niets meer tussen mijn avondmaaltijd en het moment dat ik ga slapen. Mensen die later op de avond honger krijgen raad ik aan om iets vezelrijks te eten net voor, tijdens of net na de avondmaaltijd, omdat vezels de maaglediging vertragen. Dit kan een kom havermoutpap zijn of enkele koffielepels met vezels in een glas water, kopje soep of sojapap.

Ontbijt

Havermoutpap en andere recepten

Havermoutpap wordt genuttigd in plaats van brood of ontbijtgranen, samen met bijvoorbeeld:

- een stuk zwarte chocolade
- aardbeien
- bosbessen
- frambozen
- braambessen
- banaan
- druiven
- grapefruit
- gedroogd fruit zoals gedroogde abrikozen of rozijnen
- walnoten
- appel
- peer
- granaatappel
- lijnzaad

De havermoutpap:

- is gemaakt met plantaardige melk zoals sojamelk (en dus geen koemelk, in de winkel is suikervrije en biologische sojamelk verkrijgbaar), en de sojamelk mag suiker bevatten (zo

smaakt de pap lekkerder maar verlies je nog steeds gewicht);
- kan op smaak gebracht worden met gezonde zoetstoffen zoals stevia;
- wordt het beste op voorhand klaargemaakt (in een portie voor enkele dagen) en bewaard in de koelkast;
- kan eventueel opgewarmd worden in de magnetron;
- kan op smaak gebracht worden met kaneel, stevia, cacaopoeder, rozijnen, amandelpoeder enzovoort.

Havermoutpap met abrikozen en agavenectar
- havermoutvlokken
- 250 ml sojamelk (al dan niet gesuikerd)
- 100 ml sinaasappelsap (versgeperst)
- 4 gedroogde abrikozen, in stukjes gesneden
- 1 eetlepel agavenectar

Giet het sinaasappelsap in een pan en breng aan de kook.
Voeg de stukjes abrikozen toe en laat ze wellen in het sinaasappelsap.
Giet de sojamelk in een andere pan, breng aan de kook en voeg de havermout toe (portie havermout en kookduur zoals aangegeven op de doos) en voeg de agavenectar toe. Breng opnieuw aan de kook en roer ondertussen goed. Laat de pap goed dik worden.
Haal de abrikozen uit het sinaasappelsap en voeg ze toe aan de havermoutpap.
De havermoutpap laten afkoelen alvorens op te dienen.

Havermoutpap met banaan en kaneel
- havermoutvlokken
- 250 ml sojamelk (al dan niet gesuikerd)
- 1/2 banaan, in stukjes gesneden
- kaneel naar smaak
- zout naar smaak
- cacaopoeder en geraspte kokosnoot naar smaak

Giet de sojamelk in een pan en breng aan de kook en voeg de havermout (portie aangegeven op de verpakking) en stukjes banaan toe. Laat enkele minuten koken tot de pap de gewenste dikte heeft.
Voeg de kaneel toe. Doe de energiebron uit en laat enkele minuten wellen.
Voor afwerking kan cacaopoeder en geraspte kokos op de havermoutpap gestrooid worden.

Fruitsalade

- 300 gram druiven
- 1 sinaasappel, geschild en in stukjes gesneden
- 1 appel, in stukjes gesneden
- 1 peer, in stukjes gesneden
- 1 eetlepel agavenectar
- 2 eetlepels amandelnootschaafsel
- 100 gram sojayoghurt

Alles mengen (opmerking: de appel en peer niet schillen, wel afspoelen en drogen).

Dranken bij het ontbijt
Bij het ontbijt is het gezond om de volgende dranken te nuttigen:

- groene thee, witte thee of gemberthee
- 1 glas versgeperst vruchtensap of groentesap (geen winkelvruchtensappen of winkelgroentesappen!)

Op internet zijn talloze fruit- en groentesaprecepten te vinden.

De eenvoud zelve

- 2 sinaasappels

Persen. 1 à 2 koffielepels van de in de perser achtergebleven vezels toevoegen aan het vruchtensap.

Aardbeien-druivensap
- een handvol aardbeien
- een handvol blauwe druiven
- 1 banaan

Alles blenden in een blender. Eventueel enkele walnoten toevoegen.

Aardbeien-watermeloensap
- 150 gram aardbeien
- 120 gram watermeloen
- 1 theelepel gemalen lijnzaad
- een snuifje kaneel

Alles blenden/mixen en de kaneel toevoegen.

Biet-(sinaas)appelsap
- 1 rode biet
- 2 sinaasappels
- 1 appel
- 1 1/2 selderijstengel
- 1 1/2 wortel

Wassen en blenden.

Groentesap met broccoli
- 1 wortel
- 1 1/2 selderijstengel
- 1/4 venkelstam
- 1/2 rode biet
- 1/2 broccolistronkje
- 1/4 komkommer
- 1/4 courgette

Wassen en blenden.

Kool-kiwisap
- 1/2 kool of savooi
- 1 biet
- 2 kiwi's

Wassen en blenden.

Wortel-peterseliesap
- 1 wortel
- 1 1/2 bleekselderijstengel
- 1/4 kopje peterselie
- 2 spinazieblaadjes
- 1/4 rode biet
- 1/4 kopje luzernescheuten (of alfalfa)

Wassen en blenden.

Middageten en avondeten

Na een ontbijt met havermoutpap en fruit dienen er nog twee hoofdmaaltijden genomen te worden. Deze hoofdmaaltijden zijn warme of koude maaltijden met groente, vlees of vis, en verder voornamelijk peulvruchten en paddenstoelen als vervangers van aardappelen, pasta en rijst.

De basis van deze maaltijden en de voedselzandloper is groente, met als gezonde uitschieters salade, broccoli, spinazie en kool.

Groente, en dan vooral de salades, kunnen op smaak gebracht worden met:
- dressings en/of vinaigrettes (een vinaigrette is een mengel van een olie met iets zuurs, meestal azijn)
- noten
- paddenstoelen

- tofoe
- stukjes vis of gevogelte
- stukjes ui, sjalotjes, radijs, knoflook
- uienpoeder en in de supermarkt gekochte kruidenmengsels
- sinaasappelsap, appelsap, lijnzaad(olie)
- stukjes appel, mandarijn, peer
- erwten en/of andere peulvruchten

Vinaigrettes, dressings en mayonaises

Citroen-basilicumvinaigrette
- 1/3 kop citroensap
- 1 koffielepel basilicum
- 1/4 kop olijfolie (extra vergine)
- 1/4 koffielepel knoflookpoeder
- zout en zwarte peper om alles op smaak te brengen

Mosterd-knoflookvinaigrette
- 1/2 kop balsamicoazijn
- 1/2 kop olijfolie (extra vergine)
- 1 teentje gemalen knoflook
- 1 koffielepel mosterd
- een snuifje zout
- zwarte peper voor de smaak

Basilicumvinaigrette
- 1 kop olijfolie
- 1/3 kop appelciderazijn
- 1/4 kop agavenectar (of gewone honing)
- 3 eetlepels (vers gesnipperde) basilicum
- 2 teentjes gemalen knoflook

Broccolidressing
- 1 stronk broccoli
- 1/4 kop rijstazijn

- 2 koffielepels Dijon-mosterd
- 2 teentjes gemalen knoflook

Appelsaladedressing
- 2 geschilde appels
- 1/4 kop versgeperst sinaasappelsap
- een snuifje kaneel voor de smaak

Roer in een kom alle ingrediënten door elkaar.

Sojanectarvinaigrette
- 1/2 kop balsamicoazijn
- 1/4 kop agavenectar (of gewone honing)
- 1/4 kop olijfolie (extra vergine)
- 1 koffielepel sojasaus

Roer in een kom alle ingrediënten door elkaar.

Mosterd-nectarvinaigrette
- 1/3 kop balsamicoazijn
- 1/2 kop olijfolie
- 2 eetlepels Dijon-mosterd
- 1 eetlepel agavenectar (of gewone honing)
- een snuifje zout en peper om alles op smaak te brengen

Roer in een kom alle ingrediënten door elkaar.

Zelfgemaakte mayonaise
- 250 ml. sojaolie (of olijfolie)
- 1 eierdooier
- 1,5 eetlepel kruidenazijn
- 1/2 koffielepel zwarte peper
- 1/4 koffielepel mosterdpoeder
- een mespuntje zout

Roer in een kom alle ingrediënten door elkaar behalve de sojaolie (of olijfolie).
Voeg tijdens het roeren druppel voor druppel de sojaolie (of olijfolie) toe, totdat de massa begint te binden.
Als de mayonaise bij het roeren gaat schiften, dan kunnen 1 of 2 lepels warm water toegevoegd worden.

Olijfoliemayonaise

- 250 ml. olijfolie
- 2 eidooiers
- 2 eetlepels citroensap
- 1/4 theelepel zout

Meng de eidooiers en het zout in een kom met een klopper totdat het mengsel lichtgeel en schuimig is.
Voeg al kloppend druppel voor druppel de olijfolie toe totdat het mengsel begint te binden. Vanaf dan kun je iets sneller de olie toevoegen.
Voeg halverwege ook beetje bij beetje het citroensap toe.
Voeg zout toe voor de smaak.

Tonijnmayonaise

- 100 gram tonijn
- 3 ansjovisfilets
- 50 ml. olijfolie
- 1,5 eetlepels citroensap
- 3 eetlepels kappertjes
- 300 ml. olijfoliemayonaise (zie boven)
- 4 zwarte olijven, ongepit
- 1 citroen, in stukjes gesneden

Gebruik een keukenmachine of staafmixer om de tonijn, ansjovis, olijfolie, het citroensap en de helft van de kappertjes tot een saus te pureren.
Meng de tonijnpuree met de olijfoliemayonaise.
Breng op smaak met zout.

Hoofdmaaltijden

Een gezonde hoofdmaaltijd bestaat uit vette vis of gevogelte, met groente en verder paddenstoelen, peulvruchten, tofoe of quorn als vervanger van de aardappelen, pasta of rijst.

Portobello, kikkererwten en tomaat

- 2 portobello-paddenstoelhoeden, dun gesneden
- 1 blik kikkererwten (ong. 400 gram); uitlekken maar het sap bewaren
- 1 tomaat, in blokjes gesneden
- 1 ui, in stukjes gehakt
- 1/2 koffielepel olijfolie
- 1/2 kop rode wijn
- 2 teentjes knoflook, gemalen

De olijfolie zachtjes verwarmen op de bodem van een pan.
Knoflook en ui gedurende enkele minuten roerbakken.
Voeg de paddenstoelen en rode wijn toe.
Gedurende ongeveer 5 minuten bakken.
De tomaten, kikkererwten en de helft van het sap van het blik kikkererwten toevoegen.
Gedurende 5 à 10 minuten verder bakken.
Serveer.

Gevulde komkommer met kippengehakt

- 300 gram kippengehakt
- 1 komkommer
- 2 tomaten
- 1 rode paprika, in stukjes gesneden
- 1 groene paprika, in stukjes gesneden
- 1 versnipperde ui
- 1 losgeklopt ei
- 1 geperst teentje knoflook

- 1/2 dl. bouillon
- zout en zwarte peper

Verwarm de oven voor op 170 graden.
Schil de komkommer en snijd hem in 4 stukken. Snijd de stukken in de lengte door en hol ze uit. Snijd het vruchtvlees in stukjes.
Vermeng het vruchtvlees met het gehakt, de ui, de knoflook en het ei. Voeg peper en zout naar smaak toe.
Vul de uitgeholde stukken komkommer met het gehakt. Voeg de tomaten, paprika's en bouillon toe.
Plaats het gerecht in de oven gedurende 30 minuten.
Dien op met salade.

Salade met paddenstoelen, kalkoen en tofoe
- een krop sla
- 250 gram tofoe
- 200 gram kalkoenfilet, in reepjes gesneden
- 250 gram shiitake-paddenstoelen, in reepjes gesneden
- 100 gram lente-uitjes, in ringen gesneden
- 80 gram lijnzaad
- 1 eetlepel gember, in stukjes gehakt
- 3 eetlepels olijfolie (of een andere plantaardige olie)
- 3 eetlepels rijstazijn
- 3 eetlepels sojasaus
- zout en zwarte peper

Bak de tofoe in olijfolie in een pan. Snijd vervolgens de tofoe in blokjes.
Het vlees bakken in de overgebleven olijfolie. Kruid het vlees met zout, zwarte peper en gember.
Voeg de shiitake-paddenstoelen en lente-uitjes toe.
Voeg het lijnzaad toe en alles mengen.
Meng de rijstazijn en sojasaus en besprenkel het gerecht ermee.

Makreelfilets met ui, sjalotjes en knoflook

- 500 gram makreelfilets
- 1 ui, fijngesneden
- 3 sjalotjes, fijngesneden
- 1,5 teentje knoflook, geperst
- 1/2 eetlepel azijn
- olijfolie
- peper en zout

Bak de makreelfilets in olijfolie tot ze gaar zijn. Leg dan de filets op een verwarmde schaal.
Roerbak de sjalotjes, uitjes en het knoflook totdat ze licht gekleurd zijn. Voeg de azijn toe.
Voeg dit mengsel toe aan de makreelfilets.
Dien op met groente zoals broccoli of sla.

Tomaten met geitenkaas

- 400 gram tomaten, in plakjes gesneden
- 4 rondjes geitenkaas
- 200 gram zwarte olijven, in tweeën gesneden
- 4 eetlepels hazelnootolie
- 1/2 bosje tijm, fijngesneden
- 1/2 bosje oregano, fijngesneden
- zout en zwarte peper voor de smaak
- olijfolie (of sojaolie)

Verhit de oven voor op 180 graden.
Bestrijk de bodem van een ovenschotel met de olijfolie.
Plaats de tomatenplakjes in de schotel en bestrooi ze met peper en zout.
Leg op de tomatenplakjes de olijven en de geitenkaas en giet de hazelnootolie erover.
Besprenkel alles met de tijm en oregano.
De schotel 4 minuten in de oven laten gratineren.

Zalmfilet met groente en garnalen (voor 4 personen)

- 4 stukken zalmfilet
- 300 gram garnalen
- 2 courgettes, in lange, dunne plakken gesneden (minder dan 0,5 cm dik)
- 3 eieren
- 2 eetlepels citroensap
- 8 eetlepels olijfolie
- 20 ml anijslikeur
- 1 scheutje mineraalwater
- zout en zwarte peper

Meng het citroensap met 3 eetlepels olijfolie, zout en peper en bestrijk de zalmfilets ermee.
Wikkel de courgetteplakken om de zalmfilets.
Verhit enkele eetlepels olijfolie in een pan en bak de zalmfilets erin gedurende ongeveer 5 minuten.
Besprenkel de garnalen met anijslikeur.
Kluts de eieren met een scheutje mineraalwater, zout en peper.
Voeg de garnalen aan het eiermengsel toe en bak het mengsel in een pan met olijfolie gedurende een drietal minuten.
Dien op.

Gestoofde prei met makreel

- 500 gram makreelfilets
- 1 ui, fijngehakt
- 1 prei, fijngehakt
- dille
- peterselie
- 1/2 eetlepel azijn
- 5 eetlepels olijfolie
- zout en zwarte peper

Bestrooi de makreelfilets met zout en een beetje zwarte peper. Plaats de makreel in een ovenschaal ingevet met olijfolie. Voeg de ui en prei toe, samen met de dille en peterselie. Meng de olie met de azijn en giet dit over de filets. Bedek de schotel met een deksel of aluminiumfolie en laat de vis garen in de oven op 190 graden. Verwijder voor het opdienen de takjes peterselie en dille en voeg er verse takjes aan toe.

(Tofoe)bonen met spinazie en tomaten

- 1 blok tofoe (ongeveer 400 gram). De tofoe kan vervangen worden door bonen (gelijk welke soort)
- 1 doos diepvriesspinazie (ong. 300 gram), ontdooid
- 3 tomaten, in stukjes gesneden
- 2 eetlepels citroensap
- 1/8 koffielepel cayenne (rode peper)
- 1/8 koffielepel uienpoeder
- 1/2 kop groentebouillon

Alle ingrediënten roerbakken in de groentebouillon. Dien op.

Kipsalade met spinazie, avocado en olijven

- sla
- 2 koppen verse spinazie, in stukjes gesneden
- 1 kop geroosterde kip, in stukjes gesneden
- 1 avocado, geschild en in stukjes gesneden
- 1 kop geweekte havermoutvlokken (eerst een halfuur laten weken in een kom water die eerst aan de kook was gebracht)
- 1/4 kop groene ui, in stukjes gesneden
- 1/4 kop verse peterselie, in stukjes gesneden
- 12 olijven, pit verwijderd en in 4 stukken gesneden

Alles mengen.
Hieraan kan de citroen-basilicumvinaigrette worden toegevoegd (zie vinaigrettes). Dien op.

Gestoofde groente met kipfilet

- 500 gram tomaten, gepeld en in blokjes gesneden
- 200 gram aubergines, in plakjes gesneden
- 200 gram courgettes, in plakjes gesneden
- 200 gram rode paprika, in blokjes gesneden
- 150 gram rode uien, in plakjes gesneden
- 4 koffielepels zout
- twee eetlepels olijfolie
- 2 teentjes knoflook, fijngehakt
- 10 basilicumblaadjes, verhakt
- 3 takjes tijm
- 1 laurierblad
- zout en zwarte peper
- kipfilets (reeds klaargemaakt)

Plaats de plakken courgette en aubergines in een zeef. Bestrooi ze met het zout en laat het vocht er zo uittrekken gedurende een halfuurtje.
Spoel de aubergine- en courgetteplakjes daarna onder koud water af en dep ze droog.
Verhit olijfolie in een pan en bak de uien erin op een matig vuur.
Voeg de aubergine en courgette toe, samen met de rode paprika en knoflook. Enkele minuten laten bakken totdat de paprika zacht is.
Voeg de kruiden en tomaten toe. Breng op smaak met peper en zout.
Laat 30 minuten pruttelen op het vuur.
Dien de groente op met gebakken kippenfilet.

Spinazie met geitenkaas

- 500 gram spinazie
- 1 stuk geitenkaas met korst
- azijn

Kook de spinazie. Giet de spinazie af en versnijd.
Leg de spinazie in een ovenschaal, voeg azijn en wat zout toe en leg het stuk geitenkaas erop.
Plaats het gerecht in de oven en wacht tot dat de kaas wat begint te smelten en lichtbruin te kleuren.
Dien op.

Salade met gerookte zalm en broccoli

- 5 plakjes gerookte zalm, in reepjes gesneden
- 500 gram erwtjes
- 100 gram broccoli, in kleine roosjes
- 100 gram sperziebonen, de punten verwijderd
- 1/2 kop sojayoghurt
- 1 eetlepel olijfolie
- 1 citroen, geperst
- 1 bosje dille, fijngehakt
- zout en zwarte peper

Kook alle groente, één voor één, in een grote pot water, 3 tot 5 minuten, tot ze beetgaar zijn.
Meng de olijfolie, citroensap, de dille en de sojayoghurt in een kom, en breng het mengsel op smaak met peper en zout.
Voeg de groente en zalm toe.
Dien op.

Ragout van asperges, champignons en kwarteleieren

- 11 kwarteleieren
- 500 gram champignons, in stukjes gesneden
- 1,5 kg groene asperges, in stukken gesneden (ongeveer 3 cm)
- 1 liter groentefond
- 3 eetlepels olijfolie (of een andere plantaardige olie)
- 1 bosje peterselie, fijngehakt
- zout en zwarte peper

De kwarteleieren worden hard gekookt (8 minuten koken en dan laten schrikken onder koud water).
Verhit de groentefond en kook daarin de asperges gaar (ongeveer 12 minuten).
De champignons gedurende ongeveer 4 minuten bakken in een pan met olijfolie.
De asperges laten uitlekken en toevoegen aan de champignons. Voeg 8 lepels asperge-kookvocht toe.
Voeg de peterselie toe. Op smaak brengen met zout en peper.
Pel de kwarteleitjes, snijd ze in vieren en voeg ze toe aan het opgediende gerecht.

Venkelsalade met roquefort

- sla
- 200 gram roquefort, in dobbelsteentjes gesneden
- 2 venkelknollen, in schijfjes gesneden
- 100 gram rozijnen
- 100 gram walnoten
- 1 takje selderij, fijngesneden
- 1 eetlepel tapenade (dit is een mengsel van olijven, kappertjes, ansjovis en olijfolie)
- 1 citroen
- 4 eetlepels olijfolie
- zout en zwarte peper

Laat de rozijnen tien minuten weken in lauw water.
Doe de venkel en selderij in een kom en voeg het citroensap, de olijfolie en de tapenade toe. Breng op smaak met peper en zout en laat twintig minuten marineren.
Voeg alles samen en dien op.

Gevulde paprika met zalm

- 160 gram gerookte zalm, in kleine stukjes gesneden
- 2 gele paprika's
- 150 gram roomkaas

- 1/4 komkommer, geschild en in blokjes gesneden
- 4 eetlepels zelfgemaakte mayonaise (zie boven)
- 1 eetlepel dille
- zout en peper

Meng de mayonaise met de roomkaas in een aparte kom.
Voeg de komkommer, dille en de zalm toe, samen met wat peper en zout.
Snij de paprika's in twee en verwijder de zaadlijst. Vul de paprika's met de zalm.
Garneer met dilletakjes en schijfjes citroen.
Dien op samen met salade.

Tarbotfilet met rode linzen en broccoli
- 4 tarbotfilets (120 gram per stuk)
- 200 gram rode linzen uit blik
- 100 gram broccoli
- 1 sjalot, in stukjes gehakt
- 4 eetlepels olijfolie
- 1 koffielepel kurkumapoeder
- 3 teentjes knoflook, fijngehakt
- 25 gram bieslook, fijngehakt
- 500 ml kippenbouillon
- zout en zwarte peper

Giet 2 lepels olijfolie in een pan. Roerbak de linzen, sjalot, het knoflook en het kurkumapoeder op een matig vuur gedurende drie minuten.
Voeg de bouillon toe en laat 4 minuten zachtjes koken. Voeg zout, peper en bieslook toe. Houd dit mengsel warm.
Maak enkele inkepingen in de tarbotfilets.
Voeg 2 eetlepels olijfolie toe aan een pan en bak de filets gedurende vier minuten. Voeg zout en peper toe.
Serveer op een bedje van linzen en broccoli.

Avocado, tofoe en kalkoen

- 2 avocado's, waarvan het vruchtvlees in blokjes gesneden
- 150 gram tofoe, in blokjes gesneden, besprenkel met zout en peper
- 200 gram kalkoenborst, in stukjes gesneden
- 1 rode paprika, in stukjes gesneden
- 100 gram luzerne (alfalfa) of radijskiemen
- 2 eetlepels olijfolie
- 2 eetlepels sojasaus
- citroensap, zout en zwarte peper volgens smaak

Meng de blokjes avocadovruchtvlees, tofoe, kalkoen en de luzerne/radijskiemen in een kom.
Alles bakken in olijfolie en sojasaus naar smaak toevoegen.
Dien op.

Caesarsalade

- 4 ansjovisfilets
- 3 eieren
- 3 teentjes knoflook, fijngestampt
- 1 citroen, geperst
- 80 gram geraspte parmezaanse kaas
- 3 eetlepels olijfolie
- 1 bosje dragon, gehakt
- 1 bosje bieslook, verknipt
- enkele walnoten, in tweeën gebroken
- sla

Scheur de salade in reepjes.
Kook twee eieren hard (8 minuten) en laat ze onder koud water schrikken alvorens ze te pellen.
Meng de knoflook, het citroensap, één rauw ei en de olijfolie in een kom. Voeg de sla en de bieslook en dragon toe.
Plaats alles op een bord en strooi er de parmezaan en stukjes walnoot over.

Zalm met groene kool, komijnzaad en knoflook
- 500 gram groene kool, versneden
- 1 stuk zalm van 300 gram
- 1/2 eetlepel komijnzaad
- 1,5 eetlepels olijfolie
- 80 ml tomatensaus
- zout en zwarte peper
- 1 teentje knoflook, fijngehakt

Kook de snippers groene kool in water gedurende 1 minuut. Koel ze onder stromend koud water af.
Voeg olijfolie toe aan een pan.
Bak de kool met het komijnzaad gedurende 2 minuten op een hoog vuur. Voeg zout en peper toe.
Snij de zalm in twee stukken. Bestrooi ze met zout en peper en stoom ze gaar.
Verwarm de tomatensaus en voeg de knoflook toe.
Plaats de zalmfilets op een bedje van kool en voeg de tomatensaus toe.

Desserts

Enkele voorbeelden van gezonde en eenvoudige desserts:
- een kom met aardbeien, frambozen of blauwe bessen met een stuk zwarte chocolade;
- een tros druiven;
- gedroogd fruit met noten;
- een appel, peer of banaan;
- ...

Bessendessert
- 75 gram blauwe bessen, braambessen of frambozen
- 2 koffielepels (soja)lecithine

- stukjes walnoot
- 1 koffielepel citroensap naar smaak

Chocolademousse (voor 6 personen)

- 400 gram donkere chocolade (minstens 70 procent cacao)
- 1 geraspte schil van een sinaasappel
- 8 eieren
- 4 koffielepels oploskoffie
- 1/2 glas rum (3,5 cl)
- 1 snufje zout

Snijd de chocolade in stukjes en gooi ze in een pan.
Voeg aan de pan een half kopje zeer sterke koffie toe, samen met de rum.
Smelt de chocolade op een zacht vuur (voeg wat water toe als de pap te dik is).
Voeg de helft van de geraspte sinaasappelschil toe aan de pan.
Breek de eieren en doe de dooiers in één kom en het eiwit in een andere kom. Voeg een snufje zout aan het eiwit en sla het eiwit stijf.
Giet de gesmolten chocolade in de kom met de eidooiers. Goed roeren en wat laten afkoelen.
Giet de chocolade bij het eiwit en dit goed mengen.
Bestrooi het mengsel met de andere helft van de geraspte sinaasappelschil.
Plaats de mousse in de koelkast en gedurende enkele uren laten afkoelen.

Appelcake

- 1/2 kop havermoutvlokken
- 3 appels, geschild en in stukjes gesneden
- 1/4 kop appelsap
- 1/4 kop vanille-sojamelk
- 1/4 koffielepel vanille
- 1 eiwit

- 1/4 kop rozijnen, in stukjes gesneden
- 1 koffielepel kaneel

Meng de vanille met het appelsap.
Voeg dan de sojamelk, het eiwit en de kaneel toe.
Voeg de appels, rozijnen en havermoutvlokken toe.
Bak het mengel (onbedekt) op 170 graden gedurende 1 uur.
Bedekken met aluminiumfolie om te bewaren.

Sojayoghurtshake met fruit
- 100 gram aardbeien
- 100 gram frambozen
- 70 gram veenbessen
- 70 gram blauwe bosbessen
- 1 banaan
- 70 gram agavenectar (of honing)
- 300 gram sojayoghurt

Meng alle ingrediënten met een mixer.

Sinaasappelsapsorbet
- 1 liter sinaasappelsap (versgeperst)
- 2 eetlepels sinaasappellikeur (zoals Cointreau)
- 1/4 koffielepel citroensap

Alles invriezen in ijsblokjes.
De ijsblokjes uit de diepvriezer halen (en enkele minuten wachten totdat ze zachtjes beginnen te smelten).
De ijsblokjes mixen of blenden.
Onmiddellijk serveren, al dan niet met stukjes aardbei.

Tofoepudding met donkere chocolade en bosbessen
- 350 gram zijden amandeltofoe (verkrijgbaar in sommige natuurwinkels of via internet)

- 300 gram donkere chocolade (meer dan 70 procent cacao)
- bosbessen (of aardbeien, frambozen of braambessen)

Verhak de tofoe in een mixer gedurende een halve minuut tot hij romig is.
Smelt de chocolade in een pan.
Voeg de gesmolten chocolade bij de tofoe.
Klop het mengsel op gedurende 1 minuut met een mixer.
Garneer met bosbessen en dien op.

Perzikmix
- 2 dadels
- 3 perziken (of nectarines)
- 1 bevroren banaan
- 1/4 kop vanille sojamelk
- 1 koffielepel vanille
- 1/8 koffielepel kaneel

Snijd het fruit in stukjes.
Meng alle ingrediënten in een mixer (blender).

Verklarende woordenlijst

Adenosinetrifosfaat (adenosine-tri-'phospate', ATP): dit zijn de moleculen in het lichaam die alles draaiende houden. ATP-moleculen reageren met eiwitten door eraan te kleven. Hierdoor veranderen die eiwitten van structuur zodat ze een bepaalde functie kunnen verrichten. Een ATP-molecule kan bijvoorbeeld kleven aan een kanaaleiwit in de celwand, waardoor dat zich opent en bepaalde moleculen de cel kunnen binnenstromen.
Aderverkalking: een onjuiste benaming voor atherosclerose gezien het de slagaders zijn en niet de aders die dichtslibben of 'verkalken'. Zie atherosclerose.
Antioxidant: een stof die vrije radicalen neutraliseert omdat deze stof gemakkelijk met vrije radicalen reageert. Zie ook vrij radicaal.
Alzheimer: zie dementie.
Aminozuur: aminozuren zijn de bouwstenen van proteïnen (eiwitten). Een aminozuur is een kleine molecule opgebouwd uit een tiental altijd dezelfde atomen en verder enkele specifieke atomen die zo telkens het type aminozuur bepalen. In het lichaam komen een twintigtal soorten aminozuren voor, die zich aan elkaar hechten tot ketens die proteïnen vormen. Een proteïne bestaat uit tientallen tot duizenden aminozuren (zie ook eiwit).
Atherosclerose: wordt ook wel (slag)aderverkalking genoemd. Dit is het dichtslibben van de slagaders. Dit zijn onder meer de slagaders ter hoogte van het hart of de hersenen.

Wanneer plots een slagader volledig dichtslibt in het hart, dan sterft een gedeelte van het hart af door zuurstoftekort en spreken dokters van een hartaanval. Wanneer een slagader in de hersenen volledig dichtslibt, spreekt men van een beroerte.
Atoom: bouwsteen van alle materie. Een atoom bestaat uit een atoomkern en elektronen die rond de atoomkern draaien. In de atoomkern bevinden zich de protonen en neutronen. De hoeveelheid protonen in de kern bepaalt de naam van het atoom. Waterstof heeft één proton, ijzer 26 en uranium heeft er 92.
ATP: zie adenosinetrifosfaat.
Bacterie: een eencellig organisme dat geen celkern heeft.
Base of basemolecule: is een molecule zoals guanine (G), cytosine (C), adenine (A) of thymine (T). Een base bestaat telkens uit een groepje van een vijftiental koolstof, stikstof, waterstof en zuurstofatomen. Twee basen vormen telkens de sporten waaruit de DNA-ladder is opgebouwd.
Beroerte: een beroerte ontstaat omdat in de hersenen een bloedvat scheurt of volledig dichtslibt, waardoor een gedeelte van de hersenen geen bloed meer krijgt. Hierdoor sterven de hersencellen af.
Biljard: duizend biljoen (een 1 met 15 nullen).
Biljoen: duizend miljard (een 1 met 12 nullen).
Celkern: cellen bevatten in hun binnenste een celkern, waarin zich het DNA bevindt.
Celmembraan: de wand van een cel. De celmembraan bestaat uit vetachtige moleculen die het water en de eiwitten waaruit een cel bestaat omsluiten.
Celskelet: zie cytoskelet.
Celvocht: dit is de ruimte in een cel buiten de celkern. In onze cellen bestaat het celvocht uit water waarin eiwitten, mitochondriën en andere celonderdelen drijven.
Cortex: zie hersenschors
Cortisol: een hormoon afkomstig van de bijnier dat vrijkomt bij stress. Zie ook hormoon.

Crosslink: een verbinding tussen twee eiwitten. Deze verbinding kan opgebouwd zijn uit een suikermolecule. Crosslinks tussen de collageenvezels in de huid kunnen de huid meer 'star' en minder elastisch maken waardoor de huid rimpelig wordt.
Cytoplasma: zie celvocht.
Cytoskelet: lange in elkaar hakende buizen opgebouwd uit eiwitten. Kleine moleculen als ATP (zie adenosinetrifosfaat) binden zich aan het cytoskelet, waardoor het van structuur verandert en zo ook de hele cel. Hierdoor kunnen cellen zich voortbewegen, zich vasthechten aan andere cellen of bacteriën verorberen.
Dementie: het afsterven van hersencellen, meestal door proteïnen die in en rond de hersencellen samenklonteren en de cellen zo verstikken. Afhankelijk van het soort eiwitten en de hersengebieden die het meest getroffen worden, spreekt men van alzheimer, Lewy-body dementie of frontotemporale dementie. Eén vorm van dementie ontstaat door talloze miniberoertes in de hersenen (veroorzaakt door bijvoorbeeld een hoge bloeddruk of diabetes). Dit heet 'vasculaire dementie'. Zie ook beroerte.
Diabetes: een ziekte waarbij er te veel suiker blijft circuleren in de bloedbaan. Bij type-2-diabetes wordt dit veroorzaakt omdat de lever-, vet- en spiercellen niet voldoende meer reageren op insuline. Insuline is een stof die ervoor zorgt dat cellen suiker kunnen opnemen. Hierdoor blijft de suiker te lang circuleren in de bloedbaan en worden andere lichaamscellen door de suiker beschadigd, zoals de nier-, oog- of zenuwcellen.
DNA (desoxyribonucleïnezuur): een gigantische molecule die de vorm heeft van een wenteltrap. Het DNA bevat de instructies om eiwitten op te bouwen die nagenoeg alle taken in de cel verrichten. Het DNA bevat dus de 'lettercode' (opgebouwd uit de basen guanine (G), cytosine (C), adenine (A) of thymine (T) die codeert voor tienduizenden soorten eiwitten.
Dopamine: een neurotransmitter en tevens een kleine molecule die de communicatie verzorgt tussen zenuwcellen die in-

staan voor gevoelens als verslaving en beloning. Zie ook neurotransmitter.

Drugs: chemische stoffen die ervoor zorgen dat er meer neurotransmitters tussen zenuwcellen worden afgescheiden, waardoor die beter met elkaar communiceren. Als dit gebeurt tussen zenuwcellen die instaan voor prettige gevoelens dan zal iemand zich uiterst gelukkig voelen, en als dit gebeurt in hersengebieden die instaan voor het zien of reguleren van de ademhaling dan kunnen hallucinaties of bij overdosis een ademhalingsstilstand optreden.

Elektron: zeer klein negatief geladen deeltje. Elektronen vormen samen met de atoomkern een atoom. Elektronen zijn 'de lijm' waarmee atomen zich aan elkaar smeden om moleculen te vormen. Zie ook atoom.

Element: zie atoom.

Eiwit: een enorme molecule die bestaat uit tientallen tot duizenden aminozuren en zo uit honderden tot vele tienduizenden atomen. Eiwitten kunnen allerlei vormen en functies aannemen, en zo de meest uiteenlopende taken in ons lichaam vervullen. Ingeplant in celmembranen functioneren ze als kanalen, in spiercellen kunnen ze samentrekken om onze spieren in beweging te zetten en in onze bloedbaan vervoeren ze zuurstof of vallen ze bacteriën aan.

Endorfine: een stof die een rol speelt bij prettige gevoelens. Wanneer het lichaam endorfines aanmaakt, gaan mensen zich zeer goed voelen of worden ze geen pijn meer gewaar. Er zijn ook synthetische endorfines met een gelijkaardig effect, zoals heroïne of morfine.

Enzym: een proteïne die een chemische reactie versnelt, zoals het omzetten van bijvoorbeeld alcohol in een andere stof of het splitsen van vetten, koolhydraten en eiwitten in hun onderdelen.

Evolutie: het veranderen van de eigenschappen van organismen, zodat ze beter aangepast zijn aan hun omgeving. Dit veranderen kan gebeuren door willekeurige mutaties in DNA, die heel af en toe positieve gevolgen kunnen hebben zodat een organisme beter kan overleven en zich beter kan voortplanten. Het DNA dat kan muteren, bepaalt in elke cel welke eiwitten gemaakt worden. Eiwitten bepalen op hun beurt de functie, vorm en samenwerking tussen cellen die zo een heel organisme opbouwen.

Flavonoïden: dit zijn stoffen die vaak bloemen, groenten en fruit hun rode, blauwe of specifieke kleur geven. Flavonoïden zijn vaak bijzonder gezond voor het lichaam, meestal omdat ze licht toxisch zijn of omdat ze bepaalde eiwitten in de cel beïnvloeden, en niet zozeer omdat het 'antioxidanten' zijn.

Foton: een lichtdeeltje of een hoeveelheid licht.

Gen: een stukje van de DNA-streng dat codeert voor de aanmaak van een bepaald eiwit. Menselijk DNA telt ongeveer 24.000 genen.

Glucose: glucose bestaat uit een zeshoek van koolstof, zuurstof en waterstofatomen. Zie ook koolhydraat.

Glycemische index: een maat voor de 'suikerpiek' die een voedingsmiddel in het bloed veroorzaakt. Producten die opgebouwd zijn uit veel losse of verhitte suikers (zoals witbrood of pizzadeeg) worden snel afgebroken in de darm, waardoor de suikers waaruit deze producten opgebouwd zijn snel in het bloed terechtkomen en zo hoge suikerpieken veroorzaken.

Groeihormoon: zie IGF.

Hart- en bloedvatziekte: het langzaam dichtslibben van de bloedvaten. Wanneer een bloedvat plots volledig dichtslibt in het hart spreekt men van een hartaanval. Zie ook hartaanval of beroerte.

Hartaanval: het plots volledig dichtslibben van een bloedvat dat al redelijk vernauwd was door jarenlang traag dichtslibben. Dit dichtslibben gebeurt omdat cholesterol en ontstekingscellen zich ophopen in de bloedvatwand.

Hersencel: zie neuron.

Hersenschors (of hersencortex): is de buitenkant van de hersenen. De schors is een enkele millimeters dikke laag die het oppervlak van de grote hersenen vormt. De cortex bestaat uit langwerpige piramidecellen die in laagjes gerangschikt zijn en het is hier waar bewustzijn ontstaat. Wanneer chirurgen wat stroom door de cortex jagen, dan lijkt het alsof we ergens aangeraakt worden of komt plots een lang vervlogen herinnering boven.

Homeostase: is het proces dat ervoor zorgt dat elk van de honderdduizend miljard cellen waaruit het lichaam bestaat in een optimaal milieu baden. Homeostase omvat het constant houden van de lichaamstemperatuur, de bloeddruk, de hoeveelheid zuurstof en suiker in het bloed, enzovoort. Hierdoor staat het lichaam voortdurend in contact met de omgeving: mensen ademen, eten en drinken om al die lichaamsparameters constant te houden.

Homo neanderthalensis: zie neanderthaler

Homo sapiens: de menselijke soort. Ontstond ongeveer 180.000 jaar geleden.

Hormoon: een hormoon kan een stukje eiwit zijn, of een vetachtige molecule zoals cholesterol of testosteron. Hormonen worden in klieren gemaakt zoals de schildklier of de bijnieren en worden afgegeven in de bloedbaan. Ze reizen zo naar hun doelwitcellen in het lichaam waar ze binnendringen en de werking van de cellulaire machinerie beïnvloeden: er worden meer of minder eiwitten gemaakt, zodat de cel nieuwe functies krijgt of juist stilgelegd wordt.

IGF: insulin-like growth factor. IGF bestaat uit een korte keten van aminozuren. IGF stimuleert de cellen tot groei. Een teveel aan IGF verhoogt de kans op kanker en diabetes. Groeihormoon stelt IGF vrij.

Insuline: zie diabetes.

Immuunsysteem: bestaat uit verschillende miljarden witte bloedcellen die in de weefsels en bloedbaan circuleren en bacteriën en virussen in het lichaam verwijderen.

Ion: een geladen atoom omdat het een elektron minder heeft, of juist één elektron bijgekregen heeft. In al onze lichaamsvochten drijven ionen rond, die kunnen reageren met de geladen delen van eiwitten om zo hun werking te beïnvloeden. Als calciumionen een spiercel binnenstromen, dan gaan ze kleven aan lange in elkaar hakende eiwitten, waardoor ze korter worden. Als dit gebeurt in miljoenen spiercellen, dan kunnen spieren in hun geheel korter worden zodat u zo meteen de volgende bladzijde kan omslaan.

Kanker: zie mutatie.

Koolhydraat: suiker. Een koolhydraat kan bestaan uit één suikermolecule (zoals glucose), uit twee suikermoleculen (zoals kristalsuiker, dat opgebouwd is uit glucose en fructose), of uit vele duizenden suikermoleculen (zoals zetmeel, dat opgebouwd is uit duizenden glucosemoleculen). Zie ook glucose.

Maculaire degeneratie: het afsterven van de netvliescellen in het oog omdat zich in deze cellen versuikerde of geoxideerde (lees: beschadigde) proteïnen opstapelen. Zie ook proteïne en oxidatie.

Micrometer: een miljoenste van een meter (10^-6 meter) of een duizendste van een millimeter.

Miljard: duizend miljoen (een 1 met 9 nullen).

Mitochondrion: een cel bevat meestal enkele honderden mitochondriën. Mitochondriën zijn de energiecentrales van de cel. Ze nemen zuurstof, vetten en suikers op om energierijke moleculen te produceren, namelijk ATP. Deze ATP-moleculen kleven aan eiwitten, waardoor die van structuur veranderen en dus bepaalde functies kunnen verrichten. Zie ook adenosinetrifosfaat (ATP).

Molecule: wanneer twee of meer atomen met elkaar verbonden zijn, spreken we van een molecule. Een watermolecule bestaat uit twee waterstofatomen (H) en één zuurstofatoom (O), terwijl een DNA-molecule uit vele miljoenen atomen bestaat.

Mutatie: een verandering in het DNA van een cel. Het DNA codeert voor eiwitten, waardoor mutaties ook een verandering in eiwitten inhouden, zodat cellen of hele lichamen andere eigenschappen krijgen. Mutaties kunnen veroorzaakt worden door foutjes tijdens de vermenigvuldiging van cellen, door (zonne)straling of door chemische stoffen. Mutaties in een gewone lichaamscel maken het soms voor een cel mogelijk om zich ongebreideld te blijven delen: we spreken dan van kanker. Kankercellen blijven zich delen en overwoekeren uiteindelijk het hele lichaam. Zie ook eiwit.

Nano: een voorvoegsel dat gebruikt wordt om dingen aan te duiden die zich afspelen op de schaal van atomen of moleculen. Een nanomachine is enkele tot honderden nanometers groot. Eén nanometer bedraagt een miljoenste van een millimeter.

Neanderthaler: een tweede soort mensachtige die op aarde leefde van zo'n kwart miljoen jaar tot 30.000 jaar geleden en toen uitstierf. De neanderthaler kleedde zich, beschikte over taal, begroef zijn doden en vervaardigde complex jachtmateriaal.

Neuron: een hersencel of zenuwcel. Neuronen kunnen zenuwsignalen (impulsen) versturen langs hun celmembraan. Dit gebeurt onder de vorm van ionen die door zich openende eiwitkanalen de cel binnenvloeien, en zo naburige kanalen openzetten die nog meer ionen laten binnenstromen, enzovoort. Het zenuwsignaal verplaatst zich dan langs de celwand voort onder de vorm van zich opende eiwitkanalen.

Neurotransmitter: neurotransmitters zorgen voor de communicatie tussen zenuwcellen. Het zijn moleculen die tussen twee neuronen gesproeid worden, en zo het volgende neuron prikkelen. Voorbeelden van neurotransmitters zijn serotoni ne en dopamine.

Nutriënt: een gezonde voedingsstof, zoals een vitamine, mineraal of flavonoïde. Zie ook flavonoïden.

Onverzadigd vet: zie vet.

Oxidatie: het proces waarbij een atoom elektronen verliest. Dit kan gebeuren omdat een vrij radicaal een elektron 'steelt' van het atoom in kwestie. Hierdoor wordt het atoom beschadigd. Zie ook antioxidant en vrij radicaal.

Placebo: een nepmedicijn. Als in een onderzoek de werkzaamheid van een middel getest moet worden, dan krijgt de ene groep het te testen middel en de andere groep een placebo. Dat is nodig, omdat personen zich al beter gaan voelen als ze gewoon een pilletje krijgen zonder dat er een werkzame stof in zit (dit heeft het 'placebo-effect').

Proton: de kern van een atoom bestaat uit neutronen en protonen. Protonen zijn relatief zware en positief geladen deeltjes.

Proteïne: zie eiwit.

Serotonine: een neurotransmitter en tevens een kleine molecule die de communicatie verzorgt tussen miljarden zenuwcellen in de hersenen. Zie ook neurotransmitter.

Slagaderverkalking: zie atherosclerose.

Suiker: zie koolhydraat.

Suikerpiek: zie glycemische index.

Suikerziekte: zie diabetes.

Transvet: zie vet.

Uv-straling: een vorm van energie die echter niet door het oog gedetecteerd kan worden, in tegenstelling tot gewoon licht. De straling die de zon uitzendt bestaat uit gewoon licht en uv-licht. Uv-licht bevat veel energie en kan het DNA in onze huidcellen beschadigen.

Verzadigd vet: zie vet.

Vet: een molecule opgebouwd uit een 'kop' en verschillende 'staarten'. Deze staarten zijn lange ketens van koolstofatomen waaraan waterstofatomen gebonden zijn. De staarten worden vetzuren genoemd. Als het vetzuur één of meer dubbele bindingen telt tussen twee koolstofatomen (een dubbele binding wil zeggen: een sterkere binding) dan spreekt men van een onverzadigd vetzuur. Als het vetzuur geen dubbele bindingen telt, dan spreekt men van een verzadigd vetzuur (de koolstofketen is immers volledig 'verzadigd' met waterstofatomen). Verzadigde vetten klonteren gemakkelijk samen in het lichaam en zijn dus in sommige gevallen ongezonder. Transvetten zijn opgebouwd uit onverzadigde vetzuren waarvan de twee waterstofatomen zich aan de tegenovergestelde kant van de dubbele binding bevinden. Door deze 'vreemde' configuratie kunnen transvetten moeilijk afgebroken worden in het lichaam. Transvetten ontstaan in industrieel bereid voedsel zoals koeken, gebak of fastfood.

Vetzuur: zie vet.

Vrij radicaal: een vrij radicaal is een atoom of molecule die heel reactief is. Dat wil zeggen dat een vrij radicaal zeer snel een chemische reactie aangaat met stabiele moleculen in de omgeving, zoals eiwitten of DNA. Vrije radicalen reageren aldus met eiwitten, DNA of moleculen in de celwanden, waardoor deze beschadigd geraken. Vrije radicalen ontstaan als bijproduct van het celmetabolisme. Zie ook oxidatie en antioxidant.

Witte bloedcellen: cellen die onderdeel uitmaken van het immuunsysteem en die in het lichaam binnengedrongen bacterien en virussen bestrijden.

Zenuwcel: zie neuron.

Ziekte van Alzheimer: zie dementie.

Noten

1 Ayyadevara, S., Tazearslan, C., Bharill, P. *et al.* Caenorhabditis elegans PI3K mutants reveal novel genes underlying exceptional stress resistance and lifespan. *Aging Cell*, 2009, 8: 706-725.

2 Gems, D., Sutton, A.J., Sundermeyer, M.L. *et al.* Two pleiotropic classes of daf-2 mutation affect larval arrest, adult behavior, reproduction and longevity in Caenorhabditis elegans. *Genetics*, 1998, 150: 129-155.

3 Wyndaele, J.J. *Urinewegen* (p 230). 2008, Universiteit Antwerpen.

4 Seddon, J.M., Ajani, U.A., Sperduto, R.D. *et al.* Dietary carotenoids, vitamins A, C, and E, and advanced age-related macular degeneration. Eye Disease Case-Control Study Group. JAMA, 1994, 272: 1413-1420.

5 Seddon, J.M., George, S., en Rosner, B. Cigarette smoking, fish consumption, omega-3 fatty acid intake, and associations with age-related macular degeneration: the US Twin Study of Age-Related Macular Degeneration. *Arch. Ophthalmol.*, 2006, 124: 995-1001.

6 Bliznakov, E.G. *Biomedical and clinical aspects of co-enzym Q. 3* (p 311). 1981, Elsevier, Amsterdam.

7 de Grey, Aubrey en Rae, Michael. *Ending Aging*. p 173. 2007. St. Martin's Griffin.

8 Moyer, Melinda Werner. Carbs against cardio. 1-5-2010, *Scientific American*.

9 Austad, S.N. Methusaleh's Zoo: how nature provides us with clues for extending human health span. *J. Comp Pathol.*, 2010, 142 Suppl 1: S10-S21.

10 Gecommentarieerd Geneesmiddelen Repertorium. 2011. BCFI.

11 Cosgrove, M.C., Franco, O.H., Granger, S.P., Murray, P.G., and Mayes, A.E. Dietary nutrient intakes and skin-aging appearance among middle-aged American women. *Am. J. Clin. Nutr.*, 2007, 86: 1225-1231.

12 Hankinson, S.E., Willett, W.C., Colditz, G.A. *et al.* Circulating con-

centrations of insulin-like growth factor-I and risk of breast cancer. *Lancet*, 1998, 351: 1393-1396.
13 Stattin, P., Bylund, A., Rinaldi, S. *et al.* Plasma insulin-like growth factor-I, insulin-like growth factor-binding proteins, and prostate cancer risk: a prospective study. *J. Natl. Cancer Inst.*, 2000, 92: 1910-1917.
14 Chan, J.M., Stampfer, M.J., Ma, J. *et al.* Insulin-like growth factor-I (IGF-I) and IGF binding protein-3 as predictors of advanced-stage prostate cancer. *J. Natl. Cancer Inst.*, 2002, 94: 1099-1106.
15 Santisteban, G.A., Ely, J.T., Hamel, E.E., Read, D.H., and Kozawa, S.M. Glycemic modulation of tumor tolerance in a mouse model of breast cancer. *Biochem. Biophys. Res. Commun.*, 1985, 132: 1174-1179.
16 Guevara-Aguirre, J., Balasubramanian, P., Guevara-Aguirre, M. *et al.* Growth hormone receptor deficiency is associated with a major reduction in pro-aging signaling, cancer, and diabetes in humans. *Sci. Transl. Med.*, 2011, 3: 70ra13.
17 Green, J., Cairns, B.J., Casabonne, D. *et al.* Height and cancer incidence in the Million Women Study: prospective cohort, and meta-analysis of prospective studies of height and total cancer risk. *Lancet Oncol.*, 2011, 12: 785-794.
18 Pelicano, H., Martin, D.S., Xu, R.H., and Huang, P. Glycolysis inhibition for anticancer treatment. *Oncogene*, 2006, 25: 4633-4646.
19 Hotchkiss, R. and Karl, I.E. The pathophsyiology and treatment of sepsis. *New England Journal of Medicine*, 2003, 348: 138-150.
20 Intensive blood-glucose control with sulphonylureas or insulin compared with conventional treatment and risk of complications in patients with type-2-diabetes (UKPDS 33). UK Prospective Diabetes Study (UKPDS) *Group. Lancet*, 1998, 352: 837-853.
21 Grandison, R.C., Piper, M.D., and Partridge, L. Amino-acid imbalance explains extension of lifespan by dietary restriction in Drosophila. *Nature*, 2009, 462: 1061-1064.
22 Ross, M.H. and Bras, G. Dietary preference and diseases of age. *Nature*, 1974, 250: 263-265.
23 Walford, Roy. *Beyond the 120 year diet.* 2000, Thunder's Mouth Press, New York.
24 Walford, Roy. *Beyond the 120 year diet.* 2000, Thunder's Mouth Press, New York.
25 Cho, E., Chen, W.Y., Hunter, D.J. *et al.* Red meat intake and risk of breast cancer among premenopausal women. *Arch. Intern. Med.*, 2006, 166: 2253-2259.

26 Willett, W.C., Stampfer, M.J., Colditz, G.A., Rosner, B.A., and Speizer, F.E. Relation of meat, fat, and fiber intake to the risk of colon cancer in a prospective study among women. N. *Engl. J. Med.*, 1990, 323: 1664-1672.
27 Buettner, Dan. *Het geheim van langer leven.* 2009. National Geographic Books (i.s.m. Uitgeverij Carrera).
28 Fasano, Alessio. Surprises from celiac disease. 1-8-2009, *Scientific American.*
29 Harrison, D.E., Strong, R., Sharp, Z.D. *et al.* Rapamycin fed late in life extends lifespan in genetically heterogeneous mice. *Nature*, 2009, 460: 392-395.
30 Song, Y., Manson, J.E., Buring, J.E., and Liu, S. A prospective study of red meat consumption and type-2-diabetes in middle-aged and elderly women: the women's health study. *Diabetes Care*, 2004, 27: 2108-2115.
31 Kontogianni, M.D., Panagiotakos, D.B., Pitsavos, C., Chrysohoou, C., and Stefanadis, C. Relationship between meat intake and the development of acute coronary syndromes: the CARDIO2000 case-control study. *Eur. J. Clin. Nutr.*, 2008, 62: 171-177.
32 Siri-Tarino, P.W., Sun, Q., Hu, F.B., and Krauss, R.M. Meta-analysis of prospective cohort studies evaluating the association of saturated fat with cardiovascular disease. *Am. J. Clin. Nutr.*, 2010, 91: 535-546.
33 Iris, S., Sccwarzfuchs, D., Henkin, Y., *et al.* Weight Loss with a Low-Carbohydrate, Mediterranean, or Low-Fat Diet. 2008, 359: 229-241.
34 Beulens, J.W., de Bruijne, L.M., Stolk, R.P. *et al.* High dietary glycemic load and glycemic index increase risk of cardiovascular disease among middle-aged women: a population-based follow-up study. *J. Am. Coll. Cardiol.*, 2007, 50: 14-21.
35 Weingartner, O., Bohm, M., and Laufs, U. Controversial role of plant sterol esters in the management of hypercholesterolaemia. *Eur. Heart J.*, 2009, 30: 404-409.
36 Wang, C., Harris, W.S., Chung, M. *et al.* n-3 Fatty acids from fish or fish-oil supplements, but not alpha-linolenic acid, benefit cardiovascular disease outcomes in primary- and secondary-prevention studies: a systematic review. *Am. J. Clin. Nutr.*, 2006, 84: 5-17.
37 Lee, J.H., O'Keefe, J.H. en et al. Omega-3 Fatty Acids for Cardioprotection. 83 (3), 324-332. 2008, Mayo Clinic Proceedings.
38 Marchioli, R., Barzi, F., Bomba, E. *et al.* Early protection against sudden death by n-3 polyunsaturated fatty acids after myocardial infarc-

tion: time-course analysis of the results of the Gruppo Italiano per lo Studio della Sopravvivenza nell'Infarto Miocardico (GISSI)-Prevenzione. *Circulation*, 2002, 105: 1897-1903.

39 Kris-Etherton, P.M., Harris, W.S. and Appel, L.J. Fish consumption, fish oil, omega-3 fatty acids, and cardiovascular disease. *Circulation*, 2002, 106: 2747-2757.

40 De, B.G., Ambrosioni, E., Borch-Johnsen, K. *et al.* European guidelines on cardiovascular disease prevention in clinical practice. Third Joint Task Force of European and other Societies on Cardiovascular Disease Prevention in Clinical Practice (constituted by representatives of eight societies and by invited experts). *Atherosclerosis*, 2004, 173: 381-391.

41 Albert, C.M., Campos, H., Stampfer, M.J. *et al.* Blood levels of long-chain n-3 fatty acids and the risk of sudden death. *N. Engl. J. Med.*, 2002, 346: 1113-1118.

42 Sinzinger, H. and O'Grady, J. Professional athletes suffering from familial hypercholesterolaemia rarely tolerate statin treatment because of muscular problems. *Br. J. Clin. Pharmacol.*, 2004, 57: 525-528.

43 Gaist, D., Jeppesen, U., Andersen, M. *et al.* Statins and risk of polyneuropathy: a case-control study. *Neurology*, 2002, 58: 1333-1337.

44 Studer, M., Briel, M., Leimenstoll, B., Glass, T.R., and Bucher, H.C. Effect of different antilipidemic agents and diets on mortality: a systematic review. *Arch. Intern. Med.*, 2005, 165: 725-730.

45 Harris, W.S. Omega-3 fatty acids and cardiovascular disease: a case for omega-3 index as a new risk factor. *Pharmacol. Res.*, 2007, 55: 217-223.

46 Din, J.N., Harding, S.A., Valerio, C.J. *et al.* Dietary intervention with oil rich fish reduces platelet-monocyte aggregation in man. *Atherosclerosis*, 2008, 197: 290-296.

47 Reiffel, J.A. and McDonald, A. Antiarrhythmic effects of omega-3 fatty acids. *Am. J. Cardiol.*, 2006, 98: 50i-60i.

48 Calo, L., Bianconi, L., Colivicchi, F. *et al.* N-3 Fatty acids for the prevention of atrial fibrillation after coronary artery bypass surgery: a randomized, controlled trial. *J. Am. Coll. Cardiol.*, 2005, 45: 1723-1728.

49 Stoll, A.L., Severus, W.E., Freeman, M.P. *et al.* Omega-3 fatty acids in bipolar disorder: a preliminary double-blind, placebo-controlled trial. *Arch. Gen. Psychiatry*, 1999, 56: 407-412.

50 Nemets, B., Stahl, Z., and Belmaker, R.H. Addition of omega-3 fatty acid to maintenance medication treatment for recurrent unipolar depressive disorder. *Am. J. Psychiatry*, 2002, 159: 477-479.

51 Lesperance, F., Frasure-Smith, N., St-Andre, E. *et al.* The efficacy of omega-3 supplementation for major depression: a randomized controlled trial. *J. Clin. Psychiatry*, 2011, 72: 1054-1062.
52 Amminger, G.P., Schafer, M.R., Papageorgiou, K. *et al.* Long-chain omega-3 fatty acids for indicated prevention of psychotic disorders: a randomized, placebo-controlled trial. *Arch. Gen. Psychiatry*, 2010, 67: 146-154.
53 Al, M.D., van Houwelingen, A.C., and Hornstra, G. Long-chain polyunsaturated fatty acids, pregnancy, and pregnancy outcome. *Am. J. Clin. Nutr.*, 2000, 71: 285S-291S.
54 Hibbeln, J.R., Davis, J.M., Steer, C. *et al.* Maternal seafood consumption in pregnancy and neurodevelopmental outcomes in childhood (ALSPAC study): an observational cohort study. *Lancet*, 2007, 369: 578-585.
55 Schaefer, E.J., Bongard, V., Beiser, A.S. *et al.* Plasma phosphatidylcholine docosahexaenoic acid content and risk of dementia and Alzheimer disease: the Framingham Heart Study. *Arch. Neurol.*, 2006, 63: 1545-1550.
56 Schatzberg, A. et al. *Manual of clinical psychopharmacology* (358). 2011, American Psychiatric Publishing.
57 Horrobin, D.F. Lipid metabolism, human evolution and schizophrenia. Prostaglandins Leukot. *Essent. Fatty Acids*, 1999, 60: 431-437.
58 Marean, Curtis W. When the Sea Saved Humanity. *Scientific American*, 2010.
59 Volker, D., Fitzgerald, P., Major, G. and Garg, M. Efficacy of fish oil concentrate in the treatment of rheumatoid arthritis. *J. Rheumatol.*, 2000, 27: 2343-2346.
60 Lau, C.S., Morley, K.D. and Belch, J.J. Effects of fish oil supplementation on non-steroidal anti-inflammatory drug requirement in patients with mild rheumatoid arthritis – a double-blind placebo controlled study. *Br. J. Rheumatol.*, 1993, 32: 982-989.
61 Broughton, K.S., Johnson, C.S., Pace, B.K., Liebman, M. and Kleppinger, K.M. Reduced asthma symptoms with n-3 fatty acid ingestion are related to 5-series leukotriene production. *Am. J. Clin. Nutr.*, 1997, 65: 1011-1017.
62 Belluzzi, A., Brignola, C., Campieri, M. *et al.* Effect of an enteric-coated fish-oil preparation on relapses in Crohn's disease. *N. Engl. J. Med.*, 1996, 334: 1557-1560.
63 USDA Agricultural Research Service. Nutrient Data Laboratory. www.ars.usda.gov/nutrientdata. 2011.
64 Spiteller, G. Furan fatty acids: occurrence, synthesis, and reactions.

Are furan fatty acids responsible for the cardioprotective effects of a fish diet? *Lipids*, 2005, 40: 755-771.

65 Foran, J.A., Hites, R.A., Carpenter, D.O. *et al.* A survey of metals in tissues of farmed Atlantic and wild Pacific salmon. *Environ. Toxicol. Chem.*, 2004, 23: 2108-2110.

66 Foran, S.E., Flood, J.G. and Lewandrowski, K.B. Measurement of mercury levels in concentrated over-the-counter fish oil preparations: is fish oil healthier than fish? *Arch. Pathol. Lab Med.*, 2003, 127: 1603-1605.

67 Thring, T.S., Hili, P. and Naughton, D.P. Anti-collagenase, anti-elastase and anti-oxidant activities of extracts from 21 plants. BMC. *Complement Altern. Med.*, 2009, 9: 27.

68 Bjelakovic, G., Nikolova, D., Gluud, L.L., Simonetti, R.G. and Gluud, C. Mortality in randomized trials of antioxidant supplements for primary and secondary prevention: systematic review and meta-analysis. JAMA, 2007, 297: 842-857.

69 Khafif, A., Schantz, S.P., al-Rawi, M., Edelstein, D. and Sacks, P.G. Green tea regulates cell cycle progression in oral leukoplakia. *Head Neck*, 1998, 20: 528-534.

70 Hastak, K., Agarwal, M.K., Mukhtar, H. and Agarwal, M.L. Ablation of either p21 or Bax prevents p53-dependent apoptosis induced by green tea polyphenol epigallocatechin-3-gallate. FASEB J., 2005, 19: 789-791.

71 Fujiki, H., Suganuma, M., Kurusu, M. *et al.* New TNF-alpha releasing inhibitors as cancer preventive agents from traditional herbal medicine and combination cancer prevention study with EGCG and sulindac or tamoxifen. *Mutat. Res.*, 2003, 523-524: 119-125.

72 De, F.S. Mechanisms of inhibitors of mutagenesis and carcinogenesis. *Mutat. Res.*, 1998, 402: 151-158.

73 Imai, K., Suga, K., and Nakachi, K. Cancer-preventive effects of drin king green tea among a Japanese population. *Prev. Med.*, 1997, 26: 769-775.

74 Yang, G., Shu, X.O., Li, H. *et al.* Prospective cohort study of green tea consumption and colorectal cancer risk in women. Cancer Epidemiol. *Biomarkers Prev.*, 2007, 16: 1219-1223.

75 Kurahashi, N., Sasazuki, S., Iwasaki, M., Inoue, M. and Tsugane, S. Green tea consumption and prostate cancer risk in Japanese men: a prospective study. *Am. J. Epidemiol.*, 2008, 167: 71-77.

76 Meltzer, S.M., Monk, B.J. and Tewari, K.S. Green tea catechins for treatment of external genital warts. *Am. J. Obstet. Gynecol.*, 2009, 200: 233-237.

77 Kao, Y.H., Chang, H.H., Lee, M.J. and Chen, C.L. Tea, obesity, and diabetes. *Mol. Nutr. Food Res.*, 2006, 50: 188-210.
78 Venables, M.C., Hulston, C.J., Cox, H.R. and Jeukendrup, A.E. Green tea extract ingestion, fat oxidation, and glucose tolerance in healthy humans. *Am. J. Clin. Nutr.*, 2008, 87: 778-784.
79 Arab, L., Liu, W., and Elashoff, D. Green and black tea consumption and risk of stroke: a meta-analysis. *Stroke*, 2009, 40: 1786-1792.
80 Funk, J.L., Frye, J.B., Oyarzo, J.N. and Timmermann, B.N. Comparative effects of two gingerol-containing Zingiber officinale extracts on experimental reumatoid artritis. *J. Nat. Prod.*, 2009, 72: 403-407.
81 Zick, S.M., Turgeon, D.K., Vareed, S.K. *et al.* Phase II Study of the Effects of Ginger Root Extract on Eicosanoids in Colon Mucosa in People at Normal Risk for Colorectal Cancer. *Cancer Prev. Res. (Phila)*, 2011, 4: 1929-1937.
82 Lee, H.S., Seo, E.Y., Kang, N.E. and Kim, W.K. [6]-Gingerol inhibits metastasis of MDA-MB-231 human breast cancer cells. *J. Nutr. Biochem.*, 2008, 19: 313-319.
83 Willett, Walter C. and Skerrett, P.J. *Eat, drink and be healthy: The Harvard Medical School Guide to Healthy Eating*. 2005, Free Press.
84 Ohnishi, M. and Razzaque, M.S. Dietary and genetic evidence for phosphate toxicity accelerating mammalian aging. FASEB J., 2010, 24: 3562-3571.
85 Popkin, B.M. The world is fat. *Sci. Am.*, 2007, 297: 88-95.
86 Global Market Information Database, Euromonitor. 2011.
87 Nakamura, K., Iwahashi, K., Furukawa, A. *et al.* Acetaldehyde adducts in the brain of alcoholics. *Arch. Toxicol.*, 2003, 77: 591-593.
88 Pearson, K.J., Baur, J.A., Lewis, K.N. *et al.* Resveratrol delays age-related deterioration and mimics transcriptional aspects of dietary restriction without extending life span. *Cell Metab*, 2008, 8: 157-168.
89 Baur, J.A., Pearson, K.J., Price, N.L. *et al.* Resveratrol improves health and survival of mice on a high-calorie diet. *Nature*, 2006, 444: 337-342.
90 Eskelinen, M.H., Ngandu, T., Tuomilehto, J., Soininen, H. and Kivipelto, M. Midlife coffee and tea drinking and the risk of late-life dementia: a population-based CAIDE study. *J. Alzheimers. Dis.*, 2009, 16: 85-91.
91 Ross, G.W., Abbott, R.D., Petrovitch, H. *et al.* Association of coffee and caffeine intake with the risk of Parkinson disease. JAMA, 2000, 283: 2674-2679.
92 Salazar-Martinez, E., Willett, W.C., Ascherio, A. *et al.* Coffee con-

sumption and risk for type-2-diabetes mellitus. *Ann. Intern. Med.*, 2004, 140: 1-8.
93 Butt, M.S. and Sultan, M.T. Coffee and its consumption: benefits and risks. *Crit Rev. Food Sci. Nutr.*, 2011, 51: 363-373.
94 Verhoef, P., Pasman, W.J., Van, V.T., Urgert, R. and Katan, M.B. Contribution of caffeine to the homocysteine-raising effect of coffee: a randomized controlled trial in humans. *Am. J. Clin. Nutr.*, 2002, 76: 1244-1248.
95 Park, M., Ross, G.W., Petrovitch, H. *et al.* Consumption of milk and calcium in midlife and the future risk of Parkinson disease. *Neurology*, 2005, 64: 1047-1051.
96 Fairfield, K. Annual Meeting of the Society for General Internal Medicine: Diary products linked to ovarian cancer risk. *Family Practice News*, 2000.
97 Chan, J.M., Stampfer, M.J., Ma, J. *et al.* Dairy products, calcium, and prostate cancer risk in the Physicians' Health Study. *Am. J. Clin. Nutr.*, 2001, 74: 549-554.
98 Maggi, S., Kelsey, J.L., Litvak, J. and Heyse, S.P. Incidence of hip fractures in the elderly: a cross-national analysis. *Osteoporos. Int.*, 1991, 1: 232-241.
99 Hegsted, D.M. Calcium and osteoporosis. *J. Nutr.*, 1986, 116: 2316-2319.
100 Feskanich, D., Willett, W.C., Stampfer, M.J. and Colditz, G.A. Milk, dietary calcium, and bone fractures in women: a 12-year prospective study. *Am. J. Public Health*, 1997, 87: 992-997.
101 Tucker, K.L., Hannan, M.T., Chen, H. *et al.* Potassium, magnesium, and fruit and vegetable intakes are associated with greater bone mineral density in elderly men and women. *Am. J. Clin. Nutr.*, 1999, 69: 727-736.
102 Rosalie Marion Bliss. Oats: cooling inflammation and unhealthy cell proliferation. *Agricultural Research*, 2010.
103 Cosgrove, M.C., Franco, O.H., Granger, S.P., Murray, P.G. and Mayes, A.E. Dietary nutriënt intakes and skin-aging appearance among middle-aged American women. *Am. J. Clin. Nutr.*, 2007, 86: 1225-1231.
104 Miller, R.A., Buehner, G., Chang, Y. *et al.* Methionine-deficiënt diet extends mouse lifespan, slows immune and lens aging, alters glucose, T4, IGF-1 and insulin levels, and increases hepatocyte MIF levels and stress resistance. *Aging Cell*, 2005, 4: 119-125.
105 Qin, L.Q., Xu, J.Y., Wang, P.Y. and Hoshi, K. Soyfood intake in the prevention of breast cancer risk in women: a meta-analysis of obser-

vational epidemiological studies. *J. Nutr. Sci. Vitaminol.* (Tokyo), 2006, 52: 428-436.
106 Trock, B.J., Hilakivi-Clarke, L. and Clarke, R. Meta-analysis of soy intake and breast cancer risk. *J. Natl. Cancer Inst.*, 2006, 98: 459-471.
107 Messina, M., Watanabe, S. and Setchell, K.D. Report on the 8th International Symposium on the Role of Soy in Health Promotion and Chronic Disease Prevention and Treatment. *J. Nutr.*, 2009, 139: 796S-802S.
108 White, L.R., Petrovitch, H., Ross, G.W. *et al.* Brain aging and midlife tofu consumption. *J. Am. Coll. Nutr.*, 2000, 19: 242-255.
109 Hogervorst, E., Sadjimim, T., Yesufu, A., Kreager, P. en Rahardjo, T. B. High tofu intake is associated with worse memory in elderly Indonesian men and women. Dement. *Geriatr. Cogn Disord.*, 2008, 26: 50-57.
110 Torisu, M., Hayashi, Y., Ishimitsu, T. *et al.* Significant prolongation of disease-free period gained by oral polysaccharide K (PSK) administration after curative surgical operation of colorectal cancer. *Cancer Immunol. Immunother.*, 1990, 31: 261-268.
111 Nakazato, H., Koike, A., Saji, S., Ogawa, N., and Sakamoto, J. Efficacy of immunochemotherapy as adjuvant treatment after curative resection of gastric cancer. Study Group of Immunochemotherapy with PSK for Gastric Cancer. *Lancet*, 1994, 343: 1122-1126.
112 Hara, M., Hanaoka, T., Kobayashi, M. *et al.* Cruciferous vegetables, mushrooms, and gastrointestinal cancer risks in a multicenter, hospital-based case-control study in Japan. *Nutr. Cancer*, 2003, 46: 138-147.
113 Zhang, M., Huang, J., Xie, X., and Holman, C. D. Dietary intakes of mushrooms and green tea combine to reduce the risk of breast cancer in Chinese women. *Int. J. Cancer*, 2009, 124: 1404-1408.
114 Béliveau, R. and D. Gingras. *Eten tegen kanker*. 2011, Kosmos Uitgevers.
115 Goodman, M.T., Kiviat, N., McDuffie, K. *et al.* The association of plasma micronutriënts with the risk of cervical dysplasia in Hawaii. *Cancer Epidemiol. Biomarkers Prev.*, 1998, 7: 537-544.
116 Cohen, J.H., Kristal, A.R. and Stanford, J.L. Fruit and vegetable intakes and prostate cancer risk. *J. Natl. Cancer Inst.*, 2000, 92: 61-68.
117 Ambrosone, C.B., McCann, S.E., Freudenheim, J.L. *et al.* Breast cancer risk in premenopausal women is inversely associated with consumption of broccoli, a source of isothiocyanates, but is not modified by GST genotype. *J. Nutr.*, 2004, 134: 1134-1138.

118 Ahmed, F. Health: Edible advice. *Nature*, 2010, 468: S10-S12.
119 Bruni, Frank. The Billionaire Who Is Planning His 125th Birthday, *The New York Times*, 3-3-2011.
120 Agudo, A., Cabrera, L., Amiano, P. *et al.* Fruit and vegetable intakes, dietary antioxidant nutriënts, and total mortality in Spanish adults: findings from the Spanish cohort of the European Prospective Investigation into Cancer and Nutrition (EPIC-Spain). *Am. J. Clin. Nutr.*, 2007, 85: 1634-1642.
121 Bae, J.Y., Choi, J.S., Kang, S.W. *et al.* Dietary compound ellagic acid alleviates skin wrinkle and inflammation induced by UV-B irradiation. *Exp. Dermatol.*, 2010, 19: e182-e190.
122 Evrengul, H., Dursunoglu, D., Kaftan, A. *et al.* Bilateral diagonal ear-lobe crease and coronary artery disease: a significant association. *Dermatology*, 2004, 209: 271-275.
123 Aviram, M., Rosenblat, M., Gaitini, D. *et al.* Pomegranate juice consumption for 3 years by patients with carotid artery stenosis reduces common carotid intima-media thickness, blood pressure and LDL oxidation. *Clin. Nutr.*, 2004, 23: 423-433.
124 Petersen, R.C., Thomas, R.G., Grundman, M. *et al.* Vitamin E and donepezil for the treatment of mild cognitive impairment. *N. Engl. J. Med.*, 2005, 352: 2379-2388.
125 O'Byrne, D.J., Devaraj, S., Grundy, S.M., and Jialal, I. Comparison of the antioxidant effects of Concord grape juice flavonoids alpha-tocopherol on markers of oxidative stress in healthy adults. *Am. J. Clin. Nutr.*, 2002, 76: 1367-1374.
126 Duffy, K.B., Spangler, E.L., Devan, B.D. *et al.* A blueberry-enriched diet provides cellular protection against oxidative stress and reduces a kainate-induced learning impairment in rats. *Neurobiol. Aging*, 2008, 29: 1680-1689.
127 Shukitt-Hale, B., Carey, A.N., Jenkins, D., Rabin, B.M., and Joseph, J.A. Beneficial effects of fruit extracts on neuronal function and behavior in a rodent model of accelerated aging. *Neurobiol. Aging*, 2007, 28: 1187-1194.
128 Ferguson, P.J., Kurowska, E., Freeman, D.J., Chambers, A.F., and Koropatnick, D.J. A flavonoid fraction from cranberry extract inhibits proliferation of human tumor cell lines. *J. Nutr.*, 2004, 134: 1529-1535.
129 Van de Velde *et al. Oncologie*. 2005, Bohn Stafleu van Loghum.
130 Knekt, P., Kumpulainen, J., Jarvinen, R. *et al.* Flavonoid intake and risk of chronic diseases. *Am. J. Clin. Nutr.*, 2002, 76: 560-568.
131 Weill, P., Schmitt, B., Chesneau, G. *et al.* Effects of introducing lin-

seed in livestock diet on blood fatty acid composition of consumers of animal products. *Ann. Nutr. Metab*, 2002, 46: 182-191.
132 Simopoulos, A.P. and Salem, N., Jr. n-3 fatty acids in eggs from range-fed Greek chickens. *N. Engl. J. Med.*, 1989, 321: 1412.
133 Our big pig problem. *Scientific American*, 1-4-2011.
134 Qureshi, A.I., Suri, F.K., Ahmed, S. *et al.* Regular egg consumption does not increase the risk of stroke and cardiovascular diseases. *Med. Sci. Monit.*, 2007, 13: CR1-CR8.
135 Gast, G.C., de Roos, N.M., Sluijs, I. *et al.* A high menaquinone intake reduces the incidence of coronary heart disease. *Nutr. Metab Cardiovasc. Dis.*, 2009, 19: 504-510.
136 Belin, R.J., Greenland, P., Martin, L. *et al.* Fish intake and the risk of incident heart failure: the Women's Health Initiative. *Circ. Heart Fail.*, 2011, 4: 404-413.
137 Grassi, D., Necozione, S., Lippi, C. *et al.* Cocoa reduces blood pressure and insulin resistance and improves endothelium-dependent vasodilation in hypertensives. *Hypertension*, 2005, 46: 398-405.
138 Holt, R.R., Schramm, D.D., Keen, C.L., Lazarus, S.A., and Schmitz, H.H. Chocolate consumption and platelet function. JAMA, 2002, 287: 2212-2213.
139 Bayard, V., Chamorro, F., Motta, J. en Hollenberg, N.K. Does flavanol intake influence mortality from nitric oxide-dependent processes? Ischemic heart disease, stroke, diabetes mellitus, and cancer in Panama. *Int. J. Med. Sci.*, 2007, 4: 53-58.
140 Buitrago-Lopez, A., Sanderson, J., Johnson, L. *et al.* Chocolate consumption and cardiometabolic disorders: systematic review and meta-analysis. BMJ, 2011, 343: d4488.
141 Arumugam, M., Raes, J., Pelletier, E. *et al.* Enterotypes of the human gut microbiome. *Nature*, 2011, 473: 174-180.
142 Guarner, F. and Malagelada, J.R. Gut flora in health and disease. *Lancet*, 2003, 361: 512-519.
143 DeWeerdt, S. Food: The omnivore's labyrinth. *Nature*, 2011, 471: S22-S24.
144 Wierdsma, N.J., van Bodegraven, A.A., Uitdehaag, B.M. *et al.* Fructo-oligosaccharides and fibre in enteral nutrition has a beneficial influence on microbiota and gastrointestinal quality of life. *Scand. J. Gastroenterol.*, 2009, 44: 804-812.
145 Bouhnik, Y., Achour, L., Paineau, D. *et al.* Four-week short chain fructo-oligosaccharides ingestion leads to increasing fecal bifidobacteria and cholesterol excretion in healthy elderly volunteers. *Nutr. J.*, 2007, 6: 42.

146 Abha Chauhanemail et al. Walnut-rich diet improves memory deficits and learning skills in transgenic mouse model of Alzheimer's disease. *Alzheimer's & Dementia: The Journal of the Alzheimer's Association* 6 (4), 69. 1-7-2010.
147 Hu, F.B. and Stampfer, M.J. Nut consumption and risk of coronary heart disease: a review of epidemiologic evidence. Curr. *Atheroscler. Rep.*, 1999, 1: 204-209.
148 Wagner, K.H., Kamal-Eldin, A. en Elmadfa, I. Gamma-tocopherol – an underestimated vitamin? *Ann. Nutr. Metab.*, 2004, 48: 169-188.
149 Berry, E.M., Eisenberg, S., Haratz, D. *et al.* Effects of diets rich in monounsaturated fatty acids on plasma lipoproteins – the Jerusalem Nutrition Study: high MUFAS vs high PUFAS. *Am. J. Clin. Nutr.*, 1991, 53: 899-907.
150 Ros, E., Nunez, I., Perez-Heras, A. *et al.* A walnut diet improves endothelial function in hypercholesterolemic subjects: a randomized crossover trial. *Circulation*, 2004, 109: 1609-1614.
151 Dubnov, G. en Berry, E.M. Omega-6/omega-3 fatty acid ratio: the Israeli paradox. *World Rev. Nutr. Diet.*, 2003, 92: 81-91.
152 Degirolamo, C. and Rudel, L.L. Dietary monounsaturated fatty acids appear not to provide cardioprotection. *Curr. Atheroscler. Rep.*, 2010, 12: 391-396.
153 Purba, M.B., Kouris-Blazos, A., Wattanapenpaiboon, N. *et al.* Skin wrinkling: can food make a difference? J. *Am. Coll. Nutr.*, 2001, 20: 71-80.
154 Pitt, J., Roth, W., Lacor, P. *et al.* Alzheimer's-associated Abeta oligomers show altered structure, immunoreactivity and synaptotoxicity with low doses of oleocanthal. *Toxicol. Appl. Pharmacol.*, 2009, 240: 189-197.
155 Beauchamp, G.K., Keast, R.S., Morel, D. *et al.* Phytochemistry: ibuprofen-like activity in extra-virgin olive oil. *Nature*, 2005, 437: 45-46.
156 Soffritti, M., Belpoggi, F., Manservigi, M. *et al.* Aspartame administered in feed, beginning prenatally through life span, induces cancers of the liver and lung in male Swiss mice. *Am. J. Ind. Med.*, 2010, 53: 1197-1206.
157 Wurtman, R.J. Neurochemical changes following high-dose aspartame with dietary carbohydrates. *N. Engl. J. Med.*, 1983, 309: 429-430.
158 Jacob, S.E. and Stechschulte, S. Formaldehyde, aspartame, and migraines: a possible connection. *Dermatitis*, 2008, 19: E10-E11.
159 Johns, D.R. Migraine provoked by aspartame. *N. Engl. J. Med.*, 1986, 315: 456.

160 Gregersen, S., Jeppesen, P.B., Holst, J.J. en Hermansen, K. Antihyperglycemic effects of stevioside in type 2 diabetic subjects. *Metabolism*, 2004, 53: 73-76.
161 Stolarz-Skrzypek, K., Kuznetsova, T., Thijs, L. *et al.* Fatal and nonfatal outcomes, incidence of hypertension, and blood pressure changes in relation to urinary sodium excretion. JAMA, 2011, 305: 1777-1785.
162 Taylor, R.S., Ashton, K.E., Moxham, T., Hooper, L, en Ebrahim, S. Reduced dietary salt for the prevention of cardiovascular disease: a meta-analysis of randomized controlled trials (Cochrane review). *Am. J. Hypertens.*, 2011, 24: 843-853.
163 Strazzullo, P., D'Elia, L., Kandala, N.B. en Cappuccio, F.P. Salt intake, stroke, and cardiovascular disease: meta-analysis of prospective studies. BMJ, 2009, 339: b4567.
164 D'Elia, L., Barba, G., Cappuccio, F.P. en Strazzullo, P. Potassium intake, stroke, and cardiovascular disease a meta-analysis of prospective studies. *J. Am. Coll. Cardiol.*, 2011, 57: 1210-1219.
165 Lamy, S., Bedard, V., Labbe, D. *et al.* The dietary flavones apigenin and luteolin impair smooth muscle cell migration and VEGF expression through inhibition of PDGFR-beta phosphorylation. *Cancer Prev. Res.* (Phila), 2008, 1: 452-459.
166 Ruef, J., Meshel, A.S., Hu, Z. *et al.* Flavopiridol inhibits smooth muscle cell proliferation in vitro and neointimal formation In vivo after carotid injury in the rat. *Circulation*, 1999, 100: 659-665.
167 Sekine, C., Sugihara, T., Miyake, S. *et al.* Successful treatment of animal models of reumatoid artritis with small-molecule cyclin-dependent kinase inhibitors. *J. Immunol.*, 2008, 180: 1954-1961.
168 Liu, J.Y., Lin, S.J. en Lin, J.K. Inhibitory effects of curcumin on protein kinase C activity induced by 12-O-tetradecanoyl-phorbol-13-acetate in NIH 3T3 cells. *Carcinogenesis*, 1993, 14: 857-861.
169 Korutla, L. en Kumar, R. Inhibitory effect of curcumin on epidermal growth factor receptor kinase activity in A431 cells. *Biochim. Biophys. Acta*, 1994, 1224: 597-600.
170 Hanif, R., Qiao, L., Shiff, S.J. and Rigas, B. Curcumin, a natural plant phenolic food additive, inhibits cell proliferation and induces cell cycle changes in colon adenocarcinoma cell lines by a prostaglandin-independent pathway. *J. Lab Clin. Med.*, 1997, 130: 576-584.
171 Plummer, S.M., Holloway, K.A., Manson, M.M. *et al.* Inhibition of cyclo-oxygenase 2 expression in colon cells by the chemopreventive agent curcumin involves inhibition of NF-kappaB activation via the NIK/IKK signalling complex. *Oncogene*, 1999, 18: 6013-6020.

172 Lim, G.P., Chu, T., Yang, F. *et al.* The curry spice curcumin reduces oxidative damage and amyloid pathology in an Alzheimer transgenic mouse. *J. Neurosci.*, 2001, 21: 8370-8377.
173 Frautschy, S.A., Hu, W., Kim, P. *et al.* Phenolic anti-inflammatory antioxidant reversal of Abeta-induced cognitive deficits and neuropathology. *Neurobiol. Aging*, 2001, 22: 993-1005.
174 Bala, K., Tripathy, B.C. and Sharma, D. Neuroprotective and antiageing effects of curcumin in aged rat brain regions. *Biogerontology.*, 2006, 7: 81-89.
175 Shoba, G., Joy, D., Joseph, T. *et al.* Influence of piperine on the pharmacokinetics of curcumin in animals and human volunteers. *Planta Med.*, 1998, 64: 353-356.
176 Jang, S., Dilger, R.N. en Johnson, R.W. Luteolin inhibits microglia and alters hippocampal-dependent spatial working memory in aged mice. *J. Nutr.*, 2010, 140: 1892-1898.
177 Frydman-Marom, A., Levin, A., Farfara, D. *et al.* Orally administrated cinnamon extract reduces beta-amyloid oligomerization and corrects cognitive impairment in Alzheimer's disease animal models. *PLoS Biology*, 2011, 6: e16564.
178 Khan, A., Safdar, M., Ali Khan, M.M., Khattak, K.N., and Anderson, R.A. Cinnamon improves glucose and lipids of people with type-2-diabetes. *Diabetes Care*, 2003, 26: 3215-3218.
179 Dorant, E., van den Brandt, P.A., Goldbohm, R.A., and Sturmans, F. Consumption of onions and a reduced risk of stomach carcinoma. *Gastroenterology*, 1996, 110: 12-20.
180 Challier, B., Perarnau, J.M. and Viel, J.F. Garlic, onion and cereal fibre as protective factors for breast cancer: a French case-control study. *Eur. J. Epidemiol.*, 1998, 14: 737-747.
181 Rahman, K. en Lowe, G.M. Garlic and cardiovascular disease: a critical review. *J. Nutr.*, 2006, 136: 736S-740S.
182 Ford, L., Graham, V., Wall, A. and Berg, J. Vitamin D concentrations in an UK inner-city multicultural outpatient population. *Ann. Clin. Biochem.*, 2006, 43: 468-473.
183 Garland, C.F., Comstock, G.W., Garland, F.C. *et al.* Serum 25-hydroxyvitamin D and colon cancer: eight-year prospective study. *Lancet*, 1989, 2: 1176-1178.
184 Malabanan, A., Veronikis, I.E. en Holick, M.F. Redefining vitamin D insufficiency. *Lancet*, 1998, 351: 805-806.
185 Davis, D.R., Epp, M.D. en Riordan, H.D. Changes in USDA food composition data for 43 garden crops, 1950 to 1999. *J. Am. Coll. Nutr.*, 2004, 23: 669-682.

186 Anne-Marie Mayer. Historical changes in the mineral content of fruits and vegetables. *British Food Journal* 99 (6), 207-211. 1997.
187 Omenn, G.S. Chemoprevention of lung cancer: the rise and demise of beta-carotene. *Annu. Rev. Public Health*, 1998, 19: 73-99.
188 Podmore, I.D., Griffiths, H.R., Herbert, K.E. *et al.* Vitamin C exhibits pro-oxidant properties. *Nature*, 1998, 392: 559.
189 Leone, N., Courbon, D., Ducimetiere, P. en Zureik, M. Zinc, copper, and magnesium and risks for all-cause, cancer, and cardiovascular mortality. *Epidemiology*, 2006, 17: 308-314.
190 Rimm, E.B., Willett, W.C., Hu, F.B. *et al.* Folate and vitamin B6 from diet and supplements in relation to risk of coronary heart disease among women. JAMA, 1998, 279: 359-364.
191 Vogiatzoglou, A., Refsum, H., Johnston, C. *et al.* Vitamin B12 status and rate of brain volume loss in community-dwelling elderly. *Neurology*, 2008, 71: 826-832.
192 Armitage, J.M., Bowman, L., Clarke, R.J. *et al.* Effects of homocysteine-lowering with folic acid plus vitamin B12 vs placebo on mortality and major morbidity in myocardial infarction survivors: a randomized trial. JAMA, 2010, 303: 2486-2494.
193 Schnyder, G., Roffi, M., Flammer, Y., Pin, R., and Hess, O. M. Effect of homocysteine-lowering therapy with folic acid, vitamin B12, and vitamin B6 on clinical outcome after percutaneous coronary intervention: the Swiss Heart study: a randomized controlled trial. JAMA, 2002, 288: 973-979.
194 Verheesen, R.H. and C.M. Schweitze. Het jodiumtekort is terug. *Medisch Contact*, 24-10-2008.
195 Maria Andersson *et al.* Iodine deficiency in Europe: a continuing public health problem. World Health Organization, 2007.
196 Baum *et al.*High risk of HIV-related mortality is associated with selenium deficiency. *J Acquir Immune Defic Syndr Hum Retrovirol.* 1997 Aug 15; 15 (5): 370-4.
197 Knekt, P., Heliovaara, M., Aho, K. *et al.* Serum selenium, serum alpha-tocopherol, and the risk of reumatoid artritis. *Epidemiology*, 2000, 11: 402-405.
198 Yoshizawa, K., Willett, W.C., Morris, S.J. *et al.* Study of prediagnostic selenium level in toenails and the risk of advanced prostate cancer. *J. Natl. Cancer Inst.*, 1998, 90: 1219-1224.
199 Clark, L.C., Combs jr., G.F., Turnbull, B.W. *et al.* Effects of selenium supplementation for cancer prevention in patients with carcinoma of the skin. A randomized controlled trial. Nutritional Prevention of Cancer Study Group. JAMA, 1996, 276: 1957-1963.

200 Macpherson, A. et al. Loss of Canadian wheat lowers selenium intake and status of the Scottish populuation. National Research Council of Canada, 1997.
201 Helle M.Meltzer et al. Different bioavailability in humans of wheat and fish selenium as measured by blood platelet response to increased dietary selenium. *Biological Trace Element Research*, 1992, 36: 229-241.
202 Janowsky, E.C., Lester, G.E., Weinberg, C.R. *et al.* Association between low levels of 1,25-dihydroxyvitamin D and breast cancer risk. *Public Health Nutr.*, 1999, 2: 283-291.
203 Luz E.Tavera-Mendoza en John H.White. Cell defenses and the sunshine vitamin. *Scientific American*, 2008.
204 Burton, J.M., Kimball, S., Vieth, R. *et al.* A phase I/II dose-escalation trial of vitamin D3 and calcium in multiple sclerosis. *Neurology*, 2010, 74: 1852-1859.
205 S.C. Stalpers-Konijnenburg et al. Waar is de zon die mij zal verblijden...': vitamine D deficiëntie en depressie bij ouderen. *Tijdschrift voor psychiatrie*, 2011.
206 Scragg, R., Jackson, R., Holdaway, I.M., Lim, T. en Beaglehole, R. Myocardial infarction is inversely associated with plasma 25-hydroxyvitamin D3 levels: a community-based study. *Int. J. Epidemiol.*, 1990, 19: 559-563.
207 Vieth, R. Vitamin D supplementation, 25-hydroxyvitamin D concentrations, and safety. *Am. J. Clin. Nutr.*, 1999, 69: 842-856.
208 *Atlas of Multiple Sclerosis*. World Health Organization, 2008.
209 Yang, Y.X., Lewis, J.D., Epstein, S. en Metz, D.C. Long-term proton pump inhibitor therapy and risk of hip fracture. JAMA, 2006, 296: 2947-2953.
210 Melinda Wenner Moyer. Heartburn Headache: Overuse of Acid Blockers Poses Health Risks. *Scientific American*, 2010.
211 Gulmez, S.E., Holm, A., Frederiksen, H. *et al.* Use of proton pump inhibitors and the risk of community-acquired pneumonia: a population-based case-control study. *Arch. Intern. Med.*, 2007, 167: 950-955.
212 Howell, M.D., Novack, V., Grgurich, P. *et al.* Iatrogenic gastric acid suppression and the risk of nosocomial Clostridium difficile infection. *Arch. Intern. Med.*, 2010, 170: 784-790.
213 Michielsen, P. *Toxische leverbeschadiging, cursus leverziekten*. Universiteit Antwerpen, 2011.
214 Lee, I.M., Djousse, L., Sesso, H.D., Wang, L. and Buring, J.E. Physical activity and weight gain prevention. JAMA, 2010, 303: 1173-1179.

215 Rovio, S., Kareholt, I., Helkala, E.L. *et al.* Leisure-time physical activity at midlife and the risk of dementia and Alzheimer's disease. *Lancet Neurol.*, 2005, 4: 705-711.
216 Willey, J.Z., Moon, Y.P., Paik, M.C. *et al.* Lower prevalence of silent brain infarcts in the physically active: the Northern Manhattan Study. *Neurology*, 2011, 76: 2112-2118.
217 Craft, L.L. and Perna, F.M. The Benefits of Exercise for the Clinically Depressed. Prim. Care Companion. *J. Clin. Psychiatry*, 2004, 6: 104-111.
218 Erickson, K.I., Voss, M.W., Prakash, R.S. *et al.* Exercise training increases size of hippocampus and improves memory. *Proc. Natl. Acad. Sci. U.S.A*, 2011, 108: 3017-3022.
219 Walford, Roy. *Beyond the 120 year diet.* 2000, Thunder's Mouth Press, New York.
220 Handschin, C. and Spiegelman, B.M. The role of exercise and PGC1alpha in inflammation and chronic disease. *Nature*, 2008, 454: 463-469.
221 Adams, S.A., Matthews, C.E., Hebert, J.R. *et al.* Association of physical activity with hormone receptor status: the Shanghai Breast Cancer Study. Cancer Epidemiol. *Biomarkers Prev.*, 2006, 15: 1170-1178.
222 Giovannucci, E.L., Liu, Y., Leitzmann, M.F., Stampfer, M.J. and Willett, W.C.A prospective study of physical activity and incident and fatal prostate cancer. *Arch. Intern. Med.*, 2005, 165: 1005-1010.
223 David Servan-Schreiber. *Antikanker*. 2006, Kosmos Uitgevers.
224 Walford, Roy. *Beyond the 120 year diet.* 2000, Thunder's Mouth Press, New York.
225 Colman, R.J., Anderson, R.M., Johnson, S.C. *et al.* Caloric restriction delays disease onset and mortality in resus monkeys. *Science*, 2009, 325: 201-204.
226 Vallejo, E.A. Hunger diet on alternate days in the nutrition of the aged. *Prensa. Med. Argent*, 1957, 44: 119-120.
227 Duncan, K.H., Bacon, J.A. and Weinsier, R.L. The effects of high and low energy density diets on satiety, energy intake, and eating time of obese and nonobese subjects. *Am. J. Clin. Nutr.*, 1983, 37: 763-767.
228 Whitmer, R.A., Gustafson, D.R., Barrett-Connor, E. *et al.* Central obesity and increased risk of dementia more than three decades later. *Neurology*, 2008, 71: 1057-1064.
229 Kawachi, I., Sparrow, D., Kubzansky, L.D. *et al.* Prospective study of a self-report type A scale and risk of coronary heart disease: test of the

MMPI-2 type A scale. *Circulation*, 1998, 98: 405-412.
230 Paul Hjemdahl, Annika Rosengren Andrew Steptoe *et al. Stress and Cardiovascular Disease*. Springer, 2011.
231 Orth-Gomer, K. and Leineweber, C. Multiple stressors and coronary disease in women. The Stockholm Female Coronary Risk Study. *Biol. Psychol.*, 2005, 69: 57-66.
232 Kooy, K. van der, Marwijk, H. van *et al.* Depression and the risk for cardiovascular diseases: systematic review and meta analysis. *Int. J. Geriatr. Psychiatry*, 2007, 22: 613-626.
233 Visintainer, M.A., Volpicelli, J.R. and Seligman, M.E. Tumor rejection in rats after inescapable or escapable shock. *Science*, 1982, 216: 437-439.
234 Schneider, R., Nidich, S., Morley Kotchen, J. *et al.* Effects of Stress Reduction on Clinical Events in African Americans With Coronary Heart Disease: A Randomized Controlled Trial. *Circulation*, 2009, 120: S461.
235 Lazar, S.W., Kerr, C.E., Wasserman, R.H. *et al.* Meditation experience is associated with increased cortical thickness. *Neuroreport*, 2005, 16: 1893-1897.
236 Previc, F.H. The role of the extrapersonal brain systems in religious activity. *Conscious. Cogn*, 2006, 15: 500-539.
237 Tsuji, H., Venditti jr., F.J., Manders, E.S. *et al.* Reduced heart rate variability and mortality risk in an elderly cohort. The Framingham Heart Study. *Circulation*, 1994, 90: 878-883.
238 Rodin, J. and Langer, E.J. Long-term effects of a control-relevant intervention with the institutionalized aged. *J. Pers. Soc. Psychol.*, 1977, 35: 897-902.
239 Friedmann, E. and Thomas, S.A. Pet ownership, social support, and one-year survival after acute myocardial infarction in the Cardiac Arrhythmia Suppression Trial (CAST). *Am. J. Cardiol.*, 1995, 76: 1213 1217.
240 Spiegel, D., Bloom, J.R., Kraemer, H.C. and Gottheil, E. Effect of psychosocial treatment on survival of patients with metastatic breast cancer. *Lancet*, 1989, 2: 888-891.
241 Spiegel, D., Butler, L.D., Giese-Davis, J. *et al.* Effects of supportive-expressive group therapy on survival of patients with metastatic breast cancer: a randomized prospective trial. *Cancer*, 2007, 110: 1130-1138.
242 Weindruch, R. and Walford, R.L. Dietary restriction in mice beginning at 1 year of age: effect on life-span and spontaneous cancer incidence. *Science*, 1982, 215: 1415-1418.

243 Walford, Roy. *Beyond the 120 year diet.* 2000, Thunder's Mouth Press, New York.
244 Walford, R.L., Mock, D., MacCallum, T. and Laseter, J.L. Physiologic changes in humans subjected to severe, selective calorie restriction for two years in biosphere 2: health, aging, and toxicological perspectives. *Toxicol. Sci.*, 1999, 52: 61-65.
245 Rose, Michael R. *The Long Tomorrow: How Advances in Evolutionary Biology Can Help Us Postpone Aging.* 2005, Oxford University Press, USA.
246 Brandt, P.A., van den. The impact of a Mediterranean diet and healthy lifestyle on premature mortality in men and women. *Am. J. Clin. Nutr.*, 2011, 94: 913-920.

Register

Woord van dank

Ik wil graag professor Stephen Spindler van de University of California (Riverside) en dr. Aubrey de Grey van de universiteit van Cambridge bedanken voor de interessante gesprekken over het verouderingsproces en voeding. Dichter bij huis wil ik graag dr. Herman Becq, dr. Tania Daems, dr. Hans Decoster, Sven Bulterijs en Adjiedj Bakas bedanken voor hun inzichten en advies. Ook dank aan Paloma Sánchez van Dijck van Uitgeverij Prometheus/Bert Bakker en tevens aan nog veel andere personen; lesgevers, professoren, artsen en patiënten die me waardevolle inzichten hebben gegeven, niet enkel op wetenschappelijk maar ook op menselijk vlak.

www.voedselzandloper.com
Neem deel aan de Facebook-groep 'De voedselzandloper'.

Via de website *voedselzandloper.com* kun je:

- je inschrijven voor de nieuwsbrief om op de hoogte gehouden te worden over de voedselzandloper, voeding en veroudering;
- je 'echte' leeftijd inschatten met een vragenlijst ontwikkeld door Kris Verburgh;
- vrijblijvend meer informatie vragen om zelf als vrijwilliger een gezonde levensstijl te promoten;
- nieuwe gezonde recepten ontdekken;

- een afbeelding van de voedselzandloper downloaden (in kleur);
- veel meer extra informatie vinden.